介護離職をさせない組織づくりと職務・役割等級人事制度

西村　聡［監修］
吉岡規子［著］

日本法令®

はじめに

今、日本では少子高齢化が進むなか、多くの人が介護に苦しみ、あるいは将来に不安を感じて悩んでいます。これは中高年層だけの問題ではなく、若年層にまで及んできています。

私は昨年末、私の根本精神である最愛の母を亡くしました。母は、第二次世界大戦を生き抜き、その後も波乱万丈の人生を歩んだ人でしたが、数年前に大腿骨を骨折してから一気に衰え、精神的にも不安定になりました。我々家族はそのような状態の母と向き合うことになりましたが、幸い、私は医療・福祉施設のコンサルティングをしており、頼るべき所と方法を知っていました。このため、事前に地域包括支援センターや医療機関のケアマネジャーを訪れ、離れたところからでも相談員と常に連絡を取り合って、母を支えることができるようにしました。おかげで、母は入浴介助や買物などの介護サービスを活用でき、相談員の定期訪問で心身共に助けられました。

しかしその後、母は物忘れが多くなり始め、毎日の生活が不安になってきていたのでしょう、昼夜関係なく頻繁に私に電話をしてくるようになりました。コロナ禍で実家に戻れず、数年後に実家に戻ることを決断しました。「あと数年で帰るから」と励まし、それまで何とか頑張って欲しいと願っていたところに、丁度相談員のご協力もあって、地元で評判の良いケアハウスに入所することが決まりました。

施設に入った日、母に寂しい思いをさせたくないという一心で、いつもは控えていた夜に電話をし、10分ほど楽しく語らいました。ですがその数時間後、母は布団の中で気持ちよく眠るようにこの世を去っていったのです。誰もいない実家に残された母の書置きや処方箋を見て、私は涙し、色々と悔やみました。生前に何かもっとできることはなかったのかと……。

これは私だけの話ではありません。実際に私の指導先でも、40歳前後の中堅社員が、ある日突然、親の介護で地元に帰るとか、退職するなどと申し出ています。これらの社員は、誰にも相談することができず、必死で仕事をしながら疲れた体で親族の介護をする生活を何年も続けていたのでしょう。仕事と介護の両立で疲れ、仕事でミスをしない人間はいません。相当な思いで耐え、職務を遂行していたのだと思います。そういう社員がすでに多く存在しており、今後は更に増えていくことは間違いないのです。

先に、私は頼るべき所や方法を知っていたと述べましたが、多くの社員はそれを知りません。もちろん、会社側も同じです。同時に、日本では家族主義の介護が前提という古い考えに固執し、介護を他人に委ねることを恥ずべきことと思っている節すらあります。

しかし、もうそんなことを言っている場合ではありません。介護は個人、家庭の問題ではなく、すでに社会全体の問題であり、むしろ積極的に外部（社会）の力を借りるべき時代なのです。そのためには、国の医療、介護に関するサービスにどのようなものがあり、それをどこに行けば教えてもらえるのか、そしてサービスの提供を受けることができるのかを知っていなければなりません。サービスを受ける権利の前提として、サービスについて知る権利があるのです。

少子高齢化のなか、会社として社員を本当に大切にしようとするのであれば、介護について十分に理解し、それに対する社員の潜在的な不安に対しても寄り添える温かい人間的なマネジメントが求められているのではないでしょうか。今後、これができていない会社は、介護離職が大きなリスクとして圧し掛かってくることになるでしょう。

本書はすでに上梓している『[改定版]「多様な働き方」を実現する役割等級人事制度』（日本法令）に続き、これからの時代に役立つ職務基準の人事制度の導入・構築において、特に介護離職の防止を主目的とし、そのために会社と社員の双方が知っておくべき医療・介護の制度から会社としての対応策（制度）までを解説した内容となっています。

最後に、本書の出版をお引き受けくださいました（株）日本法令取締役岩倉春光氏、そしてご執筆いただいたアイ・スマイル社会保険労務士法人代表吉岡規子先生に心から感謝申し上げます。

吉岡規子先生とはもう20年近くの仲で、これまでに『人事コンサルタント養成講座』（日本法令）にも携わっていただきました。私自身、吉岡先生のご両親の介護の体験談から学ばせていただいたことも多く、また介護を通しワーク・ライフ・バランスの重要性について優しく、熱く語る吉岡先生を長年見てきました。本書には、その想いが十分に詰まっており、吉岡先生ならではの視点がふんだんに盛り込まれています。

世の中、独り踏ん張って、誰の手も煩わせることなく、最期まで気丈に生きていけるような人間はそう多くはありません。きっと誰かの手を借りつつ、人生を全うしていくことがほとんどではないかと思います。

本書によって、介護と就業を両立する社員への支援を期待されている会社の役割が理解され、介護で悩む社員や離職者が１人でも減少すること、これを実現できる会社が１社でも増えることを心から願っております。

令和５年６月

西村　　聡

もくじ

Chapter 1
多様な働き方が求められる背景

Chapter 2
介護に直面しても活躍し続けられる組織づくり

Chapter 3
多様な働き方を実現する職務・役割等級人事制度の構築理論

Chapter 4

仕事と介護の両立を実現させる人事労務管理
～東西プロセス株式会社のケースを通して～

Chapter 5
介護に関する制度と基礎知識

Chapter 6

積極利用をおすすめする給付金や助成金等

規程集

書式・ツール集

※ 本書では､｢正社員｣とは､期間を特に限定せず定年まで契約を結ぶ雇用形態をいいます。「限定正社員」とは、労働契約期間は正社員と同じですが、勤務地、職務、勤務時間などを限定して契約を結ぶ雇用形態で、別称「ジョブ型正社員」ともいいます。法律では正社員とも非正規社員とも定義づけされていませんが、一般的には、契約社員やパートタイマー、アルバイト、派遣社員のように期間を定めた雇用契約により、正規社員と比べて短い時間で働く社員を指します。

Chapter 1
多様な働き方が求められる背景

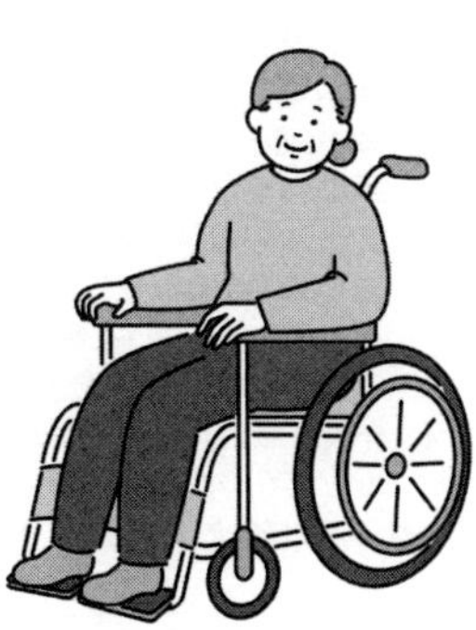

I　ビジネスケアラー発生に伴う多大な経済損失

経済産業省は、増加傾向にある**ビジネスケアラー**の数が、2030年に家族介護者のうちの4割（約318万人）となり、その発生による経済損失額が、同年には約9兆円を超える見込みであると発表しました（図表1－1・1－2）。

●図表1－1　家族介護者・ビジネスケアラー・介護離職者の人数の推移

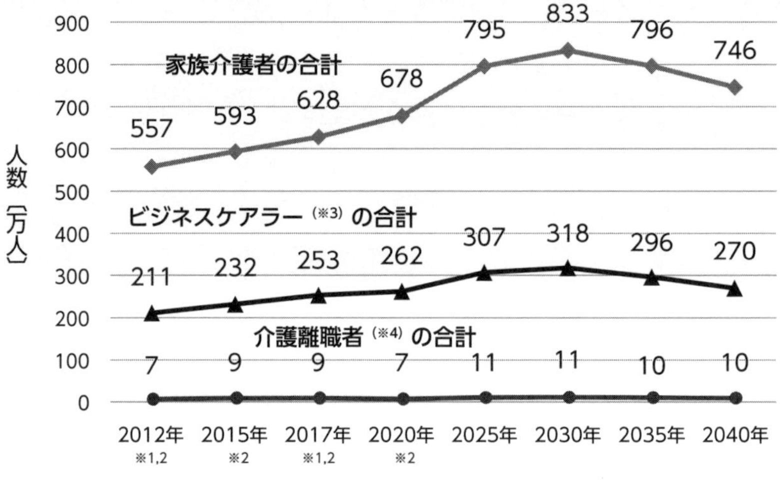

（出所）国立社会保障・人口問題研究所「日本の将来推計人口（平成29年4月推計）中位推計」、総務省統計局「就業構造基本調査（平成24年、平成29年）」、厚生労働省「雇用動向調査（平成25年～令和3年）」

※1　2012年及び2017年の家族介護者・ビジネスケアラーの数は就業構造基本調査結果より

※2　2012～2020年の介護離職者数は雇用動向調査結果より

※3　就業構造基本調査における有業者のうち「仕事が主な者」をビジネスケアラーとして定義している。有業者全体（仕事は従な者を含む）まで広げた場合には、2030年時点で438万人と推計される。今後、女性の社会進出や高齢者の雇用促進等に伴い、数値はさらに上振れする可能性もある。

※4　介護離職者数の将来推計は、厚生労働省「雇用動向調査（平成29年～令和3年）」をもとに算出したものであり、将来的な施策効果等は加味していない。

その他の推計値は、各調査における年齢階層別人数割合と将来推計人口の掛け合わせにより算出。

経済産業省　「第13回産業構造審議会　経済産業政策新機軸部会資料」より

●図表１－２　2030 年における経済損失（億円）の推計

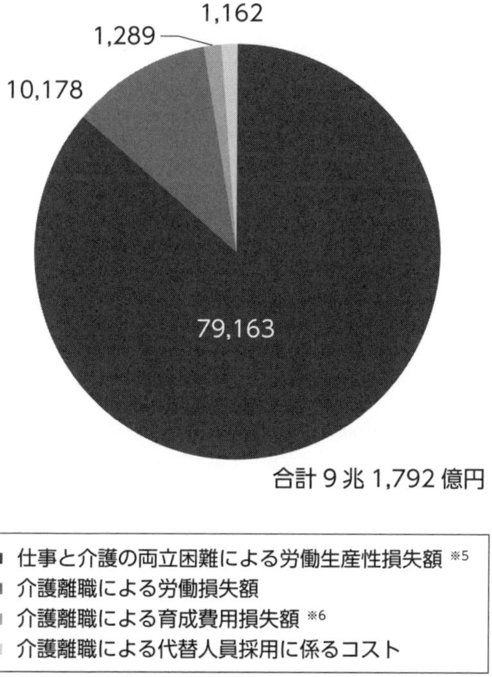

（出所）経済産業省「2022 年経済産業省企業活動基本調査速報（2021 年度実績）調査結果の概要」、産労総合研究所「教育研修費の実態調査における 2017～2021 年の一人あたり研修費（5 年平均）」、株式会社リクルートキャリア就職みらい研究所「就職白書 2020」より日本総研作成

※５　ビジネスケアラーの生産性損失は、経済産業省委託調査（日本総研）「介護をしながら働いている方に向けた WEB アンケート調査」（n ＝ 2,100）の結果を基に算出（＝約 27.5%）

※６　介護離職者の勤続年数は、大卒年齢である 22 歳から、雇用動向調査において最も人数が多い 55～59 歳階層の中央となる 57 歳まで勤続した場合の年数（＝ 35 年）と仮定。

経済産業省「第 13 回産業構造審議会　経済産業政策新機軸部会資料」より

生産年齢人口の減少が続くなかで、仕事と介護の両立が困難なため離職し、その後無業の期間が続けば、日本の経済損失に多大な影響があることは誰でも想像できます。

ビジネスケアラー

仕事をしながら家族等の介護に従事する人のことをいいます。

Ⅱ 介護者は隠れている

筆者は10年前から顧問先や研修依頼を受けた企業の従業者を対象に介護に関する研修やアンケート調査を実施しています。6~7年前になるでしょうか、50名（男性47名、女性3名）の製造業でアンケート調査（無記名式）をしました。設問は「介護の経験はありますか？」「5年以内に家族・親族の介護をする可能性があると思いますか？」などです。経営者は、「母親を介護している人が1名いますが、その社員だけだと思います」と言っていました。ところがアンケート結果を集計すると、8名が介護を経験した、または介護中と回答したのです。経営者は残りの7名は誰なのか全く想像がつかないと驚いていました。

この事実を共有するため、後日、経営者・管理職10名が集められ、筆者もその場に同席しました。アンケート結果を見て、管理職一人ひとりに感想を述べてもらったときのことです。先頭の管理職が「実は介護中と答えたのは私です」と話し出せば、「すでに親は亡くなりましたが、約3年間、妻と介護をしていました」などと次々に告白し、そこにいた管理職6名に介護の経験があることがわかりました。

なぜ経営者に伝えなかったのかを問うと、「配偶者や他のきょうだいが主の介護者だったため、休日のみしか手伝っていない」「改めて職場に家庭の話を持ち込む必要もないと感じている」「会社がどのような待遇にするのかわからないので、ギリギリまで言わないと決めていた」などの回答がありました。

他の企業でも同様のアンケート調査をすれば、経営者や人事部門が把握している以上の数字が表れてきます。介護者は職場に相談できず、1人で苦しんでいるかもしれません。また、両立が難しいと感じれば離職につながってしまいます。貴重な人材を失わないためにも、介護者を隠れたままにさせないための行動が必要です。

1　両立できる職場はあるのか

調査によると、介護を機に離職した理由は、「仕事と介護の両立が難しい職場だったため」が最も多く、男女共に約６割を占めています。このほか、「自分の心身の健康状態が悪化したため」「自身の希望として介護に専念したかったため」などが上位にあがっています（図表１－３）。

●図表１－３　介護を機に離職した理由（上位５項目）

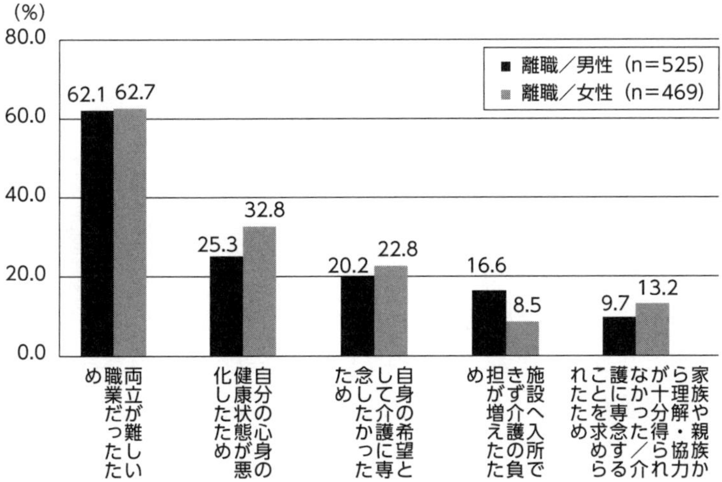

三菱UFJリサーチ＆コンサルティング「仕事と介護の両立に関する労働者アンケート調査（平成24年度厚生労働省委託調査）　結果概要」より作成

研修で「両立が難しい職場と聞いて、どのような職場を想像するでしょうか？」と参加者に問いかけると、「残業や休日出勤が多い」「業務が属人化していて他の人に任せることができない」「経営者や上司の理解が得られそうもない」「人事考課にどう影響するかわからない」「両立支援制度がない（周知不足）」などと回答されます。

では、両立できる職場にするためにはどのようにすればよいのでしょうか。それには、先ほど両立できない職場のイメージとして挙げられたような一つひとつの理由と真摯に向き合うしかありません。

なかでも業務の属人化は、他の理由とも無縁ではありません。特定の担当者にしかこなせない業務がある場合、その担当者の業務負担が増加し、残業や休日出勤の慢性化につながります。職務を見える化し、適切に割り振ることは、両立への大事な一歩になります。また、職場に介護をしていることを打ち明けられない、打ち明けることができても支援制度を利用しにくい雰囲気があったり、仕事中にかかってくるケアマネジャーや施設からの電話応対等を理解してもらえなかったりすることなどが続けば、介護者にとって職場は居心地の悪いものになる場合があります。職場全体で介護を正しく理解することが必要です。

2 介護に専念することでは解決しない課題

筆者が社会人になった頃、一人暮らしをしていた母方の祖母の介護が必要になりました。近くに住んでいた母は祖母との同居を決め、それを機に介護に専念するために仕事を辞めました。

その姿が唯一の介護の見本だったため、筆者が遠方の実家に住む父の介護を始めた当初、他人（介護のプロ）に任せてよいのだろうか、このまま離れて暮らし続けてよいのだろうか、と悩みました。「親子として介護をするのは当たり前」「肉親なんだから当たり前」という固定観念があり、家族でどうにかしなければならないという気持ちになったのです。しかし、筆者も主な介護者である弟も正社員として働いており、家族だけで介護しようとすれば、仕事を辞めなければなりません。

悶々としていた時期に、先進的に仕事と介護の両立を進めていた企業が発表者を務めるセミナーに参加し、介護は短期間の話でなく長期戦として捉える必要があるということ、離職をしたからといって介護者の負担が減らないことを知りました。

【介護のために離職するメリットとデメリット】

◆ メリット

- 職場への気づかいや申し訳なさを考えなくてよい
- 外部のプロに支払う介護費用を軽減できる
- 介護者あるいは要介護者（親）が希望したとおり介護に専念できる

◆ デメリット

- 介護者の収入が減る
- 介護者のキャリアが中断する
- 介護に専念する時間が主となるため自由な時間が少なくなる

厚生労働省が行った「仕事と介護の両立に関する労働者アンケート調査」によれば、仕事を辞める前と後の負担を精神面、肉体面、経済面の３面から比較したとき、「非常に負担が増した」「負担が増した」を合わせた数値は、全ての面において離職後が増しているという結果になっています（図表１－４）。特に経済面で負担が増したという数値は大きく、介護者が無職のままであれば自身の生活費はどうするのかという問題があります。

●図表１－４　【離職者】離職後の変化（単数回答）

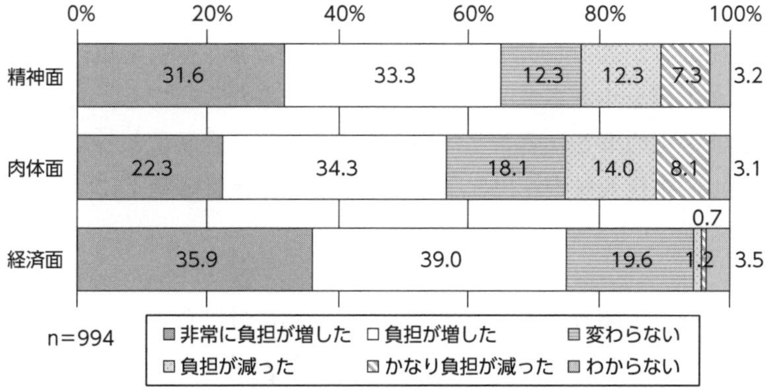

三菱 UFJ リサーチ＆コンサルティング「仕事と介護の両立に関する労働者アンケート調査（平成 24 年度厚生労働省委託調査）　結果概要」より作成

3　キャリア等の将来への影響

介護離職時の就業意向では、男女共に５割以上の人が仕事を続けたかったと回答しています（図表１－５）。離職を選ぶ場合も、自分が納得していないと、終日介護と向き合う生活を更に負担だと感じてしまうでしょう。

●図表１－５　【離職者】手助・介護を機に仕事を辞めた時の就業継続の意向（単数回答）

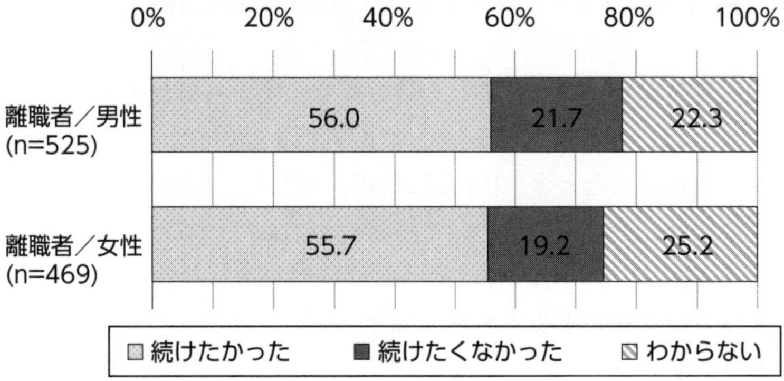

三菱UFJリサーチ＆コンサルティング「仕事と介護の両立に関する労働者アンケート調査（平成24年度厚生労働省委託調査）　結果概要」より作成

働き続けるか辞めるかは、毎月の収入だけでなく退職金額、将来の年金額にも影響を与えます。また、再就職ができたとしても、同様の仕事や労働条件を約束されることは多くありません。企業にとっては、介護離職による中核人材の流出により、競争力や生産性の低下につながりかねません。

介護離職を労働者個人の問題にしないためには、負担が個人に重くのしかかりやすいわが国の現状を正しく理解し、早めに順応できる組織づくりが必須です。

Ⅲ　企業が知らなければならないわが国の現状

1　高齢化の推移

総務省「就業構造基本調査」によると、平成28年10月～平成29年9月の1年間に介護・看護を理由とする離職者は、全国で約9万9千人であり、年齢別にみると40代、50代の働き盛りの人が多いことがわかります。勤務先に退職する理由を介護によるものと言えず、一身上の都合、自己都合などの理由で離職している人もいるはずなので、実際の介護離職者の人数はもっと多いと推測できます。

わが国の総人口は、令和5年2月1日現在で1億2,463万人、そのうち65歳以上人口は3,624万人と過去最多となり、「団塊の世代」が75歳以上となる2025年には3,677万人に達すると見込まれています。**高齢化率**も上昇を続け、現在は29.1％に達しており、先進諸国の中でも最も高い割合です。

高齢化率

65歳以上の高齢者人口（老年人口）が総人口に占める割合のことをいいます。

総人口が減少するなかで65歳以上の人口が増加することにより、高齢化率は上昇を続け、2036年には33.3％となり、国民の3人に1人が65歳以上になると試算されています（図表1－6）。

●図表１－６　高齢化の推移と将来推計

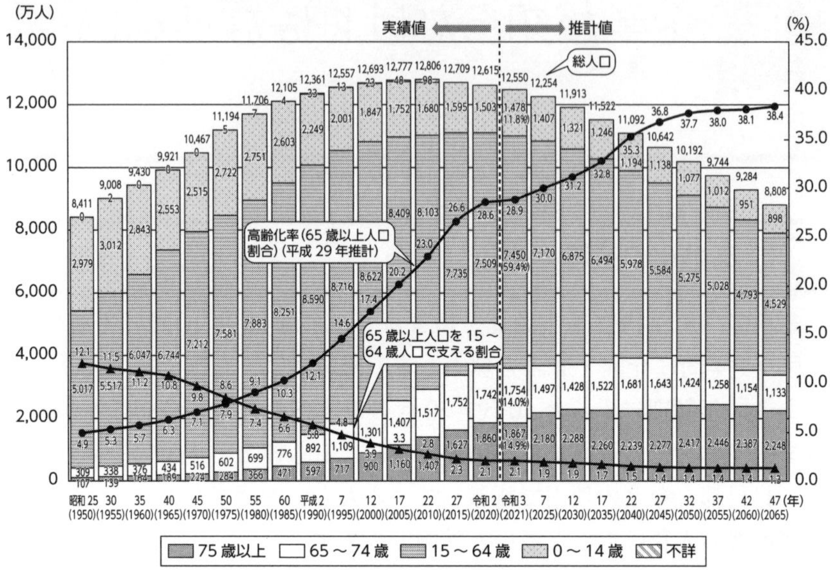

資料：棒グラフと実線の高齢化率については、2020 年までは総務省「国勢調査」（2015 年及び 2020 年は不詳補完値による。）、2021 年は総務省「人口推計」（令和 3 年 10 月 1 日現在（令和 2 年国勢調査を基準とする推計値））、2025 年以降は国立社会保障・人口問題研究所「日本の将来推計人口（平成 29 年推計）」の出生中位・死亡中位仮定による推計結果

（注 1）2015 年及び 2020 年の年齢階級別人口は不詳補完値によるため、年齢不詳は存在しない。2021 年の年齢階級別人口は、総務省統計局「令和 2 年国勢調査」（不詳補完値）の人口に基づいて算出されていることから、年齢不詳は存在しない。2025 年以降の年齢階級別人口は、総務省統計局「平成 27 年国勢調査　年齢・国籍不詳をあん分した人口（参考表）」による年齢不詳をあん分した人口に基づいて算出されていることから、年齢不詳は存在しない。なお、1950～2010 年の高齢化率の算出には分母から年齢不詳を除いている。ただし、1950 年及び 1955 年において割合を算出する際には、（注 2）における沖縄県の一部の人口を不詳には含めないものとする。

（注 2）沖縄県の昭和 25 年 70 歳以上の外国人 136 人（男 55 人、女 81 人）及び昭和 30 年 70 歳以上 23,328 人（男 8,090 人、女 15,238 人）は 65～74 歳、75 歳以上の人口から除き、不詳に含めている。

（注 3）将来人口推計とは、基準時点までに得られた人口学的データに基づき、それまでの傾向、趨勢を将来に向けて投影するものである。基準時点以降の構造的な変化等により、推計以降に得られる実績や新たな将来推計との間には乖離が生じ得るものであり、将来推計人口はこのような実績等を踏まえて定期的に見直すこととしている。

（注 4）四捨五入の関係で、足し合わせても 100.0％にならない場合がある。

「令和 4 年版高齢社会白書」より

日本は、昭和45（1970）年に高齢化率が7％に達した「高齢化社会」となり、平成6（1994）年に14％に達した「高齢社会」となりました。7％から14％に達するまでの所要年数は24年で、他の先進諸国と比べかなりのスピードです（図表1－7）。平成19（2007）年には高齢化率が21％に達した「超高齢社会」となりました。

●図表1－7　主要国における高齢化率が7％から14％へ要した期間

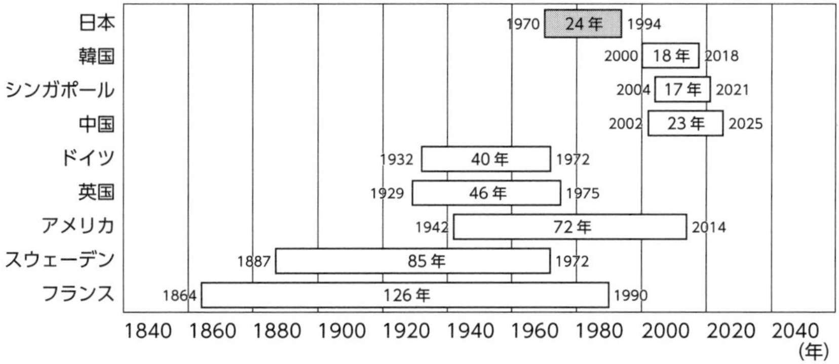

資料：国立社会保障・人口問題研究所「人口統計資料集」（2022年）
（注）1950年以前はUN, The Aging of Population and Its Economic and Social Implications（Population Studies, No.26, 1956）及びDemographic Yearbook、1950年以降はUN, World Population Prospects：The 2019Revision（中位推計）による。ただし、日本は総務省統計局「国勢調査」、「人口推計」による。1950年以前は既知年次のデータを基に補間推計したものによる。

「令和4年版高齢社会白書」より

【15歳以上64歳以下の人口の変化】

◆ 2021年　7,450万人
◆ 2025年　7,170万人
◆ 2040年　5,978万人

280万人減少

1,472万人減少

少子化も影響し、労働力人口の不足は加速的に進行するでしょう。

2　要介護認定率

介護が必要な人は年々増えており、「介護保険事業状況報告」の令和4年6月版によれば、公的介護保険制度における要介護・要支援の認定者数は、694.8万人（うち男性が220.9万人、女性が474万人）となりました。介護が必要となる確率は加齢とともに高くなり、65歳以上全体の認定率では18.3%ですが、75歳以上全体の認定率は31.5%、85歳以上全体の認定率は57.8%です（図表1－8）。85歳以上では、2人に1人以上の割合です。

●図表1－8　年齢階級別の要介護認定率

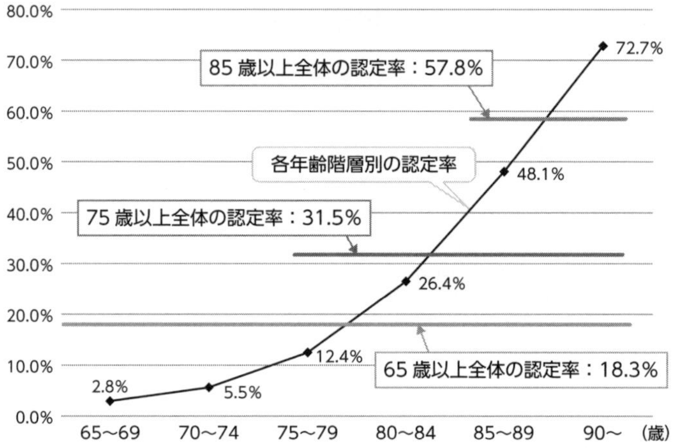

資料：厚生労働省老健局介護保険計画課「介護保険事業状況報告」、総務省統計局「人口推計」より厚生労働省老健局総務課において作成。
（注）2020年9月末の要介護認定者及び2020年10月1日の人口推計（平成27（2015）年国勢調査を基準とする推計値）から作成。

「令和4年版厚生労働白書」より

3　介護に要する期間

生命保険文化センターが過去3年間以内に介護経験がある人を対象に行った調査では、介護を行った期間（現在介護を行っている人は、介護を始めてからの経過期間）は平均61.1カ月になりました。回答は6カ月未満から10年以上と幅が広いので平均で期間を語れるわけではありませんが、4年を超えて介護した人が約5割です（図表1－9）。

●図表1－9　介護期間

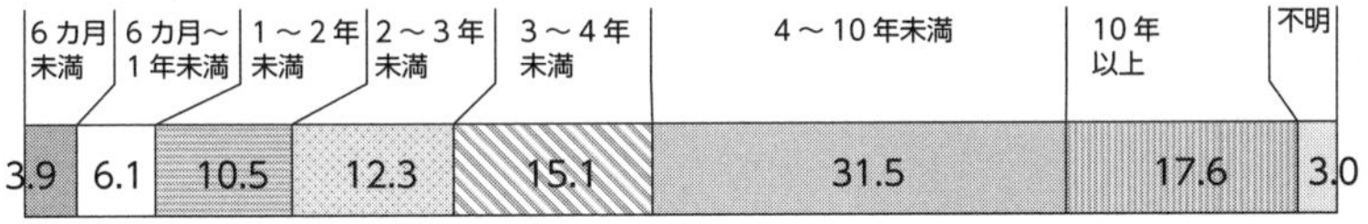

公益財団法人　生命保険文化センター
「2021（令和3）年度　生命保険に関する全国調査」より作成

4　団塊の世代と団塊ジュニア世代

これまでも介護と向き合ってきた人はたくさんいるはずです。なぜ今になって、“介護離職を防止しよう”という声が聞こえてくるようになったのでしょうか。それは、団塊の世代およそ800万人が2025年までに後期高齢者（満75歳以上の高齢者）となることで引き起こされる様々な問題、「2025年問題」が近づいてきたからです。

75歳を超えると要介護認定率がぐっと上がります。では、団塊の世代が要介護者となった時、誰が介護者となるのでしょうか。

図表1－10で示すように、主な介護者が同居の家族（54.4％）または別居の家族（13.6％）である割合を合わせると68％になり、介護の多くは家族が担っているといえます。年齢別にみると59歳以下の人は全体の3割弱と数こそ多くはないものの、40代後半～50代（団塊の世代の親を持った子供たち＝**団塊ジュニア世代**）の労働者といえば、働き盛りで、会社で重要なポジションに就いているケースも少なくありません。

団塊ジュニア世代

第2次ベビーブームの1970年代前半生まれの世代のことをいいます。令和5年現在は48歳～51歳に当たります。

●図表１－10　要介護者等からみた主な介護者の続柄

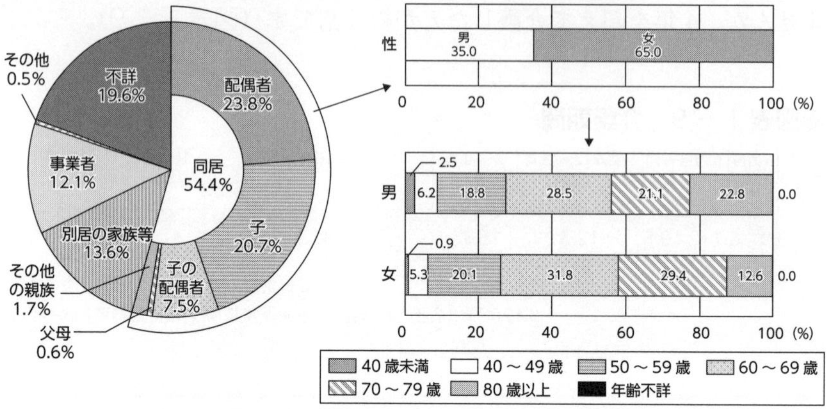

資料：厚生労働省「国民生活基礎調査」（令和元年）
（注）四捨五入の関係で、足し合わせても 100％にならない場合がある。

「令和４年版高齢社会白書」より

団塊ジュニア世代以降の世代には、「一人っ子か二人きょうだいの人が多い」「共働き世帯が増加している」「未婚化が進行している」などの特徴があります。

1）一人っ子か二人きょうだいの人が多い

図表１－11を見ると、調査年全てにおいて、全体の約８割が一人っ子か二人きょうだいであることがわかります。

●図表１－11　兄弟姉妹の構成の推移

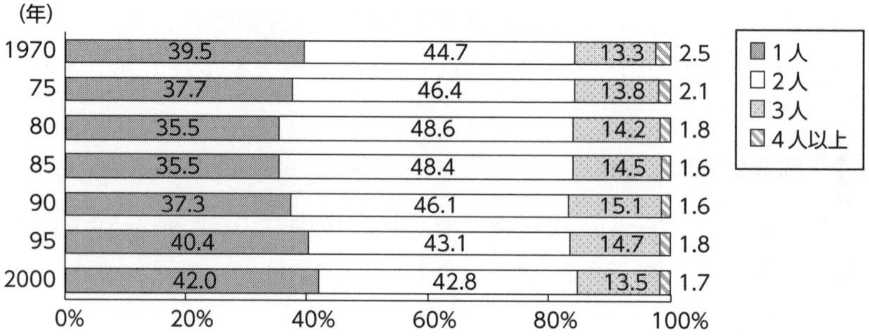

厚生労働省「国民生活基礎調査」より

企業で実施する仕事と介護の両立支援研修の事前アンケートには、「一人っ子同士の結婚で4人の親を介護することになったら」などの不安が書かれていることがあります。今や子供1人が親2人の老後を見るのは当たり前となり、長男・長女というよりも、親と同居している、もしくは近くに住んでいる子供が面倒を見るケースが少なくありません。

2）共働き世帯が増加している

昭和55（1980）年、男性雇用者と無業の妻からなる世帯数は共働き世帯の1.8倍を占めていましたが、平成3（1991）年あたりを境に共働き世帯が拮抗するようになり、平成24（2012）年以降、その差は急速に拡大しています（図表1－12）。年齢階級別の共働き世帯比率は40歳前後～50歳前後が最も高く、夫婦と子供から成る世帯でも共働き世帯比

●図表1－12　共働き等世帯数の年次推移

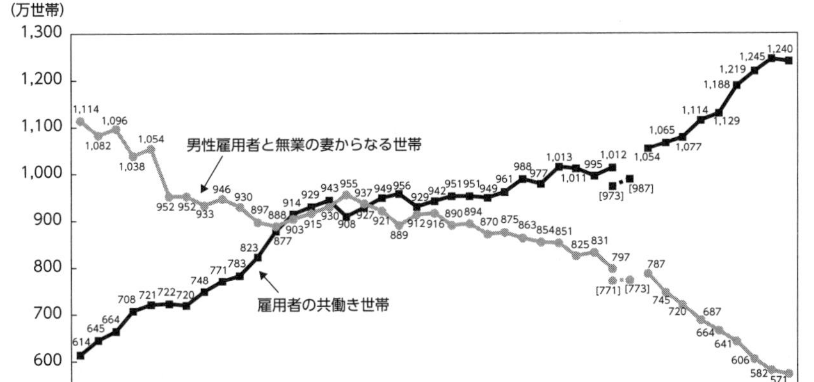

資料：1980～2001年は総務省統計局「労働力調査特別調査」、2002年以降は総務省統計局「労働力調査（詳細集計）（年平均）」（注）1.「男性雇用者と無業の妻からなる世帯」とは、2017年までは、夫が非農林業雇用者で、妻が非就業者（非労働力人口及び完全失業者）の世帯。2018年以降は、就業状態の分類区分の変更に伴い、夫が非農林業雇用者で、妻が非就業者（非労働力人口及び失業者）の世帯。2.「雇用者の共働き世帯」とは、夫婦ともに非農林業雇用者の世帯。3. 2010年及び2011年の［　］内の実数は、岩手県、宮城県及び福島県を除く全国の結果。4.「労働力調査特別調査」と「労働力調査（詳細集計）」とでは、調査方法、調査月などが相違することから、時系列比較には注意を要する。

「令和3年版厚生労働白書」より

率が過去10年間で増大しています。男女ともに働く人達が増えているため、介護は専業主婦に任せればよいといった考えは時代遅れであり、企業が介護離職防止や両立支援に取り組むことは必須なのです。

3）未婚化が進行している

全年齢において未婚率は上昇しており、両親等の介護が必要になり始める50歳～54歳の未婚率は、平成2（1990）年は男性4.4％、女性4.1％でしたが、平成27（2015）年は男性20.9％、女性12.0％となっています（図表１－13）。また、総務省統計研修所の「親と同居の未婚者の最近の状況（2016年）」によれば、親と同居する壮年未婚者（35～44歳）の人口は、昭和55年～平成28年の間で39万人から288万人に急増しています。親が介護状態となった場合、協力してくれる配偶者がいない上に、同居していることから介護せざるを得ない状態となり、負担を一身に背負う可能性が大きいです。

●図表１－13　年齢階級別未婚率の推移

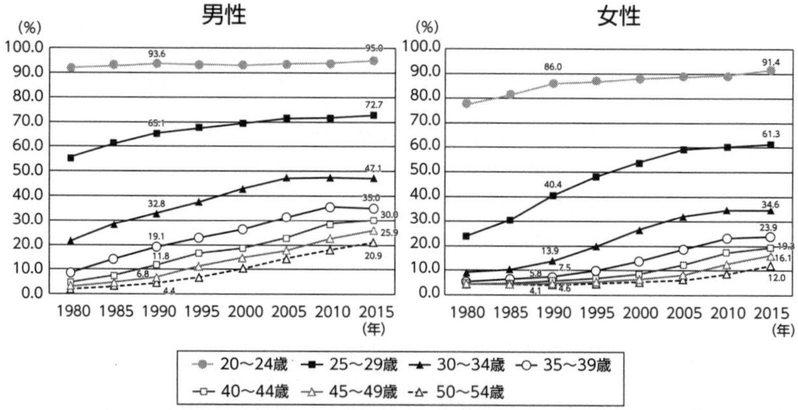

資料：総務省統計局「国勢調査」

「令和２年版厚生労働白書」より

団塊ジュニア世代以降の世代は、兄弟姉妹の人数が少ないため人員が不足しており、男性女性関係なく、誰もが介護をする可能性があります。既婚でも未婚でも仕事との両立が求められるといえます。

Chapter 2
介護に直面しても活躍し続けられる組織づくり

I　職場における介護への理解

企業でアンケート調査を行うと、介護にかかわっている従業員がいるにもかかわらず、経営者や人事等関係部署で把握していないケースが多くあります。把握していない理由を探っていくと、育児に比べて周りが気づきにくく、情報収集を本人が自ら話すことに頼っているからだとわかります。職場の上司には何となく伝えてはいるものの、従業員本人が年次有給休暇などで対応して社内の両立支援制度を利用していなければ、社内に介護者がいることはわかりません。

では、介護は家庭の話だからと従業員任せにしていてよいのでしょうか？

家庭の話を職場に持ち込みたくない人もいますが、介護への不安は誰もが持っている共通の課題です。高齢化率世界一のわが国において介護は特別なことではなく、誰にでもどこの家庭でも起こり得ます。さらに育児と異なり、実父母や義父母だけではなく、場合によっては祖父母、兄弟姉妹、子、おじ・おば等を介護することも考えられます。多くの従業員が介護と向かい合う可能性があり、いつそのような状況になるのかわかりません。仕事を最優先させるのが当然という考え方ではなく、ライフスタイルやライフステージに合わせられる働き方を模索しましょう。また職場で情報共有等をしながら、先に経験・体験した先輩やプロから教えてもらう機会をつくり、“お互い様の意識”を持つことが大切です。

Ⅱ 具体的施策に入る前に

Chapter 1で触れたように、わが国の少子化や超高齢社会を正しく理解し、企業にこれからどのような影響があるのかを確認してみましょう。

1 自社の年齢構成を把握する

従業員規模別にみた従業員の年齢構成から、従業員数が少ない事業所ほど50歳以上の従業員が働いている割合が高いことがわかります（図表2－1)。現在、介護離職防止や仕事と介護の両立支援を先進的に取り組んでいるのは大企業が多いですが、実際に1日でも早く取り組まなければならないのは従業員の人数が少ない中小企業なのです。

●図表2－1 従業者規模別にみた従業員の年齢構成

従業員数	70歳以上	60～69歳	50～59歳	40～49歳	30～39歳	29歳以下
1～4人	9.9%	19.4%	19.0%	23.8%	17.6%	10.3%
5～19人	4.9%	14.7%	17.0%	25.3%	19.9%	18.2%
20～49人	4.2%	14.9%	18.2%	25.3%	19.4%	17.9%
50～299人	2.7%	13.0%	18.9%	25.8%	20.8%	18.8%
300人以上	1.2%	9.1%	20.5%	26.7%	21.6%	20.9%

50歳以上をまとめると

50歳以上
48.3%
36.6%
37.3%
34.6%
30.8%

※1 「正規の職員・従業員」または「非正規の職員・従業員」について集計している。
※2 公官庁、その他の法人・団体に雇われている者は除いている。

小規模事業白書（中小企業庁） 元データ：「平成29年就業構造基本調査」（総務省）より作成

1）年齢別グラフを作成する

100社あれば100通りというように、1社1社、企業の特徴は異なります。

例えば、従業員の平均年齢が40歳と発表するA社、B社があり、それぞれ100人が在籍するとします。A社には30歳と50歳が50人ずつ、B社は100名全員が40歳とすれば、どちらも平均年齢は40歳です。しかし、平均年齢が同じだとしても、A社には50歳の従業員が半数いるので、すぐにでも親（70歳後半から80代）の介護が必要になる可能性を持つ従業員が多く働いていることになります。

このような課題を把握するためには、年齢別グラフ（＝人口ピラミッド）を作成してみるとよいでしょう。

●図表2－2　C社年齢別グラフ

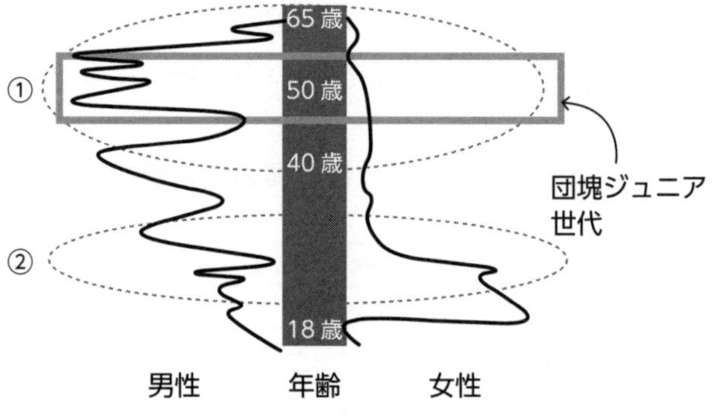

例えば、C社の年齢別グラフを見てみましょう（図表2－2）。男性従業員が多い企業であり、男性従業員は若年層よりも40歳以上の層が多く、女性従業員は20代の層が多いことが特徴です。30歳以上の女性従業員が少ないのは、結婚や出産を機に退職するのが当たり前という職場の空気があるからです。このように年齢別グラフを作成すると、企業の特徴が見えてきます。

C社において、プライベートとの両立時に退職者を出さないためには、40歳以上の層（①）には仕事と介護、若い層（②）には仕事と育児を両立できるような支援が必要です。社内に仕事と介護、仕事と育児を両立するロールモデルがいない場合は、同業同規模の企業で体験している従業員の声を聞くのもよいでしょう。また、50代の男性従業員が多くを占有しているので、介護を自身で行おうという考え方のままでは同時期に何人もの従業員が休む可能性があり、人手不足に陥ってしまいます。

年齢別グラフから読み取ることができる3年、5年、10年後の自社の姿と、経営者や人事担当部門の認識をすり合わせ、採用活動や教育（スキルアップなど）、両立者になっても働き続けられる職場づくりの準備を進めましょう。

2）介護者予測推計ワークシートを作成する

自社がこの先10年後にどのような年齢構成になり、その時に親の介護をしている従業員がどれくらいいるのか想像できるでしょうか？

現時点での平均年齢が高ければ高いほど、介護者になる割合も高くなると推測できます。

豊田市が作成した「介護者予測推計ワークシート」は、年齢階級ごとに社員数を入力すると、現在または10年後に介護をしているだろう人数を計算してくれます。是非、自分事（自社のこと）と感じてもらうために作成し、算出された数値を社内で共有しましょう。

例えばChapter 4に登場する200人規模の企業・東西プロセス（株）を当てはめると、親の介護をしている従業員数は現在約16名、10年後は約28名と計算されました（図表2－3）。

●図表２－３　介護者予測推計ワークシート

年齢階級	【現在】従業員数この列に入力！	【現在】親の年齢※2	【現在】親の生存率※3	親の年齢毎の要介護（要支援）認定者割合予測値（%）※1	【現在】親の介護をしている従業員数推定値（単位：人）	【10年後】従業員数	【10年後】親の年齢※2	【10年後】親の生存率※3	親の年齢毎の要介護（要支援）認定者割合予測値（%）※1	【10年後】親の介護をしている従業員数推定値（単位：人）
15～19	0	48	97.99%	0.4%	0.00	－	－	－	－	－
20～24	12	53	96.68%	0.4%	0.05	－	－	－	－	－
25～29	34	58	95.11%	0.4%	0.13	0	58	95.11%	0.4%	0.00
30～34	33	63	92.79%	0.4%	0.12	12	63	92.79%	0.4%	0.04
35～39	14	63	92.79%	2.9%	0.38	34	68	92.79%	2.9%	0.91
40～44	31	68	89.21%	6.0%	1.66	33	73	89.21%	6.0%	1.77
45～49	38	73	83.89%	12.8%	4.08	14	73	83.89%	12.8%	1.50
50～54	18	78	76.07%	27.9%	3.82	31	78	76.07%	27.9%	6.58
55～59	20	83	63.61%	49.6%	6.32	38	83	63.61%	49.6%	12.00
60～64	0	88	45.38%	73.9%	0.00	18	88	45.38%	73.9%	6.03
合計	200				16.55	180				28.84

※1　厚生労働省「介護保険事業状況報告（H29年８月暫定値）」及び総務省「5歳階級別人口推計（H29年８月確定値）」より算出
※2　厚生労働省「人口動態統計」より算出
※3　厚生労働省「第22回生命表（平成29年３月）」より算出

https://clover-toyota.jp/topi-cate0406/2259.html　より作成

3）遠距離に実家のある社員の有無

自社が全国各地から従業員を募集しているなど、従業員が生活している場と親（または親族）が住んでいる実家との距離が離れている場合、介護との両立に対する不安は増していきます。実家との距離が近い場合でも、他県の職場に転勤・出向があれば、遠距離介護が起こる可能性が高いです。

2　経営者によるトップメッセージの発信

1）イクボス宣言

介護や看護に限らず、育児または病気の治療との両立は、職場で話しやすい雰囲気をつくり、お互いに助け合おうという意識がないと従業員の離職につながります。「令和元年度仕事と介護の両立支援等に関する実態把握のための調査研究事業報告書」㈱NTTデータ経営研究所）

によると、仕事と介護の両立支援の取組みに関する経営者の対応で「経営トップ自ら積極的に推進している」が15.9％、「推進担当部署を設置し、当該部署を積極的に支援している」が8.8％でした。つまり、現時点で積極的に取り組んでいる企業は24.7％と4社に1社しかありません。令和3年6月時点の全国の企業数は367万4,000社ですから（総務省・経済産業省「経済センサス 活動調査」より）、約280万社が何も準備をしていないことになります。2025年は目の前に迫っているにもかかわらず、経営者自身がどこか他人事に捉えているようでなりません。

経営者自らが自分事に意識を変えるためにも、是非トップメッセージを社内に発信してください。その際に、介護に直面して働き方を変えることになっても就業を継続してもらいたいというトップメッセージが「本音」「本気」であると伝えることがとても重要です。社長名で社内報や自社HPに掲載したり、外部団体（厚生労働省イクメンプロジェクト）のHPを利用して「わが社は介護離職を防止し、仕事と介護の両立を支援します」という内容を含んだ「イクボス宣言書」を公表すると従業員に伝わりやすいでしょう。

【ある企業のイクボス宣言】

1. 全ての従業員が育児・介護・家事などの家庭生活と仕事が両立できるように応援します。
2. 長時間労働の是正、柔軟な働き方、業務の効率化など、働き方改革を積極的に推進し、組織力を高めることで、仕事の質の向上につなげます。
3. 将来にわたって活力があり、従業員が働きやすさ・働き甲斐を感じる職場となるよう「イクボス」の推進に取り組みます。

おすすめツール・サイト

厚生労働省　イクメンプロジェクト（https://ikumen-project.mhlw.go.jp/）

2）活動は全社・グループ・業界全体で

先進企業、優良企業として自治体のリーフレットなどに紹介されている企業でも、介護離職防止のための取組みは本社中心となり、支社・支店・営業所にまで広まっていないと耳にすることがあります。また、いくつもの企業が１つのグループになっている場合でも、大企業中心に取り組まれ、子会社は置いてきぼりになっていることがあります。トップメッセージ発信後の具体的施策を立てる際には、活動は全社的に、グループ全体で推進ムードを高めていくことが、目の前の従業員を救うことになります。

また、厚生労働省の「全国産業別平均一覧表」によれば、男女の平均年齢が40歳を超える業種が多く見られます。様々な業界で深刻な人手不足に陥ると予測されているため、一企業の枠を超え、業界全体で行う介護離職防止のための取組みも必要です。

Ⅲ 具体的施策

先進企業、優良企業における介護離職防止のための取組み事例を多く目にするようになりました。また大企業では、ガイドブックの作成やセミナーの開催、支援制度の充実化を検討、他社との情報交流を行っています。特に国内外へ転勤の可能性がある大企業では、早い段階で従業員が家族について考える機会を設けています。

しかし、中小企業では比較的家族が近くに住んでいたり、介護を行う従業員の状況が把握しやすいためか、“全社で”というよりも従業員個々の状況に合わせて、経営者が柔軟に判断していると聞きます。それが多種多様な働き方につながればよいのですが、人によって差がついてしまったり、法定の基準を満たしていない対応になったりしてしまわないように、きちんとルール化しましょう。

1 現行の社内両立支援制度の確認

図表２－４によれば、介護をしている従業員のうち９割は、雇用形態を問わず、介護休業等の制度を利用していないことがわかります。

介護離職者は制度を利用しなかった理由として、「介護休業制度がないため」が最も多く、次は「自分の仕事を代わってくれる人がいないため」や「介護休業制度を利用しにくい雰囲気があるため」と回答しています（図表２－５）。

制度がない場合に加えて、あっても知らされていなかったり、知っていても利用しにくかったりして、結果的に離職を選ぶ道しかなかったようです。両立支援制度をどのように利用できるのかをイメージでき、利用しやすい雰囲気があれば介護離職は減る可能性があるとわかります。

●図表２－４　介護をしている雇用者の介護休業等制度の利用状況（2017年10月1日時点）

		介護をしている							
		総数	制度の利用なし	制度の利用あり					
				総数	制度の種類				
					介護休業制度	短時間勤務制度	介護休暇制度	残業の免除・制限	その他の制度
実数（万人）	総数（役員を含む雇用者）	299.9	270.6	25.8	3.5	6.2	8.2	2.6	7.9
	正規の職員・従業員	140.8	125.2	14.1	1.8	2.6	5.9	1.5	3.8
	非正規の職員・従業員	136.0	124.1	10.2	1.4	3.3	2.2	1.0	3.4
割合（％）	総数（役員を含む雇用者）	100.0	90.2	8.6	1.2	2.1	2.7	0.9	2.6
	正規の職員・従業員	100.0	88.9	10.0	1.3	1.8	4.2	1.1	2.7
	非正規の職員・従業員	100.0	91.2	7.5	1.0	2.4	1.6	0.7	2.5

（注）「制度の種類」については複数回答のため、各種類の合計は、「制度の利用あり」の総数と必ずしも一致しない。
（出所）総務省「平成29年就業構造基本調査」より大和総研作成

大和総研「介護離職の現状と課題」より

●図表２－５　介護離職者（元正社員）が介護休業制度を利用しなかった理由（複数回答）

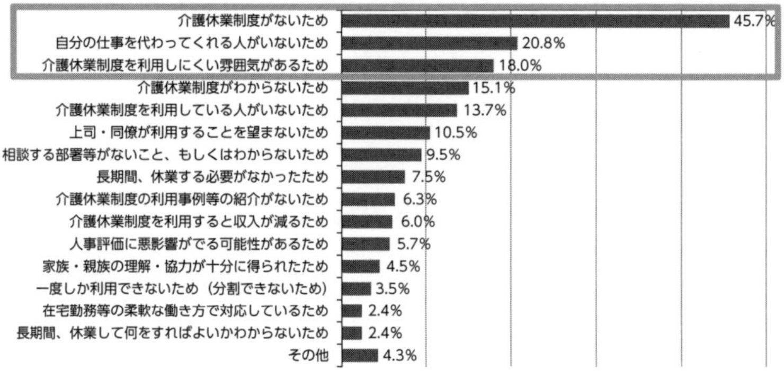

（出所）厚生労働省「平成24年度　仕事と介護の両立に関する実態把握のための調査研究事業　報告書」（平成25年3月、三菱UFJリサーチ＆コンサルティングに委託）より大和総研作成

大和総研「介護離職の現状と課題」より一部変更
（上位３項目を罫線で囲み、「一度しか利用できないため（分割できないため）」を囲む罫線は削除）

育児・介護休業法には、次のような制度が定められています（図表２－６）。自社の両立支援制度の内容（対象者や取得日数など）を、就業規則で確認してください。制度の概要は、Chapter 5で説明します。

●図表２－６　育児・介護休業法上で規定される両立支援制度

制　度	概　要
介護休業	労働者は、申し出ることにより、対象家族１人につき通算93日まで、3回を上限として、介護休業を取得することができます。
介護休暇	対象家族が１人であれば年に５日まで、２人以上であれば年に10日まで、半日単位で取得できます。
所定労働時間の短縮等の措置	事業主は、①短時間勤務制度、②フレックスタイム制、③時差出勤制度、④介護サービスの費用助成のいずれかの措置について、介護休業とは別に、利用開始から３年間で２回以上の利用が可能な措置を講じなければなりません。
所定外労働の免除	要介護状態にある対象家族を介護する労働者は、所定外労働の免除を請求することができます。１回の請求につき１月以上１年以内の期間で請求できます。介護終了までの必要なときに利用することが可能です。
法定時間外労働の制限	１カ月に24時間、１年に150時間を超える時間外労働が免除されます。
深夜業の制限	深夜業（午後10時から翌朝５時までの労働）が免除されます。
転勤に対する配慮	事業主は、就業場所の変更を伴う配置の変化を行おうとする場合、その就業場所の変更によって介護が困難になる労働者がいる場合は、その労働者の介護の状況に配慮しなければなりません。
不利益取扱いの禁止	事業主は、介護休業などの申出や取得を理由として解雇などの不利益取扱いをしてはなりません。

2　介護実態とニーズの把握

企業が介護離職の防止を目指すのであれば、介護などに携わる従業員がSOSを出すまでカミングアウトを待つのではなく、先手を打って従業員の介護実態とニーズの把握を行うことが効果的です。前章で述べたとおり、企業内には介護をしている人がいないのではなく、介護をしていても言わない人が多いのです。

1）　調査

従業員の介護経験の有無や介護に対する不安、介護に直面した際に希望する働き方、両立支援制度の認知状況などについて把握するためのアンケート調査票は、厚生労働省HPにある「実態把握調査票」を利用し、社内に必要な内容を選択することをおすすめします。自由にコメントが書ける形式もよいですが、従業員が負担を感じると回答率が下がるので、なるべく回答例に○をつけるだけの選択式にするとよいでしょう。また、従業員が利用目的を警戒して率直な回答を躊躇することも踏まえ、無記名式で行うなど心理的不安を取り除くことも重要です。

【質問内容】

1. 対象者
   性別、年齢、役職
2. 介護の現状や今後の見通し
   現在の介護経験の有無、今後の介護者となる見通し、相談者
3. 介護への不安
   不安の有無、具体的不安内容、望ましい働き方
4. 公的介護保険や社内の両立支援制度などの認知状況
   公的介護保険、地域包括支援センター、社内両立支援制度
5. 現在の働き方の実情
   残業実態、年次有給休暇の実態、働き方改善の取組内容
6. その他

アンケート調査は実態把握だけを目的にするのではなく、社会の潮流やトップメッセージを伝える良い機会です。管理職が部下と行う定期面談時に企業方針を伝えてから実施するなど、調査する理由や調査するタイミングを意識し、両立を支援するという方針の浸透を図りましょう。

参　照
P.320～　書式・ツール集「実態把握調査票」

2）結果の分析

調査票を分析していくと、企業が予測する以上に介護をしている従業員がいることがわかる場合がありますし、していなくても不安を感じていたり、就業を継続できるかどうかわからないという回答が出てきます。図表２－７からも、就労者の７割以上が「非常に不安を感じる」または「不安を感じている」とわかります。実際、筆者が実施する調査でも、40歳以上の従業員のうち約９割の人が不安を抱えていると回答

する企業が多いです。

●図表２－７　就労者の男女別の手助・介護に対する不安感

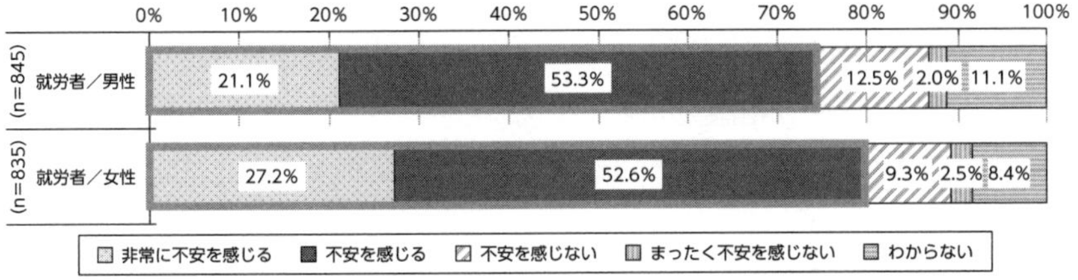

（注）回答者のうち、就労者（男女各 1,000 人）のうち、本人または配偶者の両親が１人もいない者を除く。

三菱 UFJ リサーチ＆コンサルティング「平成 24 年度　仕事と介護の両立に関する実態把握のための調査研究事業　報告書（厚生労働省委託事業）」より作成

不安を感じている人に聞いた具体的内容の上位は、「公的介護保険制度の仕組みがわからない」「介護がいつまで続くかわからず、将来の見通しを立てにくい」「仕事を辞めずに介護と仕事を両立するための仕組みがわからない」などです（図表２－８)。実際の企業調査でも上位となる具体的不安は類似しています。

●図表２－８　就労者の不安感の具体的な内容

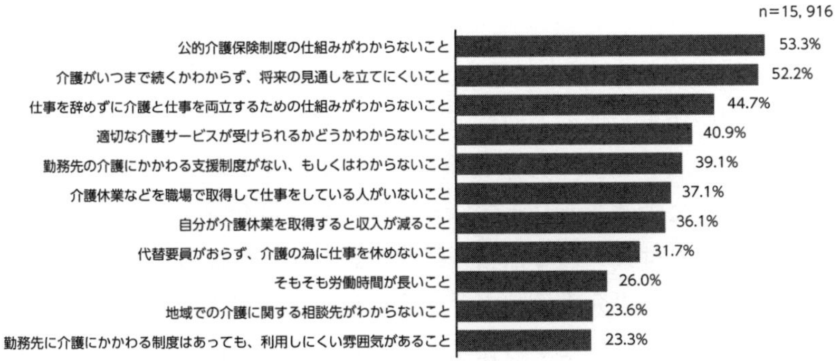

（資料）株式会社 wiwiw「仕事と介護の両立支援事業　社内アンケート（事前)」
（平成 26 年度　厚生労働省委託事業）より作成

厚生労働省「企業における仕事と介護の両立マニュアル」より

3　不安を減らすために“知識”と“意識”を持つ

不安を整理してみると、以下の4つに分類されます。

① 介護支援制度や介護サービスを知らない／利用方法がわからない
② 介護に関する相談先がわからない
③ 業務が属人的であったり、労働時間が長かったりして、制度が利用しにくい
④ 介護支援制度を利用しにくい雰囲気がある、人事考課に悪影響する可能性がある、上司や同僚の理解が得られにくい

不安を払拭するためには“知識”と“意識”を持つ必要があります。

“知識”に関する①・②は、知らないことを減らし、知っていることを増やせばよいため、比較的取り組みやすいでしょう。一方で③・④は職場全体で日頃から働き方を見直したり、多様で柔軟な働き方ができるよう準備したりしながら、お互い様の“意識”を醸成することなので、1日にしてならずです。

高齢化率世界一のわが国において、企業は、今までのあり方（意識）・やり方ではなく、就業継続を大前提にした上で何かできることはないのかと一歩先を想定することが必要です。

介護離職者が約10万人いると公表された当時、大企業を中心に介護休業の期間が法定基準を上回る制度内容に改定されたケースが多くありました。例えば、法定の介護休業は通算93日ですが、通算365日、中には3年とした企業もあります。介護休業を直接介護するための期間とすると、長ければ長いほど無給の状態が長くなり、従業員の生活に影響が出ます。従業員が介護に注力できるように支援するのではなく、適切な介護サービスを受けながら仕事と両立できるように支援するという考え方が大切です。

介護を語る時に“ある日突然”というフレーズがあります。“ある日突然”介護をすることになったとしても従業員が先走って離職を選択し

ないように、自社の特徴を確認または調査結果を詳細に分析し、従業員の不安を減らすための具体的施策を立てる必要があります。その上で、社内に浸透させていくためには地道にその施策を実践していかなければなりません。

この過程で管理職が部下の最初の相談の窓口になる可能性は高いでしょう。そこで、自社の両立支援制度や相談窓口が用意されていても知らない人が意外と多いことがわかります。正しい情報を得ること、それを全社で共有することを繰り返し、誰もが当たり前に介護のことを話せる職場づくりを目指しましょう。

1）仕事と介護の両立支援ハンドブックの作成と周知

従業員が日頃目にしていない育児介護休業等規程を読みこむのは、至難の業です。企業の両立支援体制や公的介護保険の概要、社内・社外相談窓口、役立つリンク先等を掲載した「仕事と介護の両立支援ハンドブック」の作成をおすすめします。従業員がいざという時はもちろんですが、社内で介護セミナーを行う際のテキストにもなります。

また、ハンドブック等の作成に時間を費やせない企業は、厚生労働省の「介護離職を防止するための仕事と介護の両立準備ガイド」を利用しましょう。自社の両立支援制度を加筆すれば立派なガイドとなります。大切なのは、従業員に両立支援制度の存在とその内容をいち早く周知し、これを通して会社の姿勢を示すことです。

おすすめツール・サイト

厚生労働省　仕事と介護の両立支援～両立に向けての具体的ツール～
「介護離職を防止するための仕事と介護の両立準備ガイド」リーフレット

2）社内イントラネットを情報の宝庫とする

情報が更新されていくことを考えると、加筆修正を行いやすく、従業員がいつでも必要なタイミングで、かつ本社から離れた場所で勤務していても見ることができるイントラネットのほうが、紙ベースよりも利便性が高いです。しかし、わかりにくい場所にあったり、周知不足だったりして、存在すら知らない従業員が多いこともあるので、機会があるごとにイントラネットの情報場所を周知しましょう。

3）仕事と介護の両立支援研修の開催

いざ介護が必要な時に、公的な介護サービスや社内の両立支援制度を知らずに、または知っていても何を利用していくかのイメージがわかずに、ギリギリまで自力で頑張ってしまい、心身ともに追い込まれることがあります。たとえ介護に直面している従業員がいなくても、企業に情報提供として積極的に行ってほしいのが両立支援研修の開催です。

筆者が平成24年から現在に至る約10年、「仕事と介護の両立支援セミナー」の講師を務めている企業（D社）では、仕事と介護の両立が当たり前の雰囲気となり、早い段階から上司に相談したり、実際に両立する人が増えてきました。

もちろん開催当初は、介護者は職場に公表せず隠れていたと思います。なぜなら研修前のアンケート（記名式）において介護経験がないと回答した人を集めた回でも、研修内のグループワークでの自己紹介や発言で介護経験者だと明らかになる人が少なくなかったからです。その研修も回を重ねることで、介護が必要になっている状況についてアンケートに書かれるようになっていったので、隠れている社員はほぼいなくなったことが伝わってきます。

D社が研修をするにあたり、心がけていることは次の6点です。

①　年間の開催計画を立てる

仕事と介護の両立支援が企業の優先項目として扱われていることを伝えるため、行き当たりばったりではなく、事前に開催日時を周知し、研修に参加しやすくします。

②　所定労働時間中の開催

積極的に仕事と介護の両立支援に取り組む企業姿勢を示します。

③　集合研修

集合研修（対面またはオンライン）で開催します。1人で用意された動画を見る方法は集合研修を開催するよりも簡単ではありますが、グループワークなどで介護をしていると告白したり体験者から話を聞いたりすることや、職場ごとに両立ができそうなのか難しそうなのかといった情報を共有することで、「介護」について話せる場の提供となります。

④　参加は任意

育児と異なり、介護は本人が声を上げないと周りが気づいてあげられないことが多いのです。研修を任意参加にすれば、なぜこのタイミングで参加したのかという理由が、従業員の現状を知る手がかりとなります。例えば、グループワークの自己紹介で「遠方に住む一人暮らしの実母が入院し、退院後は介護が必要ですが、仕事を続けることができるのかわからず急遽参加しました。職場の誰にもまだ言っていません」と話した30代前半の女性社員がいました。そこから、同席の人事担当者につながったケースもあります。

⑤　上級管理職は必須研修

最初の相談窓口になる可能性が高い管理職が適切に対応できるよう、自社の両立支援制度の理解や両立者が出た時のマネジメントイメージを持つことは大切です。また、管理職の年齢層は両立者になる可能性が高いため、必須研修の効果はあります。

⑥　継続は力なり

限られた人数（D社は約30名／回）で年に複数回行い、何年も続けていくことで、その時点で介護に不安を感じている従業員が参加しやすくなります。隠れ介護者をつくらない職場風土の醸成につながります。

D社では、これらのポイントを押さえつつ、対象者ごとに以下の研修を行っています。上級管理職全員が必須の研修となっている「管理職研修」、介護の入り口を広く浅く知る内容となっている「ベーシック編」、介護の専門家（地域包括支援センターの職員やケアマネジャー）を講師に招き、更に深く学ぶ「アドバンス編」です。また、研修よりもラフに介護について話せる場として「介護カフェ」の開催もしています。研修を対象者と内容別にまとめると次のとおりです。

(a) 経営者・管理職対象の「管理職研修」

多くの企業は、経営者・管理職が介護者となり得る年齢層のため、「両立支援研修」などと独立させず、イクボス研修やダイバーシティ研修の一環とすることも多いでしょう。やり方は企業に合った方法でよいのですが、両立者や潜在的な不安を抱えている従業員に寄り添うことができるよう、ワーク（図表２－９）などを使って、自分のことまたは自分のチーム（職場）のこととして考え、他人事にされない工夫をしましょう。

●図表２－９　ワーク例

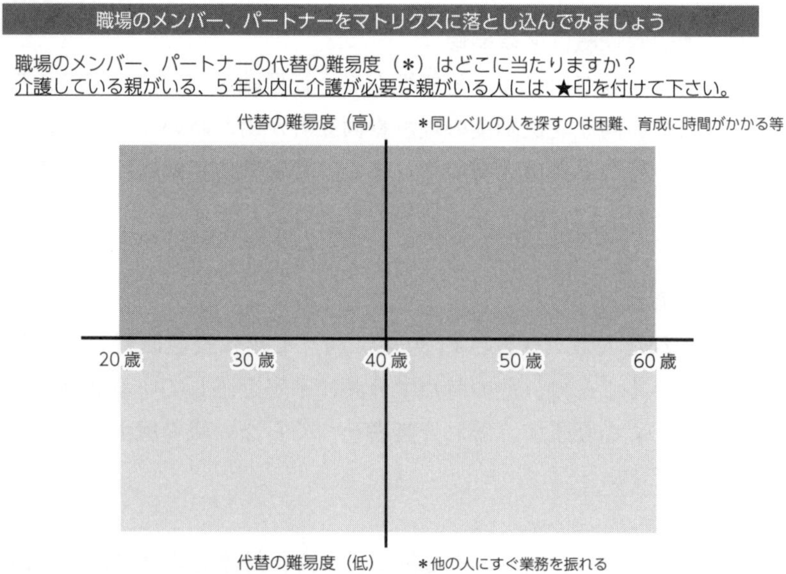

【ワーク例】

横軸を年齢、縦軸を代替の難易度（高・低）として、あなたの職場のメンバーがどこに当たるかプロットしてみてください。

1．職場は何歳くらいの従業員が多いかを確認しましょう。
2．代替の難易度が１番高い人に○をつけ、顔を思い浮かべてください。その従業員がある日突然「会社を１カ月休ませてください」と言ってきたら、どのような反応をするか想像してみましょう。

代替し難い従業員の業務の引継ぎは、もちろん難易度が高いはずです。短期間で行えないからこそ、今からどのような具体的行動をしていくかが鍵となります。

(b) 全従業員が参加可能な研修「ベーシック編」

いつ誰が介護の対象となってもおかしくないわが国の現状を統計資料などで学びつつ、社内のアンケート結果を共有して、「あなただけが不安を抱えているのではない」ことを伝えています。プログラムのなかで大切にしているのが、あとから介護の相談がしやすいよう、社内の両立支援制度については、人事担当者から社内の両立事例を交えて話してもらうことです。また、公的介護保険の仕組み、職場や家庭で今からどのようなことを準備していくべきか等、多くの従業員が共通の“知識”を得ることがとても重要です。

【ベーシック編　一例】

1. 会社の方針
2. 超高齢社会のわが国
3. 介護者は家族が７割
4. 公的介護保険の仕組み
5. 社内の両立支援制度と利用例　※人事担当者より
6. 介護に直面した社員のドラマを視聴するワークショップ
7. 職場や家庭で今から行動すること

(c) 全従業員が参加可能な研修「アドバンス編」

自治体主催の研修は平日の日中に開催が多いため、働いている人の参加が難しいという声がありました。そこで、本社地の地域包括支援センターに相談にいき、地域包括支援センターのセンター長や社会福祉士に講師として企業へ来てもらっての講義を実現させました。自治体により対応が異なると思いますが、従業員の不安を減らすために行動したよい事例です。

【アドバンス編　一例】

1. 地域包括支援センターの利用方法や介護の具体的な事例
2. 認知症を知る（認知症サポーター養成講座の受講（P.271）という方法もあり）
3. 介護施設を知る
4. 介護に関するお金の話

④　介護カフェ

育児との両立者向けに「育児カフェ」があるように、お昼休みや終業後などに業務外という位置づけでリラックスした状態で集まれる「介護カフェ」を定期的に開催することもおすすめです。

自治体などが配信している動画を参加者で観たり、介護のプロや介護体験者が出版している本を話題にしたり、社内・社外の体験者から話が聞けるような“研修よりも気軽に集まれる場”づくりによって、従業員の潜在的不安や今ある不安を少しでも減らしましょう。

図表２－10は、実際に企業で行われた介護カフェの話のなかで挙がった、年をとっていく親の状態と子供である従業員の対応の仕方を、参加者の言葉をもとに筆者がまとめたものです。

各々の従業員が抱える問題はそれぞれ異なりますが、参加者が感じている気持ちを見える化することで、多くの人たちが同じ気持ちだと確認できました。

●図表２－10　親の状態、子供の気持ち

<table>
<tr><td>親の状態</td><td>健常</td><td>→</td><td>高齢化
体力低下</td><td>→</td><td>介護状態
発生</td><td>→</td><td colspan="3">介護状態
継続</td></tr>
<tr><td>子供の
気持ち</td><td>まだ大丈夫</td><td colspan="3">将来が不安
でも親に聞きにくい</td><td colspan="2">混乱</td><td>負担</td><td>安定</td><td>終末</td></tr>
<tr><td>子供の
働き方</td><td colspan="4">通常の働き方</td><td colspan="2">両立支援制度で
体制整備</td><td colspan="3">介護と仕事の両立</td></tr>
<tr><td>理想の対応</td><td>準備
（情報収集）</td><td colspan="3">介護の体制づくり
（親との話し合い）</td><td colspan="5">介護申請、プロとの協力、介護施設検討</td></tr>
</table>

おすすめツール・サイト

日経 DVD 「仕事と介護の両立のために　ワークライフバランス」

介護に直面した社員のドラマを通じて、介護する本人、家族、上司のあり方や事前準備について学ぶことができます。

4）相談窓口

相談窓口を開設しても従業員が積極的にそのドアを叩くことはありません。相談するということは、自分が何に困っているか認識できており、それを言葉で相手に話す勇気が必要だからです。介護の話題は家族や家庭をさらけ出すことになるので、気持ちの面でもハードルが高いのかもしれません。

１人で抱え込んでしまうと初動が遅れ、介護をする人だけではなく、される人も苦しくなります。また、介護に対する知識やスキルがない状態で仕事との両立が始まることも多いため、過度に１人で抱え込み、肉体的・精神的な介護疲労を感じることもあります。一瞬の出来事で終わらない介護では、相談できる環境を社内にも社外にも整えていき、それらの連携によってONE TEAMな介護体制をつくることが理想の姿だと周知していきましょう。

①　上司や社内の相談窓口・面談

介護に直面している従業員の多くは、不透明な将来に不安を抱えているので、共感を示しながら話に耳を傾け、介護の実態や両立に関する本人の希望・課題を聞き取りましょう。初めての介護体験や“ある日突然”のケースもあり、感情的になっている場合もあるので、話を整理してあげる気持ちで対応してください。また職場での情報共有は、プライバシーに配慮しましょう。

【面談時のポイント】

◆ 仕事と介護の両立を支援しているという企業姿勢を伝える
◆ 従業員が直面している介護の実態を可能な範囲で把握する
◆ 社内・社外の相談窓口を伝える
◆ 従業員が仕事と介護の両立に対して抱えている課題を把握する
◆ 従業員の希望する働き方を把握し、両立支援制度を説明する
◆ 公的介護保険のサービスを受けるために必要な諸手続きが済んでいるか確認する

社内に規定の面談用のシートがなければ、厚生労働省の「仕事と介護の両立支援面談シート兼介護支援プラン」の活用をおすすめします。

参　照

P.138〜139　Chapter 4　Ⅱ「両立事例1　図表4－5　面談シート兼介護支援プラン」

両立支援制度などの社内の制度や介護休業給付金（P.274）などの公的な制度について、管理職（上司）または人事担当者から従業員に説明することになりますが、休むことを優先するのではなく、介護との両立（働き続ける）にはどのような支援制度が利用できるのかという視点で説明してください。また、時間経過と共に利用する制度も変化していく可能性があるので、両立体制がとられている期間は定期的な面談の実施を心がけましょう。

おすすめツール・サイト

厚生労働省　仕事と介護の両立支援～両立に向けての具体的ツール～
「従業員から介護に関する相談を受けた際に対応すべきこと」チェックリスト

②　社外の窓口

介護について相談したい場合は各市区町村の福祉担当課や地域包括支援センターを、認知症の相談は各県の「公益社団法人　認知症の人と家庭の会」を利用するのがおすすめです。また、従業員支援プログラム（EAP）など、無料で相談できる窓口を設置している企業もあります。

介護や医療のプロにしかわからないことも多く、介護者本人の努力と企業内の取組みだけでは限界があります。介護はチーム戦に例えられますし、1人で抱え込まず、社会資源（家族・親族、地域・行政、介護や医療のプロ）の協力を得るよう伝え続けてください（図表２－11）。

●図表２－11　要介護者・仕事と介護を両立する従業員を支援する社会資源

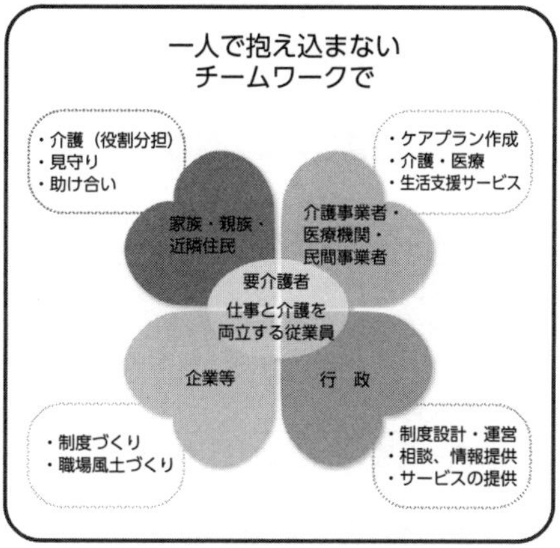

愛知県「仕事と介護の両立支援策導入マニュアル」より

5）育児の両立支援と介護の両立支援は同じではない

育児休業を取得する従業員や育児休業から復帰する従業員は増えているので、仕事と育児の両立支援を体験した企業は多いでしょう。育児は「妊娠しました」から産前休業→出産→産後休業→育児休業と予測できるステップがあり、職場も従業員本人も準備の目途を立てやすいです。

しかし、介護は“ある日突然”と表現されるように、本人も準備が整っていない状態で現実に向かい合うことになります。対象となる可能性が高い40歳以上の従業員は、技術面や管理責任面で職場の要となっている場合が多く、急に休んでも代わりの人がいないという声を聞きます。

このように育児と介護の両立支援の相違を整理していくと、育児とは異なる介護独特の課題が見えてきます（図表2－12）。

●図表2－12　介護と育児の相違点

	仕事と介護の両立	仕事と育児の両立
対象従業員	・全年齢にわたり、管理職や基幹的な業務従事者も対象	・若年社員が多い
状況と期間	・想定しづらい。特に、要介護者の状況の変化や期間の終了が見込みづらい ・急に対応を迫られるケースがある	・比較的、想定しやすい ・年単位で計画しやすい ・妊娠後に情報提供しても間に合う
子供／要介護者	・要介護者の経過や必要となる介護が多様 ・同居・近居・遠距離など多様	・成長過程がある程度、予測できる ・基本的に同居
ニーズの潜在化	・本人の申告がないと把握できない。当初から介護支援について企業に期待していない、昇進・昇給等の不安から申告しないケース有	・本人が申告することが通例となっている ・本人の体調の変化から把握しやすい
今後	・団塊の世代が後期高齢者となり、大幅に増加 ・きょうだい（要介護者の子供）数の減少、同居世帯の減少などから、家庭の介護力は低下傾向	・対象となる年代の人口は減少

愛知県「仕事と介護の両立支援策導入マニュアル」より

4　社内両立支援制度の検討

現行の両立支援制度の変更を安易に勧めるわけではありませんが、介護の場合は育児よりも多様なケースがあるため、企業や職場の特性なども踏まえて、未来に向けて検討することは必要です。

例えば、法定の介護休業の取得日数の上限は93日となっていますが、「足りるのだろうか」と不安視する声に応え、法定を上回る日数に改定した例があります。しかし、育児休業中は社会保険料が免除されるのに対して、介護休業中にこのような措置はありません。育児・介護休業法には、「長期の介護休業取得に追い込まない」という本来の主旨があるので、変更する際は単に上限の日数を増やすのではなく、利用者にとって使い勝手をよくすることを心がけてください。

1）法を上回る事例

①　介護休業

◆ 法　定：通算93日、対象家族1人につき3回まで分割で取得可能

◇ 上回る：通算1年まで何回でも分割取得できる

②　介護休暇

◆ 法　定：1人につき年5日（2人以上であれば10日）、無給

◇ 上回る：1人につき年5日（2人以上であれば10日）、有給

③　短時間勤務制度

◆ 法　定：所定労働時間6時間を含む、3年の間に2回

◇ 上回る：30分単位で最大3時間まで短縮可能、回数制限なし

④　失効年休積立制度

◆ 法　定：年次有給休暇　前年度残日数繰越し

◇ 上回る：失効の年次有給休暇　年5日まで最大40日積立可能

⑤　フレックスタイム制

◆ コアタイムなし、午前5時～午後10時で最低2時間勤務

2）企業独自の制度

テレワークや在宅勤務制度、介護等の理由とした配置転換の個別配慮、介護等の理由で退職した従業員を対象に再雇用の機会を提供する制度などがあります。

3）企業独自の費用補助

企業の独自制度や健康保険組合、共済会などが費用補助を行う場合があります。

◆　休業中の社会保険料個人負担分の立替免除
◆　カフェテリアプランの利用による福祉用具の補助
◆　家事代行サービスや介護サービス利用費の補助
◆　介護事由による無利子融資
◆　遠距離介護交通費補助
◆　介護転居費用補助
◆　海外転勤中、家族の代わりに国内にいる親の見守りや生活支援などを行ってくれる団体等の紹介

5　先進企業が感じている今後の課題

介護離職防止の意識や知識を持ち、取組みをすでに行っている先進企業において、管理職などを対象に実施した研修後のアンケートをみると、「人事考課（査定）、賃金の決め方、キャリアプランの見直し、休業者や短時間勤務者以外の社員へのフォロー体制などについて、管理職だけではどうしていけばよいかわからない」とありました。

また偶然にも他の研修の場で、「私（上級管理職）は年俸制ですが、介護のために一時的に午後4時で退社すると話したら、一般社員でもないのに1日2時間分の給料を減額させられました」と言う人がいまし

た。その管理職は「時間が減っても責務は変わらず、同様の業務を遂行しているので、減額は適切ではない」と主張したかったのでしょう。人事の回答は、「社内の両立制度から正しい運用ではありますが、どのレベルも同じか否かまでは具体的想定をしていないので、現在は一律に所定労働時間に足りない分減額しています」というものでした。

そこで、いくつかの企業に「上級管理職レベルの人がどのような処遇になるか」と質問したところ、給料が変わらない企業もあれば、短時間勤務扱いとして給料を減らす企業もありました。

どちらも企業のあり方なので正解はありませんが、気になったのは複数の企業が「今まで少数の対象者しかいなかったため、とりあえずそのような運用をしています」と回答したことです。これは、事例が少なかったことを理由としており、介護との両立が、時間短縮した分を控除した給料が支払われている育児との両立と同じ運用でよいのかを検討して決定したわけではないということです。

もちろん、企業も「管理職だけで職場対応してほしい」とは思っていないでしょう。しかし、“ある日突然”というフレーズがあるとおり、「両立者が出たら」では遅いので、今から人事考課（査定）、賃金の決め方、キャリアプランの見直し、休業者や短時間勤務者以外の社員へのフォロー体制など、企業が従業員に説明できるよう明快にしておきましょう。

次のChapter 3では、これらの明確化に役立つ「職務・役割等級人事制度」の構築理論とその活用について解説します。

また、仕事と介護の両立できる体制が職場で整備されたとしても、介護で「自分の心身の健康状態が悪化したため」に離職するケースも多いです（図表１－３)。本来、介護は家族、家庭のことであり、企業がどこまで入り込むか難しいことではありますが、超高齢社会のなかで働き続けられる組織づくりに挑んでいく必要があります。従業員が心身ともに健やかな状態であるために企業として何をしていくべきか、先進企業をはじめとした他社の取組みの情報を収集し、模索していきましょう。

Chapter 4では、企業に起こりそうなケースを事例に、介護離職防止・仕事と介護の両立を実現させる人事労務管理を解説します。

Chapter 3

多様な働き方を実現する職務・役割等級人事制度の構築理論

I 職務・役割等級人事制度が求められる背景

1 これまでの人事制度が引き起こした職場の実態

1）能力で人事管理をすることの危険性

日本の賃金体系は、昭和初期および第二次世界大戦終戦後に**生活給体系**から**能力給体系**へ推移し、現在主流である**職能資格制度**となりました。

生活給体系

学歴・性・勤続・年齢（・職員や工員等の身分的条件（※1））と扶養家族数に応じて生活保障給を定め、これに能力給（※2）や勤続給を加味した年功的な賃金体系をいいます。

※1　戦前まで続いていた職員・工員等の身分的条件は、現在撤廃されています。

※2　当初の能力給は、役職資格による能力判定がされており、働き振りの査定に基づくものではなく、一般労働者には関係ないものでした。

能力給体系

職務遂行能力という属人的要素を中心に序列が定められた等級制度に基づいて支払われる能力給を中心とした賃金体系をいいます。

職能資格制度

能力的等級制度をベースに、職掌・職群・職種・職務段階等の職務・職能基準を明確にした管理概念に基づく序列が定められた等級制度をいいます。

どの制度を導入するかはその組織次第ですが、能力を評価、等級に格付けし、賃金を支給することにどれだけの説得力があるでしょうか。

例えば、人事制度を改定し、新たな等級基準に基づき再格付けを行うと、製造現場のベテラン作業者が下位等級に格付けされることは起こりがちです。これは、従来の人事管理が勤続年数をそのまま熟練度として認識するものだったため上位等級に格付けされていたものの、実際に担っていた仕事は入社数年で行えるものであったことなどが理由です。他にも、技術革新によってベテラン作業者の持つ技能が陳腐化あるいは不要になった事実を放置していたことが原因であるケースもあります。

これらは、賃金を支払い続けてきた能力を見直すことで、賃金に見合う価値や成果を生み出す技能はなかったと判明した例だといえます。

確かに社員の能力を評価することは必要です。年齢に応じた能力が実際に身についており、期待される仕事に加えて別の仕事もできるならば、能力で管理することは大いにメリットがあります。

しかし、現実的に考えると、過去にできた仕事、あるいは現在できるであろう仕事は、今後期待される成果とは関係ありません。ましてやこれを考慮したところで、業績に結びつかないのです。

職能資格制度は能力主義だといわれながら、導入した組織の現場でプロフェショナルが不足しているとすれば、人材育成を怠っていたことを疑わざるを得ません。また、右肩上がりの経済発展のなかで、社員の的確な能力開発を行ってこなかったともいえるでしょう。

2）経営課題に対応できていないこれまでの人事システム

組織は、環境変化に適応するための経営課題を解決して存続、発展していかねばなりません。賃金は、製造現場作業者であろうと非製造現場作業者であろうと、また管理・監督者であろうと、本来は社員がどのような仕事をし、それが期待される基準（結果）に対してどの程度貢献したかに応えたものでなければなりません。そして組織は、この基準となる賃金体系を構築した考え方を等級制度で示す必要があります。

ただ、人事システムの構築は経営のリフォームの一環であって、同じ業界であっても組織の経営体質や課題が異なります。そういう意味で人事システムは、オーダーメイドのシステムでなければならないのです。どの組織にも同じ制度を当てはめようとする○○式、△△理論に囚われて、組織の経営課題を認識することなく、「賃金はこうでなければならない。したがって、経営者はこうするべきだ」のように賃金制度論ありきで経営を考えるという論理は避けたいものです。制度自体がよいものであったとしても、導入すれば必ず成功する制度や理論はあり得ません。

「人事システムの構築によって経営改善を図ること」、これが人事管理の役割です。したがって、制度論のみで人事システムを構築することや、組織の経営課題すら把握せずに構築していくことは非常に危険です。

2000年前後に起きた成果主義人事制度にまつわる失敗は、組織風土を軽視した上に、経営戦略と連動させずに制度を構築したことなど、導入・構築プロセスに大きな原因がありました。解決を図るには、これまでの方法で人事制度を構築するのは無理だと認識しなければなりません。組織の業績を上げるためには、経営課題にアプローチし、その解決を確実なものとする人事システムを構築するプロセスが必要なのです。

つまり、人事システムの構築には経営戦略的な視点が不可欠となのです。職務・役割等級人事制度は、経営と賃金、人間組織を一体として変えるために設計されており、この構築プロセスはそれぞれの組織にとって、その時点での最善の制度となるようにつくり込むことできます。

3）日本企業がようやく気づき始めた「役割」の重要性

1990年代になると、日本でも多くの会社で管理・専門職層に役割給が導入され始めました。

本来「役割給」と「職務給」は、ともに職務を基準とする賃金制度であり、職務評価によって等級格付けされ、賃金が支給されます。そのため、人事考課は業績評価になるのが原則です。しかしここでは、定型・半定型業務を遂行する職層ではなく、創造的業務を遂行する管理職層および専門職層に該当する職務を「役割」とし、人事考課において従来の能力（コンピテンシー）評価をしているケースが多くありました。これらは理論的な誤りといえるでしょう。

職務・役割

職務とは、一般的に「組織の目的・目標から展開、分業され、1人の社員によって遂行されるべき仕事（職位）上の活動の全体（課業の集まり）」とされています。

役割とは、「分業された職務を遂行しているなかで、外部環境や内部資源と、現在の組織機構とにズレが生じたとき、環境との適合性を回復するために状況に応じて社員個々が期待される仕事上の活動の全体」であり、「柔構造の職務」と称される場合があります。

前者は組織が、後者は社員個々が、組織目標を達成するための仕事を示します。

欧米では、ブルーカラー・ホワイトカラーともに、職務等級人事制度が適用され、職務給が支給されていますが、日本では、非管理職層には職能給を、管理・専門職層には役割等級（ミッショングレードともいいます）を適用した役割給が支給されるなど、ダブルスタンダード（ハイブリッド型人事制度）となっている場合が多く見受けられます。

最近でこそようやく「役割」「職務」を明確にしていこうと努力をするようになってきましたが、これまでは非常に軽視されてきました。

日本の役割給が適用される管理・専門職の役割基準（定義）書と、アメリカのホワイトカラーの職務記述書はよく似ています。アメリカにおいてホワイトカラーの職務記述書には、詳細な職務内容は記載されておらず、役割を果たすためにとるべき行動が大まかに定義されています。

これは、外部環境や内部資源の変化に適合するための非定型的、創造的な業務であるホワイトカラーについては、ブルーカラーのように職務分析を実施し、標準作業を設定することが難しいためです。したがって、戦略的な視点から、組織のポストやポジションに期待される結果（成果責任）を明らかにした上で、これに求められる職責、権限を記載した職務記述書に基づいて、グレードに格付けされることになります。

しかし、戦後においてブルーカラーとホワイトカラーの身分制を廃止し、また職務分析も定着させてこなかった日本では、このホワイトカラーの表層だけを捉え、ブルーカラーの職務記述書および現実の運用までも曖昧でもよいと誤って解釈していることがあります。

このように、社員の正確な能力の把握をせず、ただ「年長者の能力が高い」と年功的な評価をしてきたことから、今になって、機能していない人事制度にもがき苦しんでいるケースをたびたび目にします。

そうした例を挙げればキリがありません。例えば、熟練の職人が中心になっている装置産業の製造現場では、中堅社員が「ベテラン社員でも段取り替えに半日以上かかる。我々はまだまだです」などと言うことがあります。しかし、よく見てみると、ベテラン社員は原理原則を理解しているわけではなく、金型を感覚で勝手に修正しているなど、ある程度の知識と見様見真似で習得してきたスキルでこれまで何とか生産できていただけで、工学的、統計的な品質管理が十分にできていないという事例が多くあります。

それから、ベテラン営業マンがある時点から売上げを上げられなくなった原因を調べてみると、実は商品知識に乏しく、これまでは口先だけで売っていたと判明することがあります。厳しい競争の下、顧客からは商品だけでなく、顧客が抱える課題を解決するための提案を求められる時代となっています。商品知識を活かして顧客の課題を解決するスキルが身についていないと、顧客から相手にされなくなってしまうのです。

大企業においても同様です。一見最先端のマネジメント技法を採り入れて改善・改革に取り組んでいるように見えますが、これは一部のエリート層に限られたことであり、現場の社員の認識はあまり中小企業と変わりません。しかも、疲弊した厳しい状況のなかで、ますます上から命令されたことしかやらない社員が多くなっています。上司が発破を掛けたところで、今はそんな精神論だけで社員が動く時代ではないのです。

本書で紹介している「プロセス展開表」の活用による職務分析は、判断力・交渉力・企画力などを必要とするホワイトカラーの業務を洗い出すだけでなく、これを分析し、業務の流れの改善や職務再設計による「ホワイトカラーの生産性の向上」にも寄与できます。

2　介護離職防止のための職務・役割等級人事制度の必要性

社内に多様な働き方を実現できる環境があれば、介護休業や介護のための短時間勤務、短日勤務がしやすくなり、社員の負担が軽減することで介護離職も防止できるようになります。

また副次的な効果として、離職率の低下ほか、人材採用を有利に進められるなどの長期的な利益を生み出す可能性があります。

このとき会社は、労働生産性を維持していくことも大切です。社員の休業中などによる一時的な低下であればまだしも、何カ月も続くようでは、せっかくの取組みも台無しになってしまいます。

また、「みんなで助け合いましょう」と言っていても、実際に自分に負担が掛かり、それが継続するといずれストレスや不満になっていくことは世の常であり、ますます労働生産性の低下に拍車がかかります。

そうさせないためには、日頃から職務・役割の編成と設計を柔軟に考えられる体制を敷いておくべきです。これには、職務・役割を明確にし、賃金の決定や人事評価ができる納得性の高い人事管理制度が必要となります。

仕事を基準とした職務・役割等級人事制度は、職務分析を実施、業務改善・改革を実施した上で、目標から合理的に職務・役割を編成、設計していくプロセスを踏みます。

社員をこのプロセスに参画させることで、会社の目的を浸透させることができます。社員が目的を踏まえ、最適な業務システムを自らの手で構築するため、納得度も高く、今後ますます普及していくことは間違いありません。

以上を踏まえると、「多様な働き方」を実現するためには、これを実現するための業務と、その内容および業務を実行するための職務・役割を業務改善・改革によって明らかにしながら、生産性の確保、社員の納得度の担保までもすることができる職務・役割等級人事制度が最適といえます。

Ⅱ 同一労働同一賃金の法制化と職能資格制度の矛盾

現在、一部の企業は雇用のあり方の見直しをはじめ、政府も「同一労働同一賃金」（同じ価値の仕事をしているのであれば、非正規社員も正社員も同じような賃金を支払うこと）を法制化するなど、日本の雇用システムは大きく転換しようとしています。

はじまりは、平成26年のパートタイム労働法の改正において、正社員（通常の労働者）と同視すべきパート労働者（正社員と職務（仕事の内容や責任）、人材活用の仕組み（人事異動の有無や範囲）が全雇用期間を通じて同じで、かつ、契約期間が実質的に無期契約となっている）の全ての待遇について、パート労働者であることを理由に差別的に取り扱うことが禁止されたことです。

翌年の平成27年9月に施行された「労働者の職務に応じた待遇の確保等のための施策の推進に関する法律（同一労働同一賃金推進法）」では、業務の内容および当該業務に伴う責任の程度その他の事情に応じた均等な待遇および均衡のとれた待遇の実現、つまり正社員と非正規社員（派遣社員）との賃金格差の解消を目指すとされました。これらが同一労働同一賃金ガイドラインへとつながります。

そして、令和2年4月（中小企業は令和3年4月）、パートタイム・有期雇用労働法が施行され、非正規社員（パートタイム労働者、有期雇用労働者、派遣労働者）について、不合理な待遇差の廃止や労働者に対する待遇に関する説明義務の強化などが定められました。

このような動きが、世界的に特異であった従来の日本の賃金制度に与える影響は決して小さくありません。すでに団塊の世代が定年退職してから久しく、少子化による労働力人口の減少も加わり、必要な人材の確保が困難な状況です。今後、高齢者（定年延長や再雇用）や女性あるいは外国人雇用がますます進んでいくなかで、多様な働き方ができる雇用環境の整備が求められるのは間違いありません。日本に同一労働同一賃金である職務給が定着する可能性が高くなってきたといえるでしょう。

しかし、すでに混乱が生じています。例えばパートタイム社員だけに職務給を適用し、正社員には依然として職能給が運用されている会社において、正社員転換制度によってパート社員が正社員になると職能等級に格付けし直され、以降は職能等級を基準とした管理のもと職能給が支給されることになるケースです。

職能と職務、そして賃金が連動していれば問題ないのですが、きちんと職能基準書を作成して職能資格制度を構築、運用している会社はそう多くはありません。すると、基軸が異なる２本の人事制度を用いて雇用形態間を転換することになり、公正性を保つことができなくなります。

実際、厚生労働省「パートタイム労働者の納得度を高め能力発揮を促進するために（平成27年７月作成）」には、平成27年当時にすでに以下のように書かれていました。

> パートタイム労働法第13条では、パートタイム労働者から正社員への転換を推進するための措置を講ずることを事業主に義務付けています。（中略）
> パートタイム労働者と正社員の間で、正社員転換が可能になります。また、パートタイム労働者及び正社員の職務（役割）評価の結果があるので、両者間の職務内容の異同を明確に把握し、正社員転換の基準などを適正に設定することが可能になります。

「両者間の職務内容の異同を明確に把握すること」が前提とされ、正社員に職能資格制度が適用されている場合、その職務を明確に記述した資料が必要です。この義務を履行するには、職務内容の合理性が乏しい職能資格制度を見直さなければならないのではないでしょうか。

Ⅲ 職務・役割等級人事制度の概要

1 職務・役割等級人事制度の全体像

職務・役割等級人事制度は、めまぐるしく変化していく経営環境の下において、常にビジョンに向かって革新していくための経営戦略と同期化した人事制度です（図表３－１)。

●図表３－１　経営戦略と職務・役割等級人事制度

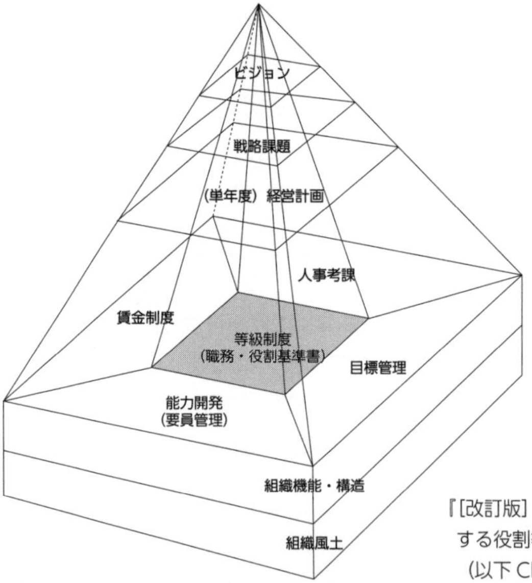

『[改訂版]「多様な働き方」を実現する役割等級人事制度』より作成
（以下 Chapter 3 の図表は同様）

まず、ビジョンを実現するための戦略課題を設定し、これを解決するための（単年度）経営計画を立案します。この計画に合わせた職務行動が職務・役割基準書に落とし込まれ、職務・役割基準書に基づいて人事諸制度が運用されることを表しています。

ここで最も重要なことは、ビジョンを実現するための職務行動を定義した職務・役割基準書をどのように作成していくかということです。

これまで多くの会社では、人事制度導入時に職務・役割基準書を作成するとき、職務調査・分析すら実施することなく、部門・職種に無関係の汎用的な等級定義に基づいた抽象的なものを参考にしたり、今後の期待行動あるいは過去から行ってきた仕事のみを書きあげたりするケースが多くみられました。これでは経営課題の解決のための行動が具体的に示されていないので、人事制度を改定したところで結果（業績）を伴うことはありません。そればかりか、めまぐるしく変化する環境に適合できない組織において、明確な職務行動が定義されていないことは、社員の積極性や環境への適応性を阻害し、社会的ストレスの増加をもたらすというデフレ・スパイラルに陥りがちです。

このような状況を打開するために、職務・役割等級人事制度が注目され、導入・構築されるようになったのです。

2　職務・役割等級人事制度で重視する４つの行動（仕事）

経営戦略と人事戦略を同期化した人事制度である職務・役割等級人事制度において、人事考課と目標管理制度の目的は、経営戦略を実現するために社員が期待されている結果と、これを達成するための行動・業績責任を定義し、達成度を測定・評価していくことです。

そこで人事考課や目標管理制度によって管理すべきこととは、会社が経営計画で決めた目標に沿ってそれぞれの役割に期待している職務行動とその結果になります。ただし、目標は中長期で立てられるものでありながら、毎年見直しを図り、目標が達成できるよう行動を変えていかなければなりません。

ここでいう行動を整理すると、次の４種類の行動（仕事）になり、職務・役割等級人事制度における職務・役割とはこれらの行動の総体をいいます。

①　今後も引き続き行う仕事

過去から引き継いで最低限やらなければならないような「基本的な仕事」をいいます。

②　過去からしてきたが改善された仕事

①の「基本的な仕事」も含め、効果が出ていない行動（仕事）の単純な改善によってできる「問題が発生しないように改善された仕事」をいいます。

③　経営経過に沿って行う新たな仕事

これからの目標のために新たな挑戦が必要な戦略的に新しい行動（仕事）をいいます。

④　創発的に発生する仕事

これらの3つの行動（仕事）を最低限実行することだけでは不十分な部分を補う「環境や状況認識の変化に適応しながら創発的に発生する行動（仕事）」をいいます。

これは、戦略的意図に基づく行動と、価値共有（経営理念など）に支えられた創発的行動の両立があって、はじめて経営目標が達成できるということを示します（図表３－２）。

●図表３－２　４種類の仕事と経営目標の達成

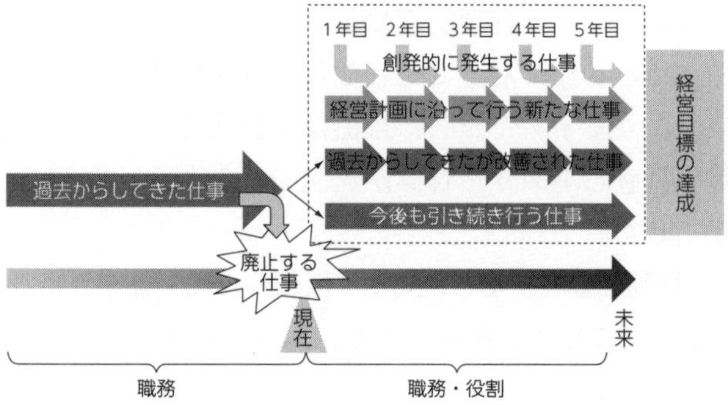

まれに、何らとるべき行動（仕事）を決めずに「環境状況に合わせて戦略的に行動を変え、結果を出しなさい」という、社員へ丸投げするかのような創発的な戦略論に出会います。

これは顧客に提供すべき価値を明確に示した会社のなかで、余程の能力があり、かつ自律した社員のみがなせる技です。多くの会社の一般的な社員は、決めたことすらやらない、あるいはできないものであることを理解しておかなければなりません。「やらない」理由は、これまでの行動を変えることへの不安であり、抵抗です。「できない」理由は、そもそも知識がない、あるいはこれまでに経験したことがないからです。

会社は、以上のことを想定しながら、これからの行動（仕事）を「職務・役割基準書」に書きあげることで、戦略面から行動を規定します。

行動をとらせるためには、教育訓練や能力開発を行ったり、管理・監督者がティーチングやコーチングをしたり、時にはカウンセリングをしたりしながら、具体的に戦略を実行させ、結果を見ながら行動を修正させることが必要となってきます。言い換えると、経営者がどれだけ経営理念を語り、経営方針を叫んだところで、それだけでは部下の具体的な行動は何も変わらないのです。

3　職務・役割等級人事制度構築の流れ

職務・役割等級人事制度構築の流れは、図表３－３のとおりです。

職務・役割等級人事制度の設計は、組織（企業）が今後の経営環境に適応し発展することを目的・目標としたビジネスモデルを確立することと、ビジネスプロセスの構築あるいはプロセスの改革を盛り込むことを前提としています。

つまり、「これまでの職務」からの発想ではなく、「今後の経営環境に対応し経営目標を達成するため」のビジネスプロセスの構築から始めるということです。ビジネスプロセスの改革を行い、そのプロセスの機能に求められる仕事と成果責任を明確化、職務・役割にマッチする人材を当てはめる（ここに権力関係、階層が入る場合もある）という手順になります。

加えて、**エンパワーメント**政策をとることで、重要なプロセスのなかの機能を担当する人に、「今後はどう変わり、今から何をしなければならないか」をイメージさせ、変革に向けての動機づけを行います。

> **エンパワーメント**
>
> 上司が持っていた権限を部下に与えることで、従業員の自律的な行動を促し、組織全体のパフォーマンスを高めることを目指すことをいいます。

●図表３－３　職務・役割等級人事制度構築の全体の流れ

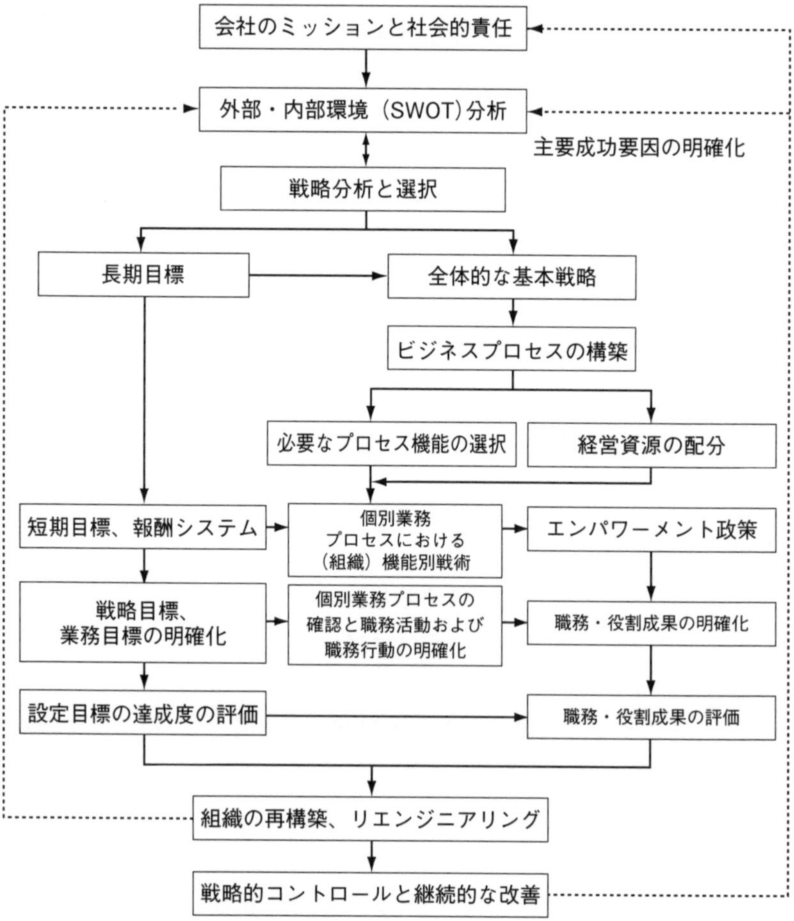

4　職務・役割等級人事制度導入・構築までの詳細ステップ

職務・役割等級人事制度導入・構築のステップの詳細は、図表３－４のとおりです。

●図表３－４　職務・役割等級人事制度導入・構築のステップ

	手　順	内　　容	メンバー
フェーズ1	1. キックオフ	①社長の方針発表 ②これからのイノベーション活動について ③プロジェクトの立上げ	
	2. 現状把握	環境分析をするための行動計画の策定	経営幹部（管理職以上）
	3. 経営環境分析のための調査・分析	①調査（特に、顧客ニーズ、外部環境） ※部門別の環境分析も実施する ②課題の確認	プロジェクト
	4. 業務調査	①現状の業務の流れと内容の洗出し（職務予備調査） ②困難度・等級レベルの確認	プロジェクト
	5. 経営課題の確認	①経営目標の確認と上記２～４の結果を受け、経営課題を洗い出す ②全社経営計画の策定 ③ビジネスモデルの策定 ④部門別課題の検討 ⑤部門行動計画の策定	各部門責任者
フェーズ2	6. 新業務プロセスの構築	①経営課題および部門課題を踏まえた、新たな業務プロセスの構築 ②プロセス管理指標の設定 ③業務分析 ④職務・役割設計および編成	プロジェクト
	7. 新組織体制の検討	①上記６の新業務プロセスを組織に落とし込む ②業務分掌の作成 ③会議体の設定	経営者層

	手　順	内　容	メンバー
フェーズ3	8. 人事制度の構築	①職務基準および等級制度の策定	プロジェクト
		②人事考課制度の策定 ③能力開発制度の策定 ④目標管理制度の策定 ⑤賃金、賞与、退職金制度設計 ⑥社員説明会　※必要に応じて	事務局
	9. 目標設定	新年度目標の設定と個人目標への展開	経営者層 管理・監督者
フェーズ4	10. 各部門のプロジェクト活動	①新規開拓、深耕策の実行（営業） ②標準化活動 ③現場改善活動　など	プロジェクト
	11. 人事考課者訓練	公平・公正な人事考課を実施するための訓練またはコミュニケーション（フィードバック）能力の向上	一次、二次考課者
	12. 新人事制度の運用	①辞令作成 ②ガイドブック作成 ③社員説明会	

『［3訂版］役割等級人事制度導入・構築マニュアル』より筆者が一部加筆

フェーズ1　手順1～3｜経営環境分析による現状把握

経営者による方針発表後は、経営環境分析からはじめます。

経営者層・社員が主体的に外部環境（市場の動向）を調査し、経営課題を見つけ出していきます。この際、独りよがりな分析にならないよう、コンサルタントなど第三者を入れ、データに基づいた科学的分析を意識しましょう。

この分析によってみえてくる、今後の市場の変化や現在の顧客および潜在顧客の変化などの予測から、市場における機会・脅威を明らかにし、競合他社との差別化において強化すべき製品・サービスの充実や、最新設備の導入といった方向性が決まってきます。そして何よりも、今後、自分たちに求められる能力やそのための課題が見えてくるところに最大の意味があります（図表３－５）。

外部環境のうちマクロ環境的には、グローバル化、人口減少、少子高齢化などによって社会構造（政府部門と民間部門との関係、国と地方自治体との関係、企業と個人との関係）は大きく変化しています。特に法制度によって規定される社会システムの秩序形成の動向は注意しておくことが必要です。

また、多様な働き方に関する法整備や企業事例などの収集、分析もしておきましょう。

加えて、地域の生産年齢人口の推計などの年齢階級別人口や、学生人口の推移、地域にある大学の志願者推移などを確認しておくことで、今後の採用市場の予測もできます。今後の少子高齢化社会における若手労働者の採用難は、中小企業の経営に大きな痛手となりかねません。

一方、内部環境的には、競合他社とのできる限り定量的な相対比較において、コア・コンピタンス（他社に模倣できない中核的能力）を導き出すことが中心になります。同時に、これまでの苦情・クレームあるいは社内での不適合（製品やシステム）について整理、分析し、強み・弱みから課題となっている要因を洗い出します。

分析結果をみると、噂話程度の情報を拾い上げ、抽象的かつ非常に稚拙な分析をしてしまっていることがあります。しかし、時間をかけて分析してみることで、社員に情報収集・分析力がついたり、新たな気づきや視点が得られたりするなど、大きな効果を得ることもあります。

●図表３－５　経営環境分析による現状把握

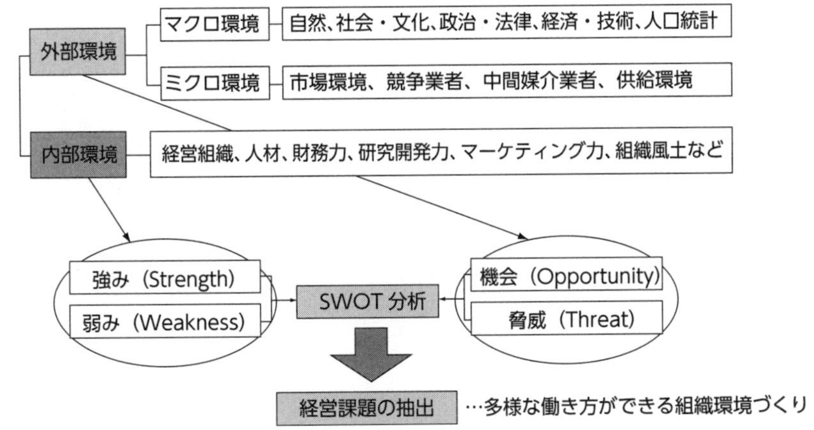

SWOT分析

企業や事業の経営戦略を立案する際に、自社の内部環境における強み(Strength)、弱み（Weakness）と、外部環境における機会（Opportunity)、脅威(Threat)を洗い出し、現状分析を行うことで経営課題を出す手法をいいます。

さらに内部環境分析の基礎データとして、社員の労務構成、平均年齢、賃金原資の確認および、これらの将来に向けたシミュレーションや試算を実施しておく必要があります。過去の離職率の実績に加え、社員アンケートなどによって親の介護や自身の病気への不安などの調査を行い、有能な人材の離職を防ぐ対策を講じたとしても、それでも避けることができない今後の離職率を想定しておくことが重要です。

フェーズ１　手順４｜現状の業務プロセスの洗出し(業務予備調査)

全業務が洗い出せることを前提として、部門ごと、職種ごとに、社員を選抜し、職務予備調査票を活用して、業務（課業および職務行動）を書きあげていきます。

この際、後に作成する「プロセス展開表」に記入しやすくするために、職務予備調査票には、課業の具体的な作業を手順に従ってしっかりと記入しましょう。また、今後の改善につなげるために、課業および職務行動ごとの問題点、予測されるリスクについても申告をしてもらいます。プロセス展開表の作成方法は、後述（P.72～）を参照してください。

仕事基準である職務・役割等級人事制度における職務予備調査は、「プロセス展開表」を作成するための一手段（事前準備）であり、職能資格制度における職務調査とは全く目的が異なることに注意してください。職務分析だけでなく、業務分析もすることで、業務改善や業務配分の適正化などに活かすことができます。

フェーズ１　手順５｜経営課題の確認

これらを踏まえて、経営課題を中長期的にどのように解決していくのか、ビジネスモデルを策定した上で経営数値目標に合わせて、中長期経営計画を示します。ここで挙げられるだろう経営課題の一つに「多様な働き方ができる組織環境（組織文化、構造およびインフラストラクチャ、社員能力など）づくり」が入るでしょう。

フェーズ２　手順６｜あるべき姿の業務プロセスの構築
手順７｜新組織体制の検討など

経営環境分析によって抽出された経営課題や業務課題の一つひとつについて、全部門横断的に解決方法を討議し、互いに合意をしながら業務の流れと内容を決めていきます。そしてあるべき姿の業務プロセス（課業および職務行動）を、すでに作成されている「現状のプロセス展開表」に書き加えていきます。これは、非常に骨の折れる作業となります。そのため「全ては顧客満足のため」を念頭に置いて、顧客満足度の高い競合他社や他業界における事例を研究しながら前向きに取り組めるような“場”づくりができるかどうかが成功のポイントとなります。

この段階で業務プロセスと課業を部門横断的に確認しながら業務プロセスを変えていくことから、以前より部門間の意思疎通が図られるようになり、部門を越えた顧客満足追求のための体制が構築できます。

同時に、全部門から参画する社員が、業務プロセスの変更を改善思考で決めていくことができ、決まったことから順次実行できるため、人事制度の導入・構築を待つことなく少しずつ成果が出始めます。

さらに、完成したあるべき姿のプロセス展開表に記された課業および職務行動の、単位（サイクル、回、件、枚など）ごとの時間測定を行い、標準時間の設定を行います。

フェーズ３　手順８｜人事諸制度の構築
手順９｜目標設定

これまでに検討したプロセス展開表に書かれた業務を、部門目標を果たすための職務・役割として設計し、各職務の内容を職務・役割基準書に書きあげ、人事制度の根幹となる等級制度に落とし込みます。

プロセス展開表には、各業務の難易度（等級レベル）、指標、必要な知識・能力が書き込まれていることから、自動的に仮の職務・役割基準書を作成することができ、一気に人事考課表まで落とし込めます。その上で、能力開発制度など他の人事諸制度の設計を進めることができます。

この際には、フェーズ2で設定されている単位ごとの標準時間を参考にして職務設計した上で、正式な職務・役割基準書が作成されることから、単位時間あたりの業務量も確定できます。

例えば、製造業であれば製品1個あたり、製造ロットあるいは1バッチあたり、また事務作業であれば伝票1枚あたり、作成資料1件あたりで予定時間を確定することができるのです。

ただし、一律に時間で成果を評価することが適当でない非構造的・創造的業務については、ある程度何をするかについてプロセスを決めたとしても、実績としての成果でしか評価できないことに注意が必要です。

フェーズ4　手順10｜プロジェクト活動
手順11｜考課者訓練などによる制度の定着

プロセス展開表は、経営計画を達成するためのあるべき姿のプロセスを表したものであり、これを安定して実行していくための仕組みが必要となります。このため、プロジェクトあるいは小集団の活動でモデル（ケース）づくりを行うなど、プロセスに関する理解を深めることによって、確実に実行することができるようになります。

できれば、部門横断でのプロジェクトチームによる活動とし、部分最適ではなく、評価を気にせず大所高所からの改善活動に邁進することをおすすめします。

＊　　＊　　＊

以上のように、人事制度構築のプロセスに社員を参画させることから、社員はそれぞれの職務・役割内容を理解して、アカンタビリティ（ある人に目標が委任された場合、その人はその完遂について義務感を感じとらなければならない）が生まれ、各職場に戻れば良きリーダーとなります。その後、経営者が社員に対して、組織の中で能力を発揮する場をどれだけ多く設けられるか、支援できるかが重要となります。

5　職務予備調査から職務・役割基準書作成までの流れ

ここからは、職務・役割等級人事制度の運用において最も重要な経営課題を解決するための「職務・役割基準書」の作成方法について述べます。

●図表３－６　職務・役割基準書作成までの全体の流れ

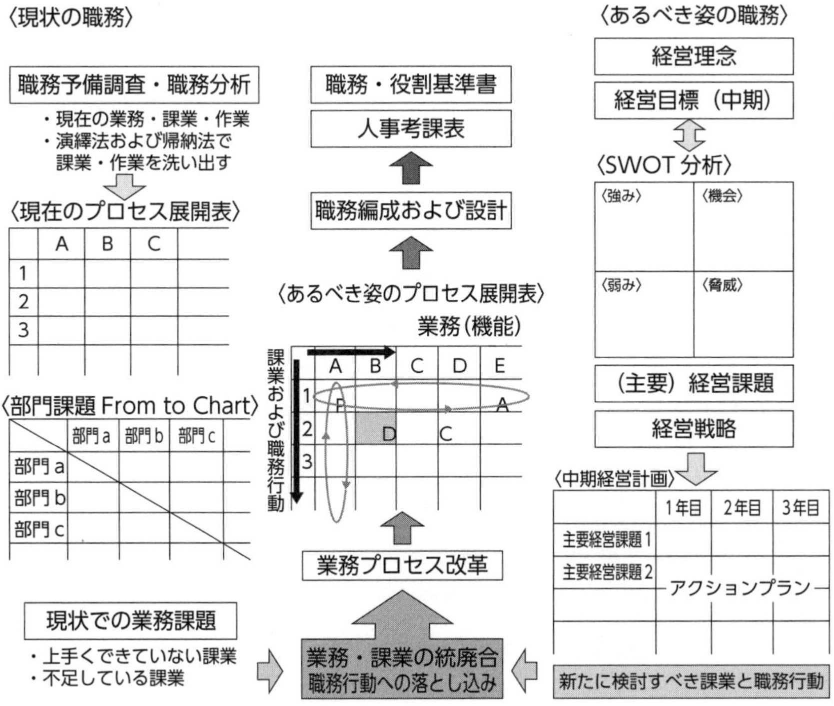

職務基準書作成の流れは、①現状の業務の洗出しと、その職務の改善（図表３－６・左側）、②中長期的にありたい姿に向かって新たに取り組

まなければならない革新的業務の設定（同・右側）、③これらを統合して職務として再編・設計していく流れ（同・中央）の３つに分けられます。

ありたい姿・あるべき姿

ありたい姿は中長期計画、あるべき姿は単年度計画のことをいいます。

多くの組織で目標が達成できていない（目標と現状のギャップがある）のは、これまでの業務の流れとその業務内容に原因があります。したがって、問題点を見つけ出して改善することが求められるのですが、単に改善するだけでは、さらに厳しくなる経営環境には対応できません。このため、中長期的視点（目標）から、いかに現状業務およびその内容を変えるか、あるいはどのような新たな行動（業務）を付け加えるかが重要になります。

まず、「プロセス展開表」を活用して業務および職務・役割を整理します。プロセス展開表を活用することで、職務分析の実施により、現在の業務の流れ（プロセス）と作業内容が洗い出され、その内容を再確認することができます。それから、問題が発生している業務および職務における原因を見つけ出し、業務ごとの課題を設定することもできるため、職務・役割等級人事制度構築のための最も重要なツールです。

6　プロセス展開表の作成

1）プロセス展開表の理解

プロセス展開表の作成方法と、プロセス展開表から職務・役割基準書作成への流れについて述べる前に、まずはプロセス展開表を理解するために必要な知識について説明します。

プロセス展開表（図表３－８）の「プロセス」とは、「業務」と同じ意味です。業務とは、まずは大きな括りとして生産、営業、購買、財務といったものを示します。多くの場合、これらの「業務」はいくつかの要素からできており、それぞれが関連し合ってその業務の目的を果たす「働き」をしています。この働きを「機能」といいます。生産、営業、購買、財務は、経営の基本機能を持つ業務です。基本機能は他にも人事機能、総合管理機能、技術機能などがあり、それぞれ付随する業務があります。

●図表３－７　業務の階層と機能

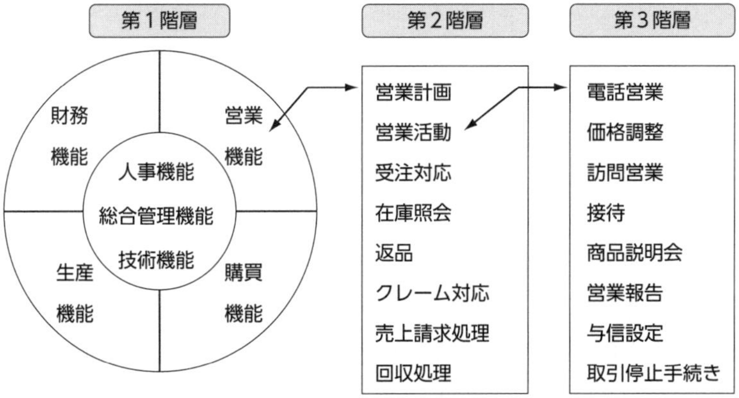

何の業務にどのような機能を持たせるかは、組織によって異なります。例えば、図表３－７のように、営業機能（第１階層業務）には、営業計画、営業活動、受注対応、在庫照会、返品、クレーム対応、売上請求処理、回収処理などの機能（第２階層業務）があり、さらに営業活動機能には電話営業、価格調整、訪問営業、接待、商品説明会、営業報告、与信設定、取引停止手続きなどの機能（第３階層業務）があります。さらにこれらの機能を作業レベル（職務行動）に落とし込みます（第４階層業務）。

なお、これらの機能は、同じ階層における機能および各機能の中でマネジメント・サイクル（Plan – Do – Check – Action　以下「PDCA」

といいます）が回るようにプロセスを構成しなければならないことに注意を要します。

プロセス展開表は、横向き（A、B、C……）に流れる業務と、縦向き（1、2、3……）に流れる職務行動（作業の流れ）で構成されており、仕事に関する情報を広く調査・分析し、職務内容（職務行動）を明確化するために活用します。

具体的にはまず、横向きに業務を書き出します。次に、その業務ごとの作業の流れを縦向きに書いていきます。このとき、業務の全階層の作業の流れを縦一列に表現することはできません。したがって、横向きの「業務」は、縦向きに書き出す職務行動ができる限り具体的になるレベル、つまり第3階層以下の業務を書いていきます。

なお、業務には、定期（日々、週、月、四半期、半期、年など）業務と不定期業務がありますが、頻度の高い日々の業務から書き始めると、認識しやすくなります。

縦は、業務ごとの作業（職務行動）を手順に沿って書き出すので、作業（例えば、A－1、2、3、4……）だけを抜き出せば「業務手順書」となり、さらに業務階層を落とし込み、作業ではなく動作レベル（A－1－1、A－1－2、A－1－3……）にすることで、この部分だけを抜き出せば「標準作業書」にすることもできます。

プロセス展開表上の各項目の定義

プロセス展開表上の各項目の定義は、以下のとおりです。図表３－８のプロセス展開表は一例であり、実際は各企業の作成レベルに合わせて様式は異なってきます。そのため、①～⑨の項目のうち必要な項目を選択し、作表します。

① 機能内容 ……業務および作業が、管理機能（PDCA）のなかのどのような働きをしているか

② 成果指標 ……当該業務においてどんな成果を残せば、目標を達成したといえるのかを示した指標

③ 先行指標 ……どんな職務行動（手段）を実行すれば、目標を達成したといえるのかを示した指標

④ インプット ……職務行動（変換）によって期待される結果（＝アウトプット）を得るために投入される資源

⑤ アウトプット ……職務行動（変換）によって期待される結果および次のプロセスのためのインプットとなる資源

⑥ 関連プロセス ……当該職務行動のインプット、アウトプットとなる他部門の業務プロセスまたは職務行動を示す

⑦ 業務リスク ……業務全体、職務行動を起こすにあたって留意すべき危険、損害

⑧ 知識・能力 ……結果を得るために起こす職務行動に必要なスキル要素名（職務評価要素名）

⑨ 等級レベル ……洗い出された職務行動を、職務分析によって定義された職務等級評価基準によって評価し、分類した等級（ここでは、分類法(P.76)による職務評価を想定）。プロセス展開表から、等級レベル別、業務別に職務行動を集約することで職務・役割基準書の作成が可能

②・③の指標は、業務によって顧客価値を向上させることにつながる品質、費用、時間、継続性です。

●図表 3 － 8　X 社　プロセス展開表（例）

業務の流れ 作業の流れ・知識・能力	A	B	C	D	E	F	G	H
	立地 （●●●情報）	立　地 （デベロッパー情報）	立　地 （不動産情報収集）	（不動産） 計画・探す	商圏調査	競合店調査	出店計画	出店計画
職務行動 1	●●●本部に入ってくる物件を FC 事業部の部長から紹介。（ファックスまたは郵送）	○○·××·□□·△△ 等への出店お願い（提案） （プレゼン資料）（会社概要）	出店希望地の不動産リストを作成する。 試算表やガイドライン	プレゼン資料は●●●プレゼン資料を提出する。	事前資料収集 出店地の確認 広告代理店より情報収集	近隣の競合店をピックアップする。	年間スケジュールを確認する。（事業 5 カ年計画を参照）	坪数については、×× 坪程度が理想。 間口は広い方が理想で、坪単価●～●.●万円位。（東京は除外）
P・D・C・A	P	P	P	D	P	P	P	P
インプット	●●●本部から FAX				広告代理店情報		事業 5 カ年計画	
アウトプット	確認済み FAX 資料	プレゼン資料	不動産リスト	プレゼン資料		競合店リスト	年間スケジュール	
知識・能力	開発力	折衝力	決断力	規律性	折衝力	判断力	管理統率力	開発力
等級レベル	1	1	1		2	2	1	1
2	立地・坪数・家賃の確認をする。	○○·××·□□·△△等からの出店依頼（受ける）	平日と土日に分けて店舗見学をする。 駅前の場合は、乗降客も調べておく。（E・F へ行く）	名刺交換をし、希望物件があれば連絡を待つ。	事前資料収集 広告代理店より資料請求をし、色々な角度から資料作成をする。（風景・写真撮る）	競合店調査 ※マニュアルに従って店舗見学に行く。 ※別紙参照	出店基準を決める営業利益が××万円であるシミュレーション結果であれば出店条件になる。（A6 へ）	
P・D・C・A	P	D	D	D	P	P	P	
インプット	確認済み FAX 資料				○	競合店調査マニュアル	M	
アウトプット	確認済み FAX 資料				出店計画書			
知識・能力	開発力	開発力	決断力	規律性	理解力	判断力	判断力	
等級レベル	1	1	1		4	5	1	
3	●●● FC 部長と物件を見学。周りの状況、人の流れを見る。見極める（F・G へ行く）	平日と土日に分けて店舗見学をする。 駅前の場合は、乗降客も調べておく。（E・F へ行く）	不動産に物件情報を依頼する。 会社概要と●●●プレゼン資料を事前に準備して渡す。	1 カ月に 1 回は連絡をしておく。 物件の連絡があれば、条件を確認して選別をする。	市場調査 実際に足で歩き人の流れや周りのショップを見て聴く。（最寄品の多い場所）	調査後は資料作成（報告書）して、会議する。 『新店プロジェクト会議』へ（F/G6 へ）	出店基準を決める。 立地条件 売上目標 平均坪数 家賃・出店決定（条件書確認）	
P・D・C・A	D	C	D	C	D	C	P	
インプット							F	
アウトプット						競合店調査報告書		
知識・能力	決断力	判断力	規律性	規律性	開発力	表現力	責任性	
等級レベル	1	1			2	4		
4	平日と土日に分けて店舗見学をする。 駅前の場合は、乗降客も調べておく。（E・F へ行く）	家賃交渉 物件が良ければ家賃交渉をしてみる。		物件条件が合えば、不動産屋と一緒に日程を決めて見に行く。	競合店調査 商圏設定をして競合店を洗出し、実際に店舗視察する。また、メーカーからの情報を収集	新店プロジェクト発足	立地について、人通りの多い、商店街または乗降客の多い駅前立地を設定条件とする。	
P・D・C・A	D	D（A）		D	C		P	
インプット							D	
アウトプット	会議資料				G に！			
知識・能力	判断力	折衝力		開発力	判断力		開発力	
等級レベル	1・2・3	1		1	2		1	
5	平日と土日に分けて店舗見学をする。 駅前の場合は、乗降客も調べておく。（E・F へ行く）			平日と土日に分けて店舗見学をする。 駅前の場合は、乗降客も調べておく。（E・F へ行く）	平日と土日に分けて店舗見学をする。 駅前の場合は、乗降客も調べておく。（E・F へ行く）		ショッピングセンターの場合は、母店売上××億円以上で場所は 1 階の入口付近が理想である。（K プロセスと関連）	
P・D・C・A	D			D	D		P	
インプット	A － 2						経営計画書	
アウトプット				A6 へ	ここまで A4 へ			
知識・能力	決断力			決断力	決断力		開発力	
等級レベル	0・1			1	2		1	
6	平日と土日に分けて店舗見学をする。 駅前の場合は、乗降客も調べておく。（E・F へ行く）						売上について、月商 ××× 万以上見込めるのがよいが、以下でも条件次第では検討。（K プロセスと関連）	
P・D・C・A	D						P	
インプット	G3 が来る						経営計画書	
アウトプット	E・F・J へ							
知識・能力	決断力						決断力	
等級レベル	0・1						1	

※ 0：幹部会（役員）、1：部長、2：店長、3：主任、4：一般社員、5：アルバイト

I	J	K	L	M	N	O	P	Q
出店計画 （決裁）	出店基準の 策定（更新）	経営計画 （進捗確認）	不振店対策	売上不振の場合	出店決定	工事予算基準	店舗設計	店舗設計
出店基準となる損益分岐点を出すための必要条件（情報）を集める。	一般公開されている調査資料は役所等で入手する。	出店後、売上動向を10カ月観察。 年間売上指数も参考に見る。	営業利益の●●%を2カ月連続で落とした場合は対策会議を売場店長とする。	幹部会議を開く。 状況報告をする。 問題点を探す。	幹部会決定！ オープン日を決め、オープンまでのスケジュールを組み立てる。（A6・D5・G3へ）	インショップの場合 坪●●万～●●万円	工事関係者を社内調整する。	内装図面の確認（寸法確認）
P	P	C	P	D	P	P	P（調整）	C
		I5資料		売上報告書				内装図面
	調査資料				出店スケジュール			確認後内装図面
責任性	理解力	決断力	指導力	決断力	開発力	開発力	折衝力	管理統率力
1	4	1	2	0	1	1	1	1
売上試算表を作成して、損益分岐点を算出。 会議に提示する。	①国勢調査 全国の全世帯を対象に集計した人口、年齢、職業、世帯数、婚姻などのデータ。	売上予測が思わぬ悪い場合については、人件費の節約・兼業店に変更について検討する。（I2へ）	店長は、月間売上報告書を分析し、会議に臨む。（母店売上も把握しておくこと）	販促の練り直し。 内容確認。 改装セールの検討。	工事予算を決める。 （工事予算基準を作る。） インショップ 路面店（Oプロセスから）	路面店 外装等の設備工事費が増すため、プラス×××万円の予算を見込む。	工事関係者に連絡する。 （■■■■） （○○工芸）	実際にどれだけ商品が並ぶかを確認する。
P	P	A	P	P	P	C	D	C
売上試算表／損益分岐点資料	国勢調査	不振店対策書（M5）	月間売上報告書					確認後内装図面
					工事予算基準書			
責任性	理解力	決断力	指導力	決断力	開発力	開発力	折衝力	判断力
1	4	1	2	0	1	1	1	2
●●●本部に確認し出店予定の物件を見てもらい、売上予測を依頼する。（承認をもらう）	②消費者購買動向調査 主婦の家計簿を基にした、商品に関する購入量、価格のデータ。	経営計画の見直し	店頭販促・催事計画・イベントを提案する。	店内改装について会議する。	店舗形態を選別する。 自社会議をする。	路面店の場合 エアーカーテンは標準装備する。	日程を決めて打合せをする。 （当社・◆◆◆・施工業者）	○○以外の備品の置く場所も決めておく。
D	P	A	P	A	D	P	D	C
	家計調査							確認後内装図面
		経営計画書改定版	販促・催事など提案書					
折衝力	理解力	決断力	指導力	開発力	決断力	開発力	折衝力	判断力
1	4	0	2	0	1	1	1	2
損益分岐点を上回る売上予想結果であれば、幹部会にかける。 （営業利益●●万）（A6へ）	③人口動態統計年報 全国の市町村の届書を基にした集計 出生・死亡等の人口動態データ		会議には参加するようSV（スーパーバイザー）に連絡する。	外装変更について会議する。	●●●・▲▲▲のどれかにする。 （幹部会決定）		日程を決めて打合せをする。 （◆◆◆・▲▲▲・施工業者）	△△機・▲▲機等の寸法を測っておく
C	P		P	A	D		D	C
	人口動態統計年報／民力							
決断・判断力	理解力		指導力	開発力	決断力		折衝力	責任性
0	4		2	0	0		1	
幹部会にて売上試算表を見直す。	④商業統計 卸売業・小売業を対象として集計。 商店数、年間販売額 従業員数、売場面積などのデータ		会議の方向によっては、企画会社も参加してもらう。	変更内容についてまとめる。	希望形態を●●●本部に確認する。		特に、サイン（電飾）等は●●●本部に依頼する。	什器の配置確認 全体の配置も考えて使いやすいようにしておく。
A	P		D	D	C		C	C
	商業統計							確認後内装図面
見直し試算表				不振店対策書			依頼書	
開発力	理解力		交渉力	決断力	規律性		折衝力	判断力
0	4		2	1			1	2
出店資金調達 出店に必要な資金を計算する。また、財務に調達を依頼する。	出店基準と照合 収集したデータを出店基準と照合し、見直す。		計画以降、不振が続く場合については、J2へ。		人事作成 店舗配置人員を想定する。		特に、色彩・什器のサイズに注意（●●●直営店）	レジ・PC・プリンター・電話等の配置漏れがないようにする。 （IT関連部門）
A	D		A		D		C	C
見直し試算表	出店基準							
					要員配置計画書			
交渉力	決断力		決断力		決断力		折衝力	責任性
1	1		1		1		1	

2）プロセス展開表の作成方法

ここからは、図表３－６（P.65）に基づき、職務・役割基準書の基礎となるプロセス展開表の作成方法について具体的に述べます。すでに述べたように、大きく３つの流れで説明します。

①　現状業務の洗出しと業務改善作業

図表３－６・左側の手順について述べます。プロセス展開表の作成は、組織図を見て、部門と職務・役割を確認することから始めます。組織図にはその組織の歴史的な背景が表れています。現状の各部門が行っている職務・役割範囲が、顧客価値向上の観点において正しいかという視点は一旦おいておき、現実を洗い出し、把握します。

そのためには、部門別に職務予備調査・職務（分担）調査を行います。ひとまず大雑把に業務を洗い出し、職務内容を把握して、プロセス展開表の用紙に記入します。なお、現時点において問題が生じている業務があれば、解決策を検討しておきます。この検討された解決策は、後に業務改善の参考にします。

次に、プロセス展開表を見て、日々の定型業務から洗い出していきます。このとき、各部門、部門内の全業務を把握できる管理・監督者など数名でプロジェクトを組んで行うことが重要です。もし複数の支店および工場があり、それぞれの拠点ごとに同じ業務を行う部門があれば、拠点の壁を越えて一堂に集まり検討します。同じ部門でも、拠点ごとに業務フローと業務内容が違っていたり、職務・役割分担が全く異なることが多くあります。それぞれのプロセスの良し悪しに気づき、生産性が高いほうに合わせていくなど、業務の標準化を検討できるという大きなメリットがあります。

それぞれの部門の拠点共通のプロセス展開表ができあがった段階で、全部門のプロセス展開表を全プロジェクトメンバーで議論します。この際、先に実施している職務予備調査票に書かれた業務リスクとその解決方向が役に立ちます。

同時進行で、〈From to Chart〉を活用します。これは、全社的視点(全体最適）で解決策と解決行動を検討し、各部門のプロセス展開表に他部門の要望に応える業務および解決行動（作業）を新たに付け加えるために使います。さらに、現状で行っている業務および作業を、他の部門で行うほうが適切であると判断された場合には、他の部門へ移管（プロセス展開表の書換え）をするなど、業務改革をしていきます。

最後に、顧客（社内後工程を含む）の苦情を含めた現時点で判明している不具合が、プロセス展開表で解決できているかをプロジェクトメンバー全員で検証し、まだ不完全な場合は再度改善を加え、現状改善レベルでのプロセス展開表の作成を終えます。

② 「ありたい姿」から導き出される革新的業務および作業の設定作業

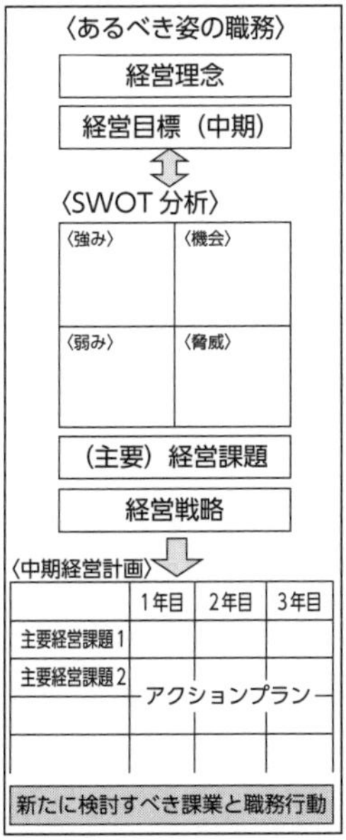

図表３－６・右側の手順について述べます。

まずは、経営者のありたい姿（中長期目標）を確認します。革新は、ありたい姿をしっかりと認識することから始まります。

次にありたい姿と現状のギャップである経営課題を抽出するための経営環境分析を実施します。環境分析は、経営幹部だけでなく、各部門の管理・監督者を参画させ、二段構えで実施します。なぜなら、経営幹部だけで環境分析を行うと、現場第一線で感じている細かい情報を収集・分析できず抽象的な課題設定になってしまうためです。

また、経営幹部と並行して環境分析を行う各部門管理・監督者に対してもメリットがあります。今後の経営戦略の策定に参画させることで、管理・監督者の経営に対する信頼の構築と、モチベーション向上の効果があるのです。そればかりか、曖昧な外部環境情報を自ら主体的に調査することで、顧客・市場の実態を知り、健全な危機感も醸成されます。

その上で、顧客・市場が今後どのように変化していくのか、その結果として、現在の顧客および潜在顧客がどう変化していくかなどを予測し、競合との差別化において、強化すべき製品・サービスの充実や、最新設備の導入の必要性など、数多くの経営課題が抽出されます。同時に、この過程で自分たちに求められる能力や課題も見えてくるのです。

経営環境分析によって抽出された中長期で解決しなければならない課題は、戦略的視点から（全社・部門別）中長期経営計画に落とし込み、これをさらに（全社・部門別）単年度計画に落とし込みます。この計画によって、各部門別に新たに付け加えられる業務、課業および職務行動が明らかになります。

ここで注意すべきことは、「これまで行っていないことだから」と抽象論で終わらせるのではなく、最終的に決められた行動をしたかどうか、結果が出たかどうかをモニタリングし、評価できるように業務、職務行動を具体的に設定するということです。どれだけ環境分析を行い、今後を予測したところで、必ず結果が出るというものではありませんが、決めなければ行動できませんし、行動しなければ結果が出なかった場合の行動（業務）の修正もできません。全ては限定合理性において、勇気と覚悟を持って課題解決行動を決めることから始まります。

3）新たな職務設計の作業

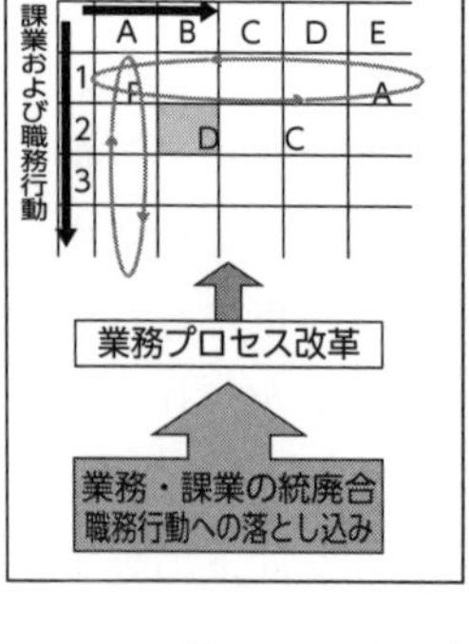

現状業務を洗い出し、現時点で発生している問題を解決できるよう改善したプロセス展開表（図表３－６・左側参照）に、ありたい姿（中長期計画）およびあるべき姿（単年度計画）から新たに付け加えなければならない革新的業務および職務行動（同・右側参照）を落とし込み、あるべき姿のプロセス展開表を作成します。

すでに全プロジェクトメンバーで改善、作成したプロセス展開表をさらに追加修正することになるので、関連部門のプロセス（展開表）にも十分注意をして、再確認しなければなりません。

プロセス展開表（図表３－８）をみると、業務J（出店基準の策定（更新））とL（不振店対策）、ならびに業務G（出店計画）の職務行動1に網掛けがされています。この事例のX社では、中長期経営計画を策定することなく、経営者の経験と勘を頼りに出店を行い、店舗運営は経験が浅い若い店長に任されていました。無計画な出店で借金を膨らませた上、業績不振店への対策の不足などにより、ますます業績は悪化していました。そこで、中長期経営計画を策定すると同時に、経営者以外も立地（物件）探索業務ができるよう手順を明確化し、出店計画の精度の向上、不振店対策を課題に設定しました。

要するに、網掛けされているのは、プロセス展開表の作成工程で基準を策定して計画との差異を管理できるようにしたり、曖昧になっていた業務や差異が出た場合の対策（方法や手順）を明らかにしたりするなど、新たな業務と職務行動を付け加えた部分です。

あるべき姿のプロセス展開表作成と同時に、顧客価値向上の視点から、業務の再編成（実務上、部門別あるべき姿のプロセス展開表の変更）をします。ここで必要なことは、自社の資源を顧客にとって価値のあるものに変換する業務プロセスの行動（課業および職務行動）によって、品質（Quality）・費用（Cost）・時間（Time）・継続性（Continuity）を改善することです。つまり、業務プロセスが改善・改革されたかどうかは、顧客満足をもたらす品質向上（クオリティアップ）、費用低減（コストダウン）、納期短縮（スピードアップ、速さ）、上記3指標の持続的改善率（コンティニュティ）のいずれかにおいて、経営計画上、期待される成果を得られたかどうかで判断するということです。

また、プロセス改革によって、組織内に散在しているコア・コンピタンスを、市場・顧客の特性に合わせて組み合わせ、組織力レベルで実行可能となっているかどうかを確認することが必要です。

4）職務・役割基準書と職務等級数の設定との関係

あるべき姿のプロセス展開表が完成すれば、等級別、職種別に課業および職務行動を整理するだけで「職務・役割基準書」ができます。この等級数は、プロセス展開表策定過程での議論や職務・役割基準書の内容を見ながら、あらかじめ想定していた職務・役割等級基準（初級・中級・上級）に基づいて評価・分類されます（**※分類法**）。ただし、どうしても想定していた等級数では収まらない職務行動および課業による職務（基準書）ができた場合には、想定していた職務・役割等級基準を見直し、等級数を増やすことになります。

いずれにしても、異なる職級（職務のなかの技術段階）を持つ職務・役割（製造職、営業職、開発職、事務職等）は、職群別（現業職、事務・技術職、管理専門職）に評価基準が異なり、これに連動して等級数も異なります。職能資格制度のように、全職種一律の等級数でないことに注意が必要です。まして、会社の規模（社員数）で等級数を決めることなどは論外です。

分類法

あらかじめ職務を評価するための職群別等級（評価）基準を作成し、職務基準書の内容を総合的に評価し、職務等級に格付けする方法をいいます。

職務評価の方法には、分類法の他に序列法、点数法、要素比較法があります。

Ⅳ

新たな業務と職務行動

1　新たな業務・職務行動の検討

目標を設定し、達成するためには、このための課題の抽出から設定までを行い、実行可能な対応策を考え、実際の行動管理に移す一連のプロセスを構築する論理的思考が必要です。過去の理論や経験が通じにくくなっている今日では、特に必要不可欠なものです。

そのためには、これまでの課題解決の延長線上で問題を捉えるのではなく、過去の情報や経験を一旦白紙に戻し、本来あるべき姿から最善策を考えるゼロベース思考や、結論から対策を考え出していく演繹的思考も必要です。

例えば、本来あるべき姿と現状の違いに着眼し、その違いがなぜ起きているのかの原因を追求していく、「なぜなぜ分析」の活用は有効です(図表３－９)。

対策が場当たり的にならないよう、正しく現状を把握するには、「特性要因図」や「系統図」のようなロジック・ツリーの活用も有効です(図表３－10)。前者は過去の問題について原因分析する際に帰納的に因果関係を、後者は中長期（未来）の問題分析の際に演繹的に目的手段関係を整理し、問題解決思考で構造化しながら論理を詰めていくことで矛盾点を明確化していきます。そのなかで、目的手段関係にモレやダブリはないかをチェックする論理的思考が重要となります。

また、論理的に考えられた手段において、業務の流れやその内容（手順）の変更があれば先のプロセス展開表の改定も同時に行い、先行指標を見直しておかなければなりません。

●図表３－９　課題抽出のための検討シート

＜顧客開拓ができていない＞

なぜ・どうして？　①	なぜ・どうして？　②	なぜ・どうして？　③	なぜ・どうして？　④	なぜ・どうして？　⑤
市場動向・顧客・競合を把握していない	調査できていない	調査方法がわからない	教育を受けていない	
		上役が、調査のテーマを与え、課題としていない	調査条件を絞り込むための情報もない	調査条件（調査するべき内容＝仕入規模・成長性・取引先など）が決まっていないため、動けない
新規開拓方法がわからない	新規開拓のプロセスが明確になっていない	営業個々人のノウハウになっている（組織能力になっていない）	新規開拓プロセスについて発表、議論し、共有化できる場がない	
	新規開拓のための能力（競合分析／市場動向／コミュニケーション／プレゼンテーション）がない	教育を受けていない	新規開拓について教える人材がない	新規開拓プロセスに関する情報を蓄積していない
			教育を受ける時間がない	通常業務で手一杯（特に、事務作業が多い）
		開拓するためのツールがない（教育ツールがない）	ツールを作成するノウハウがない	
新規開拓をする時間がない	担当者によっては、既存顧客へのルート営業だけで手一杯	移動時間がかかる顧客を担当している	営業効率が悪い訪問順（移動）になっている	営業効率を考えた担当割になっていない
		顧客によっては受注量が多く、これに比例し事務作業が多い	担当割に偏りがある	業務分析ができていない
明確な指示が出ていない	目標、やり方、スケジュールを具体的に示していない（掛け声だけになっている）	文書化、見える化していない（目標設定できていない）		

NPO 法人　企業年金・賃金研究センターより

●図表３－10　特性要因図から系統図へ

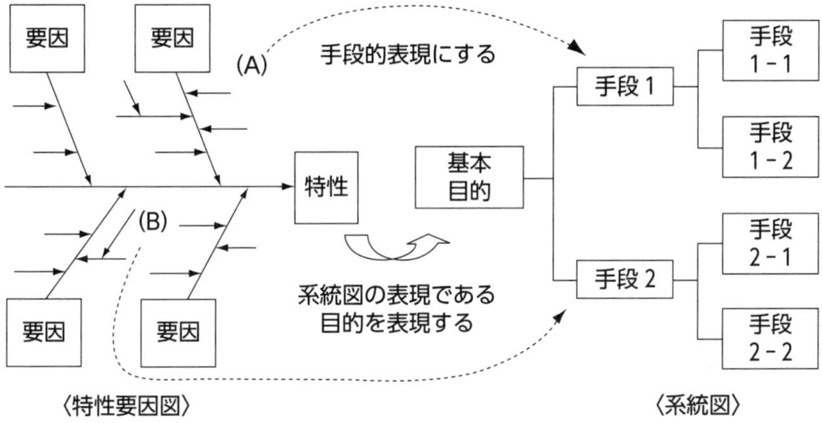

2　特性要因図の書き方

特性要因図とは、特性（結果）と、それに影響を及ぼすと思われる要因（原因）との関連を整理して、魚の骨のような図に、体系的にまとめたものです（図表３－11)。仕事の管理や改善を進める上で欠かせない、QC７つ道具の手法の一つです（P.86)。

1）特性とは

特性とは、仕事の結果あるいは工程から生み出される結果を示すもので、次のとおりです。

① 品　　質……外観、寸法、重量、純度、不良品数、クレーム件数、不良率　など

② 原　　価……材料費、加工費、労務費、宣伝費、残業時間、売上高、クレーム金額　など

③ 量・納期……工数、稼動率、生産量、出荷量、納期遅延日数、納期遵守率　など

④ 安　　全……災害率、事故件数、ヒヤリ・ハット件数、無事故時間　など

⑤ モラール……出勤率、参加率、提案件数、改善件数　など

2）要因とは

要因とは、特性（結果）に影響を与えるとして取り上げた原因です。特性要因図の大骨・中骨・小骨・孫骨は要因に当たります。

製造部門において、特性が品質のばらつきに関する場合、一般に4Mのばらつきに起因していることが多いので、大骨の要因を4Mで検討します。4Mとは、次の4つの単語の頭文字をとったものです。

① Man ……作業者（人）
② Machine ……機械・設備（装置）
③ Material ……材料・部品
④ Method ……作業方法（方法）

3）特性要因図の書き方

●図表3－11　特性要因図の形

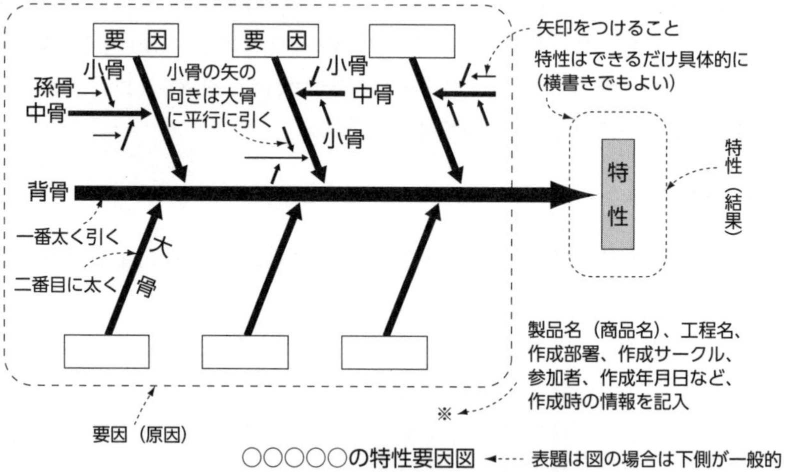

手順1｜特性を決める

「～の作業ミス」というように“悪さ”で表現したほうが要因を発見しやすくなります。

手順2｜要因の背骨を記入

手順3｜要因の大骨を記入

手順４｜ブレーン・ストーミングでさらに要因の中骨、小骨、孫骨を記入

大骨の要因一つずつについてブレーン・ストーミングを行い、なぜ、なぜと要因（原因）を追究し（図表３－9)、中骨から小骨、孫骨へと細かく矢印で分類、それぞれ要因を記入します。最も末端（小骨、孫骨）は、アクションのとれる要因(原因)まで展開することが大切です。

手順５｜要因（原因）に落ちがないかチェック

手順６｜各要因の影響度について重みづけ

手順７｜検証

選び出した重要な要因が真の要因であるかどうか、事実を掴んで検証していきます。

3 系統図の書き方

系統図（図表３－12）は、問題の着目点で何度も枝分れさせながら全容を明らかにし、やがて問題解決の方策に到達していくもので、新QC7つ道具の一つです（P.86)。

そもそも系統図は、目的を達成するために多くの手段を導き出して、その中から最も有利な手段を選定するのに用いられます。導き出された手段は課題解決行動となり、プロセス展開表の職務行動（単位作業）として書き足されることになります。

手順１｜最終的に達成したい目的（「基本目標」といいます）を決定

手順２｜目的を達成するためのいくつかの手段（＝「1次手段」）を考え出す

１次手段は複数の手段が考えられますが、一般的に実行に移せるほど具体的な手段となっていません。

手順３｜１次手段を目標とし、目的を達成するためのいくつかの手段（＝「2次手段」）を考え出す

手順4｜2次手段を目標とし、目的を達成するためのいくつかの手段（＝「3次手段」）を考え出す

手順5｜得られた手段が実行できる具体的なものとなるまで繰り返す

●図表3－12　方策展開型の系統図（概念図）

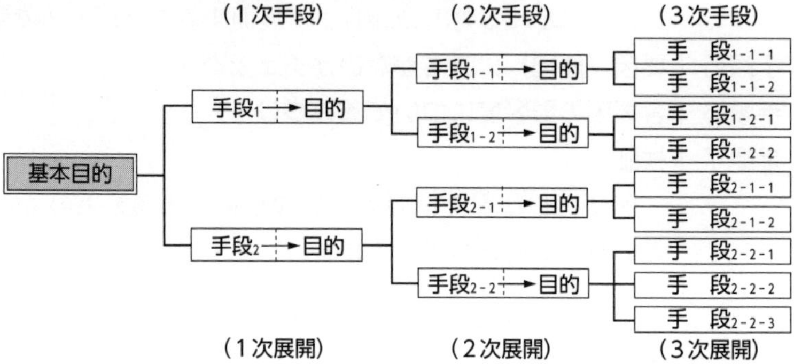

【プロセス改善の視点】

プロセス展開表を作成し、改善を試みる姿勢の原則は、次のとおりです。

① 全てに疑問的態度を持つ
② 各種の現象に対して原因を探る習慣をつける
③ 常に関係者を巻き込み、アイデアを引き出す

こうした態度を持ち続けた上で、以下の着眼点と方法を活用します。

1）5W1H法

現在の状況を簡潔に、漏れなく捉えて表現するために、5W1Hで考えることが役立ちます。

① Why ……なぜ行うのか（目的）
② When ……いつ行うべきか（時期、時間）
③ Who ……誰が行うのか（人）

④　Where……どこで行うべきか（場所、位置）
⑤　What　……何を行うか（対象）
⑥　How　……どのように行うか（手順・方法）

2）改善のためのECRS

5W1H法に、排除（Eliminate）、結合（Combine）、交換（Rearrange）、簡素化（Simplify）という4つの視点を加えて、問題を漏れなく検討することで、「プロセス展開表」を改善します。

①　排除（Eliminate）

……「それをやめられないか」「ムダなものをなくせないか」「不必要な作業はやめられないか」など、業務の目的および機能の見直しにより、排除および部分的に省略することを検討します。

②　結合（Combine）

……「時期を合わせてできないか」「まとめられないか」「他の作業と組み合わせられないか」「同時にできないか」など、業務の類似性により集約、結合したり、場合によっては、組織、工程配置や建物さえも結合することを検討します。

③　交換（Rearrange）

……「順序を入れ変えられないか」「他のやり方に変えられないか」「他の物と取り替えられないか」など、部門内および部門間での業務の入替え、順序の変更、または、業務の特性によって分けたり、業務の流れの内外で分けることを検討します。例えば、オンラインとオフライン、即時処理と一括処理、定常と非定常に分けることです。

④　簡素化（Simplify）

……「単純にできないか」「簡単にできないか」「数を少なくできないか」など、業務を細分化、分業化、標準化および低技能化した上で、機械化、自動化およびコンピュータ化などすることを検討します。

3）プロセス・マネジメントとマネジメント・サイクル

業務の成果を上げるためには、業務プロセスにおいてマネジメント・サイクル（PDCAサイクル）を回して、ビジネスプロセス・マネジメント（BPM）を行います（図表3－13）。

プロセス展開表の課業および職務行動（単位作業）のなかに、計画（分析、設計）機能、組織化（実行）機能、統制（モニタリング、改善・予防措置を含めた再構築）機能、調整機能が組み込まれており、継続的にプロセス改善ができるようになっていることが重要です。

●図表3－13　ビジネスプロセス・マネジメント

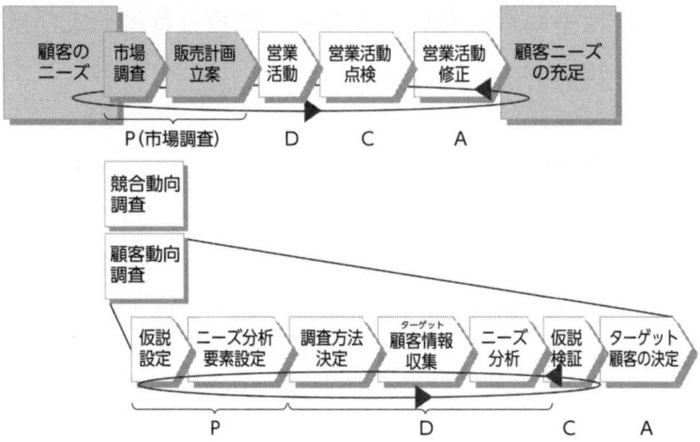

現状把握をしないまま、思いつくままに行動を起こしてしまうと、基準がないため評価は曖昧となり、改善にはつながりません。明確にした課題、問題を解決するためには、業務プロセスをマネジメントの視点から見直すことが必要です。

4）ベンチマーキングをする

業務プロセスを経営環境の変化に対応させ、抜本的に改革するのがリエンジニアリングであり、これを確実に実行するための手法が「ベンチマーキング」です。

ベンチマーキング

企業パフォーマンスを指標化し、社内外のベストプラクティスに学ぶことをいいます。“To Learn From Best” と言い換えてもよいでしょう。大まかな手順は、結果に至るプロセスの質（顧客満足度、リードタイム等）の指標化とその改善です。一般的な方法は次のとおりです。

① 自社の現状分析
② 対象業務の選定
③ 対象企業の選定
④ 業務プロセスやノウハウの情報収集
⑤ 自社と他社の比較とギャップ（差）の分析
⑥ 目標の設定
⑦ 業務プロセスの改善
⑧ ベンチマーキングの効果の評価

組織が戦略の実行により競争優位を確立し、さらにはミッションを達成していくために、どのプロセスのどの機能が重要であるかを正しく見極める必要があります。

日本では欧米とは異なり、企業が互いに業務を見せ合うということはあまり行われていません。したがって、企業内でのベンチマーキングの実施が中心になります。

プロセス展開表を作成し、業務分析をすることは、大変手間のかかる作業ではありますが、自社の業務を定量的に押さえることができます。同じ業務をしているようでも拠点によって、あるいは担当する人によってQCT（品質、費用、時間）の相違点に気づくことも少なくありません。そこで、プロセス展開表を作成する過程のプロジェクト参加者の議論からベストプラクティスを構築することができるでしょう。

外部ベンチマーキングから他社のベストプラクティスを研究する方法としては、日本経営品質賞の受賞企業が経営品質賞を普及するために、公表している受賞報告書や、互いの研鑽を目的として見学受入れを積極的に行っているのを利用するとよいでしょう。受賞企業あるいは機関との関係を持つことが大切になります。

QC7つ道具

品質に関する問題を解決するために、有益なデータの収集や整理、分析ができる統計的品質管理（QC：Quality Control）の基本的な手法のことをいいます。また、現場に存在する様々なデータから問題の要因を洗い出していくことで、「問題点の見える化」を進めることができます。

① チェックシート
② パレート図
③ 管理図／グラフ
④ ヒストグラム
⑤ 特性要因図
⑥ 層別
⑦ 散布図

本書では、問題の本質（要因）を洗い出し、見つけ出した重要要因をどう解決していくかを整理するために特性要因図を活用しています。

新QC7つ道具

事務部門を含む全社的な品質管理活動（TQM：Total Quality Management）の流れのなかで、数値化が難しい問題の解決のために生まれた手法です。QC7つ道具は数値データ、すなわち定量データを用いることから製造現場で活用されるのに対し、新QC7つ道具は主に言語データという定性データを活用することから企画や設計、営業といったより広い部門で活用されます。

① 親和図法
② 連関図法
③ 系統図法
④ マトリックス図法
⑤ アローダイアグラム法
⑥ PDPC法
⑦ マトリックスデータ解析法

本書では、あるべき姿（中長期経営計画）から為すべきことは何かを整理するために系統図を活用しています。

V　プロセス展開表の作成効果および留意点

会社全体の結果は、全ての部門、社員が行う職務行動の積上げで得られるものです。したがって、期待される結果を得られないということは、これらのどこかに問題があるということです。

職能主義に立つと、社員の能力に重点を置き、能力開発不足を問題にする傾向にありますが、多くの場合、これは間違っています。能力の高い社員がいても、業務プロセスと業務内容（設計される職務）がミスマッチになっているようでは結果を出すことは不可能です。

例えば、社員を選抜し、OFF-JTでセミナーを受講させたとします。会社としては、そこで得た能力を社内で展開することを期待しますが、まったく効果が出ないかあるいは短期間で効果が消えてしまうケースがほとんどです。これは、社員が修得した能力を活かす業務プロセスになっていないことが大きな理由に挙げられます。

その上、周囲からの「研修を受けたんだろう。もったいないから、活かしてくれよ」などと言われることで、セミナー受講者の社員は能力を活かせないストレスを感じ、モチベーションを低下させてしまいます。そうなると、周囲が研修を受けたことを忘れてくれるまで静かに待っているしかなくなるのではないでしょうか。

プロセス展開表を作成することで得られる効果は、このような場合に明確に現れます。プロセス展開表は、結果が出せる業務フローと職務設計になっています。そのため、社員にとって出さなければならない結果と、職務行動が明確になり、結果を求められてもできないというストレスが解消され、モチベーションが向上します。

また、他部門との業務分担が明確になることで部門間の連携がスムーズになり、業務が停滞なく捗るようになるのです。さらに、業務と職務行動を部門横断的に確認しながら変えていくことから、以前に増して部門間の意思疎通を図れるようになり、部門を越えて、顧客満足追求のための体制が構築できるようになります。

同時に、全部門から参画する社員が改善志向で決めていくことができ、決まったことから順次実行できるため、人事制度の導入・構築を待つことなく成果が出始めます。

ただ一方で、プロセス展開表で明らかにできるものは、各部門の業務の流れとその内容（職務行動）であり、同じ業務の同じ作業における社員の技能レベルや遂行範囲の設定については別途、検討する必要があることを付け加えておきます。

例えば、ある業務および職務行動が中級レベルとなっていても、この業務の一部または全部を初級職の社員が行っている場合があります。この場合、別途、初級職であってもどのレベル（範囲）までを期待するかを明確にし、職務行動の内容を職務基準書で明らかにしておくことが必要です。

Ⅵ 職務分析（記述法）の理解

1 職務分析とは

職務・役割等級人事制度を構築する過程では、プロセス展開表の作成を通して、職務分析を実施します。職務分析では、職務に関する情報であり、産業や政府および民間機関・労働組合等が行う人事管理や採用配置のような幅広い活動から、職務権限の明確化のような特殊な活動に至るまで、多くの労働力計画を立案するために使用できる基礎資料が得られます。

職務分析で明らかになる情報は、職位を対象とする次の3つです。

① 遂行業務……仕事の内容や機能、方法、手続き　など
② 遂行要件……知識、技能、能力、責任、努力、環境　など
③ 遂 行 量……処理頻度、処理数、処理時間帯および時間　など

③については、日本の人事管理上において非常に軽視されてきました。パーキンソンの法則にある「仕事の自然増殖から生じる能率低下」という問題を解決するためには、職務設計において職務遂行要件だけでなく職務遂行量の適正化が重要となります。

これらを明確にするプロセス展開表を活用した職務分析によって構築される職務・役割等級人事制度は、人材の適正配置、能率向上などの効果を期待することができます。

2 職務分析の方法

職務分析の方法は、記述法のほか、職務分掌や業務規程などの社内資料から職務内容を洗い出す方法や、聞取り調査によって実施する方

法（面接法）があります。企業規模が小さく想定される等級数が少ない場合など、聞取り調査法で十分な場合もありますが、そのような場合であっても分析表を併用することが望まれます。

この職務分析には、①オペレーション職務分析と、②人事管理上の職務分析の２種類があります。これまでは人事管理上の職務評価のための分析（職務を遂行する人の熟練、努力、精神的特性の探求）という認識から②の意味合いが大きく、職務・役割情報が非常に包括的なものとなっていました。

また、ホワイトカラーの業務の多くは、人と仕事とが密着しています。まず業務と担当者を分離して捉え、単位組織内において、目的と手段の連鎖としての業務の体系を明らかにしておくことが、後に職務設計を行うために不可欠となります。

そして、仕事内容とその結果を曖昧にしてきた職能資格制度の反省から、職務・役割の時代に移行するなかで標準的な職務・役割内容を確定していくことが重要となってきており、プロセス展開表を作成することで、これについて明らかにすることができます。

ただし、管理職については、オペレーション分析手法で標準的業務として確定できるのは一部しかなく、目標設定や職務権限規程を中心に管理職職務調査に基づき、職務・役割を定義します。

また、経営者に権限が集中しているような会社では、予算制度がなく権限規程を運用できていないため、本来の管理職としての職務を認識できておらず、職務調査票を記入できないことが多くあります。

この場合、プロセス展開表によって明らかになった（部下が遂行する）業務を確認し、管理職としてこれらの業務を通じて達成しなければならない成果をどのように実現していくか、またその際にどのような権限が必要かについて、経営者を含めた管理職以上で議論し、職務権限について定めていくことが必要となります（図表３－14）。

●図表3－14　管理職　職務調査票

部門名		職　位		氏　名	

＜記入上の注意点＞

管理職として遂行している「単位業務名」と「具体的課業内容」を部門のプロセス展開表を参照し、手順を追って具体的に記述してください。なお、管理職の業務は、下欄の5つの「業務機能」（計画・組織化・指揮・調整・統制）があります（「SMCAO区分」欄は記入しないでください）。「頻度」については、毎日：1、週：2、月：3、四半期：4、半期：5、通期：6として記入してください。

業務機能	単位業務名	SMCAO区分	具体的課業内容	頻度
計　画				
組織化				
指　揮				
調　整				
統　制				

※　業務機能の定義

計　画：短期・長期の精度の高い予測を立て、計画を立案すること

組織化：計画が能率的に準備され遂行されるように経営資源を構築すること

指　揮：部下を目標に向かって効果的、能率的に行動させること

調　整：部門間のヨコの関係および諸部門の活動を全体的目的に関連させる全体と部門の間の関係を統一、調和すること

統　制：上記の目的が適切に遂行されているかどうかをチェック（監視・測定・評価）し、修正すること

3　職務分析と職務評価

あるべき姿のプロセス展開表ができたら、業務分析に基づいて仕事量と単位あたりの工数を把握した上で、職務設計をします。

プロセス展開表を活用した職務分析では、業務および職務行動の詳細な調査と、職務行動ごとの分類法による職務評価はすでに実施されています。そこで、職務行動の評価レベルを考慮しながら職務設計を行い、課業（職務活動）別に課業内容（職務行動）として整理することで、職務・役割基準書として完成させることができます。

この職務設計によって、その組織で遂行している機能がどのような課業に分けられているかを確かめることができ、それらに必要な職務活動がどのように各職位に割り当てられて遂行されているかを明確にすることもできます。

また職務評価によって、会社に同一の付加価値をもたらす労働（その仕事にかかる精神的・肉体的負担、知識、責任や労働条件などが同じと評価された労働）、つまり同一価値職務・役割が実現できるのです。

職務・役割等級基準（分類表）ができれば、分類法の評価は比較的容易ですが、職種が多様に分かれている場合や等級数が多い場合には、職種間に共通する基準の表現や各等級の差異を、基準として表現するのは非常に困難です。また、職務を全体として総合的に評価するので、個人的主観が入ったり、職務でなくその職務の担当者を評価したりするおそれがあります。

Ⅶ 職務設計と業務分析・業務量調査の手法と進め方

1 職務設計をする際の視点

職務・役割等級人事制度においては、企業として経営戦略上どのような業務および課業が必要かを明らかにした上で、顧客本位で部門横断的な業務分担を目指すプロセス・アプローチによって検討された、部門別（縦割りの職種を中心）のプロセス展開表に表される職務行動を、業務の種類・重要度・困難度・責任度などの点から横割り区分し、職務として設計することになります。

例えば、営業部門のプロセス展開表を作成し、課業と職務行動を洗い出したとします。業務目的や業務量により分けると、営業管理・調整的な業務を行う営業管理職務、営業事務的な業務を中心とした営業事務職務、マーケティング調査・企画的な業務を中心としたマーケティング企画職務、営業活動業務を中心とした営業職務などになるでしょう。

もし業務が、このような縦割り分担方式になっているならば、それは顧客満足度を下げているかもしれません。これを是正するためには、全ての業務を行うマルチ営業職務を設計する必要が出てきます。プロセス展開表の作成によって示された課業（職務活動）、職務行動とアウトプット（成果物など）を元に検討しましょう。また、それぞれの頻度、仕事量、時間も職務分析のなかで明らかにできるので、これらを勘案して職務の設計をすることで、定員を算出することも可能となります。

2 職務設計と労働生産性の関係

職務設計においては、労働生産性の向上を実現するために、各課業だけでなく全体最適を目指して、類似もしくは事実上同一の種類・程度の課業および職位を一単位として設計することにより、ムダをなくしていきます。

【職務設計の原則】

- ◆ 職務を構成する課業は、過度に多様化させず、最適化することで効率を向上させる
- ◆ 各職務で遂行される課業は、全体課業のなかで相互依存するよう設定する
- ◆ 作業サイクルの長さの最適化によって作業のリズム（繰り返し性）をつくる
- ◆ 職務に含められる課業は、地域社会で尊敬される価値があり、遂行にあたってある程度の配慮、技能、知識あるいは努力を伴うものとする
- ◆ 職務は、消費者向けの製品の効用に対して、認識できる貢献をするものとする
- ◆ 職務の相互依存（課業のつながりと労働者間の相互理解の創造）のために、課業の組み合せ、職務交代制、あるいは物理的な近接性を与える　等

また、職務設計には課業の水平的統合（職務拡大）と垂直的統合（職務充実）があり、これによって社員を動機づけ、職務満足度を向上させることができる点も非常に重要です。

3　プロセス展開表を活用した職務設計の方法

1）職務設計の概念図

プロセス展開表は、各課業のレベルが職務評価（分類法）によって設定されています。課業は社員に配分することができる業務の最小単位であり、同程度の課業を括ることで職務が設計されます。この際、重要な

のは、課業の業務量および業務の処理にかかる標準時間です。職務設計の原則に沿って設計された職務は、1つの課業あるいは複数の課業で1日分の業務量とならなければなりません（図表3－15）。なお、職能資格制度であっても同様に、職務は設計されなければなりません。

●図表3－15　職務の概念図

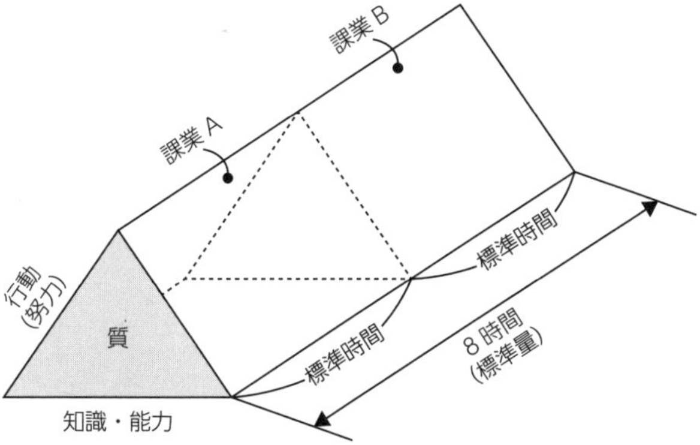

『［3訂版］役割等級人事制度導入・構築マニュアル』より

また、作業レベルでの調査・分析をせずして真の生産性向上はできません。課業レベルまでしか職務調査や職務分析を実施しない場合、職務設計することは不可能です。これまで、どのような人事制度を構築しても労働生産性が向上しなかった原因はここにあります。

職務分析により課業内容（作業）が分析できていれば、課業のなかにある作業を分割し、別課業を設定したり他職務に統合したりして、難易度的にも作業サイクル的にも効率が向上するよう改善することができます。また、定員管理や人件費管理も可能になります。

2）職務と目標の割付け（目標展開）

会社の経営目的・目標から機能（業務）が展開され、その業務を遂行する社員に割り付けるために前述の原則に従って職務を設計します。職務は、会社から部門に目標が割り付けられ、職責の4つの執務基準（量、質、時間、方法）が職務基準書において成果指標あるいは先行指標と目標値として設定されることになります。

例えば図表3－16において、設計される職務Xは、定時内（8時間）で遂行できる同程度の難易度の課業から構成されています。さらに各課業はそれぞれの作業によって構成されています（課業Aの3時間は、作業1～6で設計されています）。

●図表3－16　職務と目標の割付け（目標展開の構図）

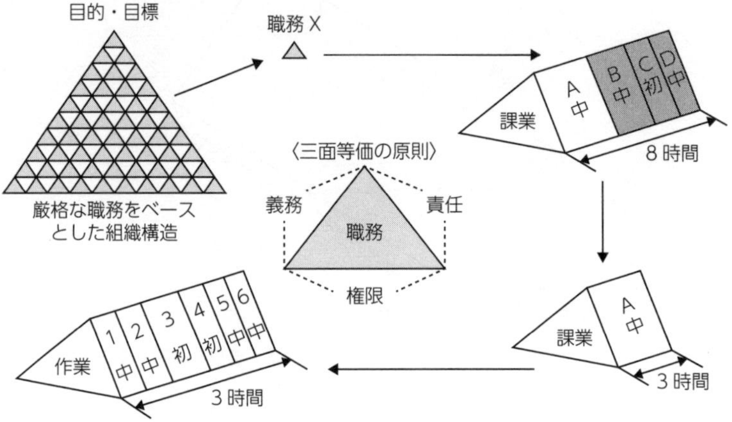

※　職務において、「義務」、「責任」、「権限」は三面等価の関係にあり、職務を与えられれば必然的に義務と責任を負い、その義務と責任を全うするために職務遂行の権限も同等に与えられなければなりません。これを「権限・責任一致の原則」といいます。

『[3訂版] 役割等級人事制度導入・構築マニュアル』より一部変更

職務設計を行い、職責を明示して初めて、会社が社員に対して業務目標、計画を提示したことになります。そうしなければ、長時間労働が発生したり、目標達成度の評価すら曖昧になったりせざるを得ないのも当然でしょう。マネジメントの放棄といわれても仕方がないかもしれません。

4 プロセス展開表を活用した業務分析・業務量調査の方法

1）業務分析とは

業務分析は、改善対象とする業務実態を客観的に把握する手法です。業務分析で捉える業務実態は、業務（課業）の内容（業務機能）、処理方式、業務間を流れる情報、業務量などです。職務分析のように一人ひとりの業務の内容を分析する必要はありません。

業務量調査とは、調査対象業務ごとに、調査期間中の個人別の業務量および作業時間を把握する調査です。

これにより、企業に内在する課題や強みなどが見えてきます。

2）業務分析の進め方

プロセス展開表に書かれた課業および職務行動（単位作業）は、それぞれに業務コードが決まります（課業は流れに沿ってA、B、C、D……、職務行動はA－1、A－2……となります）。

課業ごと、場合によっては職務行動ごとに、発生頻度、処理件数、(1件あたりの）処理時間、日・月・年間などの所要時間を調査することで、社員の稼働率およびミクロ的に適正要員数も算出できます。

特に、業務量を捉えるには、発生頻度別に分析することが必要です。また、業務について、発生頻度別に業務量を捉えておくと、ピーク対策にも活用できます。

3）課業の単位あたり所要時間の分析

業務量調査およびその分析の第一段は、課業の単位あたり所要時間を分析することです。そのためには、課業の内容を検討し、その課業の所要時間は何を単位に測定すべきかを決定します。例えば伝票処理であれば、伝票１枚処理するのに要する時間を分析すればよいことになるので、伝票１枚が単位となります。

測定単位が決まれば、測定単位あたりの課業を標準者が遂行するのに要する時間を調査します。実際に一つひとつの作業を標準者に行わせて時間を測定する方法や、重要業務のみ精度の高い調査を行って他の課業に応用する方法、面接による調査から設定する方法もあります。

【単位あたり所要時間を測定するにあたっての注意点】

1. 標準者の所要時間を測定する
2. 重要課業、業務量が多い課業、問題がある課業、業務量について意見の不一致が予測される課業は時間測定を実施する
3. 現状の業務処理方針、規程、手続き、慣習に基づいて業務処理に要する所要時間を分析する
4. 課業の単位あたりの所要時間が対象によってばらつく場合は、対象別の所要時間を測定する
   ただし、対象の種類が多い場合は、所要時間の長短によって、いくつかのグループに分類し、グループ別平均所要時間を測定する
5. 課業の単位あたり所要時間を決めるにあたり、2つの課業を同時に遂行する場合には、いずれか一方だけの課業の所要時間を修正し、所要時間が重複しないように注意する
6. 単位あたり所要時間の測定にあたっては、余裕時間（作業余裕、職場余裕など）は除外し、正味作業時間を計上する

4）固定業務と変動業務

業務には、大きく分けて固定業務と変動業務の2つがあります。

固定業務は、売上高、生産量の変動に関係なく、定期的（日単位、月単位、年単位など）に必ず遂行しなければならないものです。会社の基準を維持し、政策を具体化するために行う業務であるため、きわめて政策的に設定されるべきです。この業務の徹底は、管理者の最重点業務の一つであり、標準化が絶対条件となります。

一方の変動業務は、売上高や生産量に比例して増減します。予測に基づいた計画に沿って、必要所要時間およびこれから算出される適正人員数を算出することになります。また、「比例して増減する」ことが条件なので、売上高、生産量との一定の関係が捉えられなければ、変動業務とはいえません。

例えば、クレーム処理、他部門への確認などは、売上高や生産量に応じて変動する関係性は掴めないことから、固定業務または管理業務（管理的な仕事だけでなく、発生予測のつかない、つまり計画化できない業務も含まれる）として一定人時を割り当てます。

5）SMCAO 分析と業務配分

また、SMCAO 分析をすることで、職務の内容を本来の役割を果たすよう配分することも可能になります。

SMCAO 分析

業務を次の５つ（あるいは補助業務を加えた６つ）に区分し、職務にあった課業および職務行動を担っているかを分析することです。５つの業務区分とその定義は、図表３－17のとおりです。

●図表３－17　５つの業務区分

業務区分		定　義
S	Strategic 戦略的業務	事業・機能・業務の新しいステージの企画・構想・計画・実現への組織内での取組み オフェンシブ（攻撃的・挑戦的・改革的）業務競争優位への取組み等
M	Manegement 管理的業務	事業・機能・業務の PDCA（計画／組織化・命令／統制／調整）を管理する制度的に決められた方法・運用に基づいて遂行していく業務
C	Control 監督的業務	改善（より効率・生産性を上げていく、悪さ加減を良くしていく）業務 現業務運用のバラツキを決められたレベルへ合わせていく取組み等
A	Application 応用業務	高度な実務的知識、経験をもととし、相当程度の判断力・折衝力・指導力を必要とする応用複雑業務
O	Operating 定型業務	マニュアルなど手順化・ルールづけされた後の事務処理・文書作成や伝達・PC 機器類の操作等の定型事務業務

日本企業の場合、過去より職務という概念が定着していないことから、特に中小企業において、管理・監督者が複数の職務を兼務していることが多くあります。これにより業務の不適正な配分を招き、ムリ・ムダ・ムラを発生させていることがあります。

SMCAO分析の結果を職務設計に活用、適正配分をすることで、役割の改善と業務の効率化を図ることができます。なお、職務別の時間活用比率の目安は、図表3－18のとおりです。

●図表3－18　職階層と業務区分割合

職階層	S	M	C	A	O
部長クラス	60	30	10	0	0
課長クラス	20	50	20	0	0
係長クラス	0	20	50	20	0
担当クラス	0	0	0	30	70

業務配分を整理することで、業務に集中し、効率を向上させることができます。また、業務を区分することで、AおよびOについては、限定正社員あるいは非正規社員に配分、あるいはアウトソーシングする業務としてもよいでしょう。

5　短時間正社員の職務設計

1）職務分析と短時間正社員の職務設計

業務配分上のムリ、ムダ、ムラを排除して、業務の経済性、合理性を追求し、その効率化を達成するためには、職務分析によって、仕事の与え方を検討することが必要です。

難易度の高い仕事をしている社員（職位）が、そうでない仕事を一部行っているとします。この社員が異動する場合、この職位には能力が高く難易度の高い仕事ができる者を配置せざるを得なくなります。すると以下の2つが問題となり、業務の経済性、合理性が阻害されます。

1つ目は、高い能力を持つ人材が、能力以下の仕事をすることにより、能力の発揮が制限されること。2つ目は、遂行要件の違う色々な仕事をしなければならず、有能な人でも1つの仕事に集中できないために作業ロスが発生するなどの問題が生じることです。

このため、職務設計においては、できる限り、職務分析による難易度および遂行要件が同等の仕事を集めることが重要です。ただ、同等の仕事を集中させることで、仕事のピーク時に業務を部署内で分散することができなくなったり、同じ仕事の繰り返しのためモラールが低下することがあるので、これらに対する配慮も忘れてはなりません。

また、職位間の業務量が不均衡にならないよう、業務分析、業務量調査を実施し、仕事の頻度、処理時間帯、単位あたりの平均所要時間および月間・年間での平均所要時間を確認し、均衡のとれた職務を設計することが重要です。この考え方は、限定正社員および非正規社員の職務を設計する際にも役立ちます。

2）ホワイトカラーの短時間正社員の職務設計

ホワイトカラーの仕事は、基本的に、労働時間の長さと期待される結果が比例しない創造的業務です。職務基準書に記載されている結果責任を果たすことが求められ、評価は目標管理制度を中心とした業績評価が基本となります。

短時間勤務のホワイトカラーの賃金および賞与は、働く時間が減る比率割合（就業時間率：フルタイム労働時間の何パーセントにあたるか）に合わせて変動することになります。なお、ホワイトカラーの短時間正社員化が進んでいるドイツの場合、実質6週間の協約休暇期間や、企業業績連動型賞与については、正社員と変わらないようです。

他方、管理職に関する業務については、部下の指導管理が短時間でできるかどうかという問題があります。管理職が短時間勤務を申請した場合、担当する職務のレベルについては再度面談を行い、職責を変更することも検討しなければなりません。

例えば、仕事のマネジメントはするが、部下の人事考課を行わない（部下を持たない）管理職制度を導入することなども考えられます。

そもそも管理職は当該能力を習得している人材であり、短時間正社員としての就労も可能であると考えられますが、これまでの調査研究では、管理・監督者の短時間正社員は難しいとされてきました。

しかし、今後、仕事と介護の両立問題が企業において大きくなるなか、40代以降の社員、特に管理職の多様な働き方のあり方を検討しておくことは、人事管理の観点から重要となります。

ただ、柔軟な働き方の実現のために重要な、委譲すべき業務や在宅で対応すべき業務の適切な判断には、「管理職」としての業務経験がポイントになってきます。

参　照

・P.187〜　Chapter 4　Ⅱ「両立事例 4　親の介護で『課長を辞めます』〜フレックスタイム制導入で役割を全う〜」

Ⅷ 多様な働き方と職務給

1 職務と賃金

職務給とは、職務の性質、価値で決める賃金制度です。「同一職務同一賃金」の意味を持ち、同じ価値の仕事をしている者には同じ賃金を支払うことになります。理論上はシングル・レート（単一賃率）です。

なお、役割は「遂行する課業が安定した職務」と捉えることはできません。理由は、役割を構成する職務の内容が経営戦略の変更に伴って変動することや、職務価値と職務結果だけでなく、結果を出すまでのプロセス成果を内包している点が従来の職務概念と大きく異なるからです。

しかし、役割が職務の一類型であることは間違いありません。

職務給の実施にあたっては、対象となる全職務・役割について価値付け（職務評価）し、序列化し、その序列によって賃金が決まります。このため、基本的には上位の職務・役割に異動しない限り昇給はあり得ませんが、職責を期待以上に達成した場合は、業績（付加）給が支給されます。

定型業務の場合に職務給では、期待される結果はもちろん、この結果を出すために遂行する標準作業、標準時間を基本としています。例えば、ブルーカラーであれば、標準時間あたりの作業量を上回った（標準時間より早く作業した）場合、その能率向上の度合やでき栄えに応じて昇給が行われることになります。

一方、ホワイトカラーのように、量よりも質が問われる非定型業務については、上司から指定される時間をもとに、適正な時間を設定することになります。ただし、ホワイトカラーであっても、事務業務などは、内容によっては、単位あたりの標準作業時間を設定する場合もあります。

2 同一労働同一賃金（職務給）を実現するための課題

職務給は、「職務評価に基づいて支払われる賃金」です。導入により、労働市場において同じ種類の職業の労働者に対して、働く企業あるいは産業によって賃金に差をつけないことを目指しています。

これまで日本の賃金制度は、生活給の意味合いを引き継ぐ年功序列賃金であり、生じた格差の根底には、社会的な序列観念や二重構造といわれる経済構造に加えて、企業別労働組合の影響がありました。

本来の意味での同一労働同一賃金を実現するためには、同一職業の労働者が集まって横断的労働組合の組織をつくり、その職業の労働組合が、労働市場において独占的な力を持っていることが前提となります。

しかしながら、歴史的に職能別組合や職能別賃金の基盤がなかった日本では、欧米的な同一職業という意味での同一労働に対する認識は薄く、どうしても同じ職業の企業別賃金の格差、産業ごとの賃金の格差をなくしていく取組みを行わざるを得ません。

とはいえ日本でも戦前戦後においては、何度か職務給の導入が図られ、戦後、労働組合側もこれを指向した時期がありました。しかし一般の労働者が職制に比べて賃金が低くなったことや、職務給の技術的中心である職務分析、職務評価が企業への貢献度という企業の主観的な判断で決められていたため、労働者のより高い賃金を得たいという気持ちを刺激して従属を強めてしまいました。この結果として労働組合の団結力が弱体化するなど、不幸にも職務給反対闘争につながってしまいました。

こうして長年にわたって年功序列賃金と化した職能給が運用されており、また、同一労働における賃金格差が依然として問題となっています。

このように、これまでの日本の賃金政策が不十分であったことも確かですが、今後の多様な働き方を推進しなければならない状況を踏まえ、労使双方で賃金の本質的な意味と同一労働同一賃金の社会的意義を確認し、実現のために真摯に取り組むべきものと考えます。

Ⅸ 短時間正社員の賞与および退職金

1　賞与の算定方法

賞与の支給基準は、基本給を基礎にする場合と、基本給から切り離し評価ポイントに当てはめて支給する場合があります。

基本給を基礎とする場合は、基本給が労働時間に比例して減額されるので、支給月数などの評価係数は正社員と同じにするのが原則です。

基本給と切り離し、評価ポイントに基づき支給する場合は、当該等級の賞与ポイントを労働時間比例割合で減点（あるいは、固定賞与部分の割合を設定し、これを労働時間比例割合で減点）した上で支給します。

●図表3－19　賞与ポイント表

等級＼人事考課結果	S	A	B	C	D
J1	160	145	130	115	100
J2	130	120	110	100	90
J3	120	110	100	90	80

例えば、上記の賞与ポイント表で、J2級職、5時間勤務社員が評価Cを受けた場合（正社員と限定社員の間に格差を付けない場合）、

等級最低賞与ポイント100pt × 5h／8h ＝ 62.5pt

つまり、労働時間に比例して37.5ptを減点することになります。

なお、賞与の算定にあたり、労働時間を考慮する場合、短縮された労働時間以上の減額は不利益な取扱いになるので、法令に基づく労働時間

の短縮（育児・介護短時間勤務など）の場合は、注意が必要です。

また、職能資格制度における職能ポイントおよび職能考課ポイントは、労働時間に応じて減じることはできません。

2 退職金の算定方法

退職金の代表的な算定方式としては、最終給与比例方式と点数方式（ポイント制）があります。

1）最終給与比例方式

「最終給与比例方式」とは、退職直前の基本給等を算定基礎額として、勤続年数等に基づく掛け率を乗じて、退職金の額を決定する方式です。

この勤続年数に、原則として、制度利用期間中の勤続年数も通算しますが、制度利用期間中の勤続年数については、そのまま通算するか、労働時間に応じて減ずる方法があります。

2）ポイント制

「ポイント制」とは、勤続年数や等級格付け等に応じてポイントを付与し、退職時までの累積ポイントに応じて退職金の額を決める方式です。

累積されていくポイントには、勤続年数に応じて毎年加算されていく勤続ポイントと、職務・役割等級人事制度に基づく等級ポイントがあります。

等級ポイントは、そもそも保有能力に対して付与されるものではなく、職務基準書に明記された仕事に対して付与されるものですから、勤続ポイント同様に、短時間社員であった期間については、労働時間に応じて減じることとします。

X　多様な働き方を推進するための方法と手順

1　社員の能力開発・訓練方法の変革

多様な働き方を推進するには、正社員、限定正社員、非正規社員が、協働し、それぞれに補完しあっていくことが求められます。ただ、介護などの正社員を続けるのが困難になる状況は突然やってくることから、常日頃から誰が抜けてもよいように準備しておく必要があります。非正規社員の即戦力化はもちろん、正社員の多能工化のためにも、これまでの教育訓練方法を大きく見直す必要があります。

ここで求められるのは、知識だけでなく、カン・コツ・ノウハウといわれる技能（表現が困難な知恵・知識である暗黙知）について、これまでよりも早く、確実に伝える仕組みの構築です。

この仕組みのなかで最も重要なものは、明確な標準作業および基準（ルール）です。標準作業は、物のつくり方・改善・管理の仕方などの根本であり、良い品質のものを、安全に、しかも安くつくるためのやり方を示したものです。また、「標準のないところには改善はない」といわれるように、標準をつくり、守り、改善し（つくり変え）、教育訓練し、評価することで、社員の行動能力を維持、向上させることができます。

例えばトヨタ自動車では、生産の増減により、要員の出入りが頻繁にあります。新人にすぐ仕事を教えなければならないことから、熟練者の持つノウハウを全て書き出し、標準作業票に全てまとめています。

標準作業書や基準がない会社では、新人を教育するにしても曖昧にならざるを得ない上に、評価も正しくできなくなってしまいます。

職務・役割等級人事制度を構築するにあたって作成するプロセス展開表は、この標準作業や基準を明らかにすることができ、業務分析によって、課業や職務行動ごとの（標準）時間を導き出すこともできます。

とはいっても、書き表しただけで作業ができるはずはありません。作業に含まれるカン・コツ・ノウハウは、体験によって習得できるものです。ただ、慣れるまで待つのではなく、できる限り効率よく技能が身につくよう訓練キットを製作し、集中して実践訓練することで、教育訓練期間を短縮することが可能になります。

2　多様な働き方を支える職場管理

多様な働き方の社員が存在することで、仕事上の調整、コミュニケーション（報連相）、仕事の進捗管理などが難しくなることがあります。

このため、仕事の5S活動（整理・整頓・清掃・清潔・躾）や「見える化」の取組みは必須です。見える化とは、誰が今、どのような作業を、どの段階まで進めているのか、納期に間に合うのか、最終的に期待される結果は達成できそうかなど、職場の誰が見ても、標準（基準）と比較して、正常か、異常かを一目でわかるようにしておくことです。

【見える化のアプローチ】

- ◆　ルール（基準）の見える化
- ◆　目標と結果の見える化
- ◆　プロセスの見える化
- ◆　課題の見える化
- ◆　（改善時の）知恵の見える化　など

これらの見える化によって、限定正社員あるいは非正規社員が不在であったとしても、管理・監督者あるいは前後工程（業務で連携している担当者）が、仕事の状態を確認できるようにしておきます。

したがって、限定正社員あるいは非正規社員には、日報の提出や見える化された掲示物への記入や定期ミーティングでの報連相の徹底が求められます。最低限の共助をすることはもちろん、できる限り月・週での業務計画を提出させ、ミーティングにおいて、事前にリスクを洗い出させるなど、顧客とのトラブルが起こらないよう未然防止策をしっかりと検討することが必要です。

3 目標管理制度の運用

目標管理制度は多くの企業で導入され、運用されていますが、経営計画に連動して高精度で展開されていることはそれほど多くありません。

本来関連づけられるべき上位目標と切り離されたり、上司と部下との誤った合意によって違う目標に置き換えて設定されていたりする場合などは、部下が目標を達成したところで、部門目標に何ら貢献できないことになります。

多様な働き方の推進のなかで特に在宅勤務などを導入する場合は、社員の個々の職務・役割を明確にし、確実に成果責任を果たすことと同時でなければなりません。そのためには、プロセス展開表（P.70～71）上の成果指標や先行指標を活用することで、目標管理制度の運用レベルを向上させることが一層重要となってきます。

また、実行手段および手順が部下任せになっていることが多く、結果として上司が部下を指導できず、評価後のフィードバックもできない状態になり、目標管理制度の見直しを行っている会社が多くみられます。この場合は、管理職自身が自分であればどのような手段・手順で実行するかを具体的にイメージした上で、面接のなかで部下自身にも考えさせることが重要です。

目標管理の手段や手順だけでなく、各目標の達成に費やす時間配分を決定することも重要です。特に、ホワイトカラーの短時間正社員の成果については、労働時間の制約がありますので、しっかりと目標について合意をしておく必要があります。

4　実行手順と日程の見える化

手段、手順および投入時間を明らかにしていく技法としては、アロー・ダイアグラムを活用することで、見える化が可能となります。

アロー・ダイアグラム

数学的に日程計画の解を出すオペレーションズ・リサーチ（OR）（※）の方法であるPERT（Program Evaluation and Review Technique）を図解化したものです。

※　オペレーションズ・リサーチ（OR）は「経営組織体が、最大の成果を上げるために、限られた資源（人員、材料、資本、設備など）を合理的かつ最適に運用する仕事を科学的な方法によって行うこと」、すなわち「作戦研究」のための方法論です。

以下のルールに基づいて作業を連結していくことで、全体の作業順序が決まり、同時に最短期間、最遅期間、クリティカル・パスを見つけることができます（図表3－20）。

手順1｜目標の設定

手順2｜その目標を達成するのに必要な手段（作業）をカードに記入

特定要因図や系統図を用いたブレーンストーミングを行い、洗い出した作業は、カードのような後から配置を変更しやすい紙に書くとよいでしょう。ホワイトボードや模造紙などに貼って見える化しながら手順の検討ができます。

手順2｜それぞれの作業完了に必要な日数（所要日数）をカードに記入

手順3｜各作業の着手に必要な先行作業を確認

手順4｜以下の基本ルールに従ってアロー・ダイアグラムを作成

◆ 全ての作業（→で表す）の両端には、必ずイベント（○で表し、作業の開始点と完了点を示す）が存在する
◆ イベントの番号は、矢印の元の番号の方が、矢印の先の番号よりも小さい
◆ 作業記号、イベント番号は、重複してはいけない
◆ イベントに入る作業が全て終了するまでイベントから出る作業は開始できない
◆ イベントとイベントの間には1つの作業だけを記入する
◆ イベントとイベントの間に2つ以上の作業が存在する場合は作業時間0のダミー作業を記入する
◆ 作業はループしてはいけない

●図表3－20　アロー・ダイアグラム

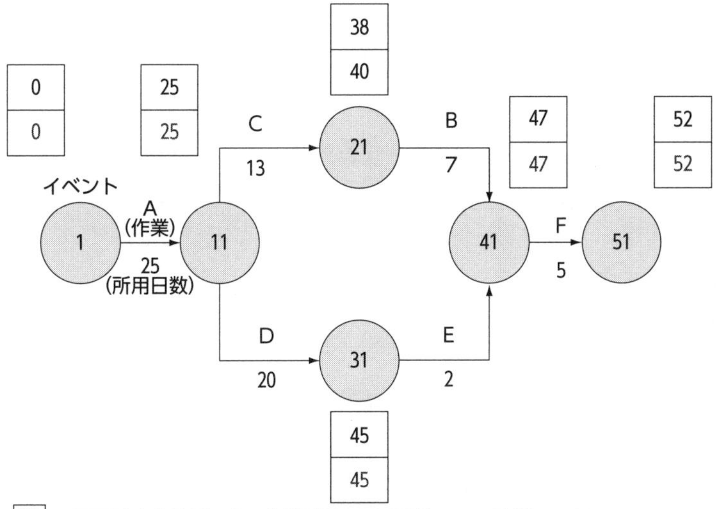

38 ：最早結合点時刻＝次の作業が最も早く開始できる時刻のこと
40 ：最遅結合点時刻＝納期に遅れない条件で、その作業が最も遅くても終了しなければならない時刻のこと

※クリティカル・パス（危険な経路）とは、最早結合点時刻と最遅結合点時刻との差がゼロとなる結合点を、始点から終点までを結んだ経路のこと。

5 部下管理と人事考課

多様な働き方を推進した場合、仕事の進捗を「見える化」(指標化)していくなど、細かく管理していく必要があります。管理者としては、業務日報などに基づき、定期的に業務の要所要所で指示・指導することが求められます。

また、業務分担の調整はもちろん、メンタル面でのフォローがこれまで以上に大切になってきます。介護などで、すでに大きな精神的負荷を抱えている社員へのケアについては、随時、連絡をするなど十分な注意が必要です。さらにフォローしなければならない他の社員(特に、人材の補充ができない場合)についても、負荷が大きくなることから、気を配ることが必要になります。

人事考課については、正社員、限定正社員、非正規社員ともに、同じルールに基づき評価されることになりますが、在宅勤務者について遠隔で作業が管理できる場合以外は、今後の進め方、報告してほしい事項を事前(毎朝、毎週など)に明らかにしておき、業務日報と照らし合わせながら、仕事ぶりを確認し、評価対象行動(事実)を把握しておくことが求められます。

XI 業務改善・改革の考え方と進め方

1 ワーク・ライフ・バランス施策と生産性

平成20年度「ワーク・ライフ・バランス社会の実現と生産性の関係に関する研究の研究報告書」（平成21年3月、内閣府経済社会総合研究所）では、ワーク・ライフ・バランス施策の生産性への影響について4つの仮説を立て、検証を試みています。

仮説1　モチベーション向上仮説

ワーク・ライフ・バランスの推進によって、長時間労働の削減などが行われ、社員の勤労意欲が高まる。また、社員の心身の状態が改善されることによっても、仕事への意欲や責任感が高まり、生産性も向上する。

仮説2　人材引付仮説

ワーク・ライフ・バランスの推進に取り組み、そのことを社外にもアピールすることで、企業に人材を惹きつける。結果として優秀な人材が集まりやすくなり、生産性が向上する。

仮説3　定着率向上仮説

ワーク・ライフ・バランスが推進されることで、社員が継続して就業しやすくなる。これにより、社員の退職に伴う採用コストや、人材育成・研修教育コスト、顧客との信頼関係の再構築にかかる時間的コストを減らすことができる。

仮説4　業務効率化仮説

ワーク・ライフ・バランスを実現するために、長時間労働の是正などに取り組むことで、効率的に業務をこなすための工夫や、業務分担の見直しが行われる結果、業務効率がアップし、生産性も向上する。

これらの4つの仮説をもとにモデルを作成し、分析・検証した結果は以下のとおりです。

仮説1については、ワーク・ライフ・バランス推進によって労働者のモチベーション向上に影響することは示されましたが、それが生産性向上に結びつくということは示されませんでした。

仮説2については、ワーク・ライフ・バランスに取り組むことで、対外的にその取組みをアピールするようになることは示されましたが、そのことが人材確保に結びつくという仮説は支持されていません。

仮説3については、ワーク・ライフ・バランス推進によって、人材が定着し、生産性向上に若干ではあるが影響することは、かろうじて否定されませんでした。

仮説4については、業務効率化ほどには生産性向上のメカニズムとしては働いていないことがわかりました。

ワーク・ライフ・バランスの推進によって業務の効率化の取組みや業務分担の見直しが進み、生産性向上に影響することが示されています。また、ワーク・ライフ・バランス推進によって労働者の定着率が若干向上したり、生産性向上に影響したりすることも示唆されています。

問題となるのは、この推進の方法、つまり生産性向上のための取組み方です。多様な働き方を推進したはよいものの、これが原因で生産性を低下させるようであっては本末転倒です。これが受け入れられるほど、競争市場は甘くありません。

例えば、他社での成功事例をそのまま導入するケースが見受けられますが、簡単な改善は同じように実践できたとしても、結局は会社個々の能力によって改善できることも結果も異なるということを知っておくべきです。市場は常に変化し、継続的な改善・改革を要求します。改革・改善を成功させるためには、自分たちの力で、自社の環境に合った方法で実現するしかないのです。

自社の環境に合った方法を探すには、プロセス展開表の作成過程で行われた業務の改善・改革を実行してみるのがよいでしょう。プロセス展開表に書かれた業務を具体的に実行することで成果が生まれます。そのために必要なのは、机上の業務プロセスを現場に落とし込むための環境づくりと手順、そしてリーダーシップです。

2 現場改善・改革のための7つの条件

現場改善・改革のためには7つの条件が必要です。それは、第一に「仕組む」、第二に「気づく」、第三に「わかる」、第四に「訓練する」、第五に「定着させる」、そして以上の全てを、第六の「リードする」、第七の「統合する」リーダーの存在です。

これは、経営ビジョンに基づいたルール（基準）を設定し、そのための教育を実施し、見える化などの「仕組み」をつくることで、作業者が容易に異常と「気づく」、そして現場で異常の原因・正常の要因を詮索して「わかる」ということになります。「わかる」ためには、原因を追求（追究）できる仕組みと相応の知識が不可欠です。

さらに、「わかる」だけでは何も進まないので、課題解決行動を起こすことが重要です。「訓練する」ことで、歯止め策も含め、これらの行動を「定着させる」ことが必要となります。

1）仕組む（計画する・基準をつくる）

「仕組む」とは、表向きは工夫して物事を組み立てる（内々に計画を立てる）ことではありますが、これは目的のために巧みに工夫された策略（たくらみ）でなければなりません。改善を始めるための準備作業であり、重点的に取り組む必要があります。

改善・改革のために上手く仕組まれた状態をいくつかイメージすると、以下のとおりです。

- ◆ ビジョン（ありたい姿）が描かれ、それを達成するための毎年の具体的な目標（あるべき姿）が設定されている
- ◆ 整理・整頓・清掃により、規律ある綺麗な職場づくりができ、設備・人・モノが整流化されている
- ◆「計画」「ルール」「進捗状況」「結果」「改善過程で出てきた知恵」の見える化が行われている
- ◆ 生産管理がパソコン等だけで行われているのではなく、現場にある生産管理板で、一目見ただけで全社員が情報を共有できるよう工夫されている
- ◆ ビジョンあるいは課題に合わせた実践的な教育訓練が、計画的に実施されている
- ◆ ビジョンあるいは課題に沿ってプロジェクトチームを発足させ、期間内においてメンバー自らが計画やルールをつくり改善に取り組む「場」を設けている

2）気づく

「気づく」とは、対象が「意識の領域」に入ってくることで意識に上ってくることをいい、これは「見える化」された仕組み・仕掛けによって、問題が顕在化され、十分な知識がなかったとしても意識化されることを意味します。時に強制的に気づかせることも必要かもしれませんが、基本的に、自分から気づくように意識させなければ、これから必要な自発的な改善行動にはつながりません。5S活動（整理・整頓・清掃・清潔・躾）は、この「気づき」のために行う改善活動となります。

3）わかる

「わかる」とは、問題を難しく捉えずシンプルに考え、体系的に整理し、解決につなげていくことができるということです。つまり、原因を理解し納得している状態のことであり、「わかる」ようになるためには、仕組みとしての実践的な教育訓練が不可欠となります。

4）訓練する（行動に移すための訓練）

わかった以上は動くこと、行動に移すことです。重要なことは、無意識に行動できるよう訓練しておくことです。なぜなら、頭でばかり考えていると、悩んで次の行動に移そうとしない、条件が整うまで待っている、分析や議論ばかり行っていることになりかねないからです。

即座に行動し、決断しながら正解を見つけていける「動けば気づく、気づけば動く」ことができる「実践できる社員」をつくる教育訓練が必要となります。また、問題解決の責任の所在は、問題に気づいた人にあるということも理解させなければいけません。

このためには、管理・監督者の献身的な支援（レベルに合わせた、タイミングの良い指導）によるところが大きくなります。初めはゆっくり指導し、理解できるまで繰り返し行うことが重要となります。理解し自然に行動できるようになるには個人差が大きく、時には葛藤もありますが、これを乗り越える力が管理・監督者には求められます。

5）定着させる

仕組みや行動が社員の間に浸透し、しっかりと根づくことをいいます。そのための工夫をいくつか挙げると、次のとおりです。

- ◆ 簡単に取り組めるように、日々の生活のなかで無理なくできる小さな目標を設定する
- ◆ 改善がマンネリ化してきたら、大掛かりな改善（改革）を掲げて取り組むなど、これまでのやり方を全面的に否定するような目標を設定し、意識の変革を促す
- ◆ 他部門あるいは取引先などとの改善交流試合により、新鮮な刺激が得られるように工夫する

6）リードする

改善・改革には、強力な経営者の存在が不可欠です。経営者は、現場社員に危機感を植えつけつつ、自発的なやる気を引き出して徹底してや

らせるリーダーシップを発揮することが肝要です。

また、改善活動の初期には改革を推し進めるためのチェンジエージェンシー（火種となる社員）の存在が必要となります。このような人材は、問題意識は高いものの言動が協調的でないなど、あまり評価されてこなかった人のなかから見出すことが多くあるため、リーダーとして、その人材を発掘し、上手くリードすることが重要です。

時には、社員の激しい抵抗に遭い対立することもありますが、それは、会社を良くしたいという想いがそのように行動させている場合も多いので、頭から押さえつけるべきではありません。前向きにそのエネルギー（パワー）を放出させるべく手を差し伸べることで、抵抗の方向性を変えることができれば、大きな前進となります。

改善・改革は、リーダーが社員のパワーとその成長を信じることから始まり、会社を良くしたいという想いを、社員と共有できれば大きく進みます。

7）統合する

統合とは、組織間の調整・コントロールのことをいい、組織の垂直関係と水平関係の２つの統合を指します。前者は人事考課・目標管理制度など上下関係の、後者は集団間あるいは部門間など横の関係の調整・コントロールをいいます。

通常、極度に分業化していることで、組織間でムダが発生していることが多いです。あるべき姿に向かう改善活動により、解消していくことになります。改善活動を、部門横断プロジェクトを結成して取り組んだり、事務局となる部門などを設けて推進・取りまとめたりすることなどは「統合する」の好例です。

XII 要員管理

1 要員管理の方法

要員計画とは、事業運営のために必要な人材を量的・質的に確保し、配置するための計画をいいます。これは、経営計画に連動して策定されるものであり、単年度計画であれば当該年度の事業運営上の人材ニーズ、長期計画であれば自社の長期的な人材ニーズを充足させるために策定・実施されることになります。

特に、多様な働き方を推進するためには、ワークシェアおよびジョブシェアの実施を避けて通ることはできません。これによって過重労働を軽減することもできます。

しかしながら、即戦力として期待される人材の採用難や、業務の引継ぎなどの問題から一時的に労働生産性が低下することは否めないので、できるだけ解消するよう業務手法等の見直しを行っていく必要があります。また、ワークシェアリングに取り組むことになれば、当然、社員数は増加するため、しっかりした要員管理が必要となります。

2 要員計画策定のための２つの手法

要員計画を策定するための手法には、マクロ的手法とミクロ的手法があります。ミクロ的手法は、「積上げ方式」とも呼ばれ、職務分析や、標準時間を設定するためのタイムスタディ（作業時間分析）および業務分析を実施した上で、職務別の要員を検討し、課単位、部単位、工場単位、事業部単位、さらに会社全体としての必要な要員を決定します。一方、マクロ的手法は、「労働分配率」「損益分岐点」などから適正人件費を算出し、必要な要員数を求めるものです。

一般的に、積み上げられたミクロ的必要人員と、経営計画に基づく総額人件費の視点から算出したマクロ的採算人員数（適正人員・適正人件費）との調整を図ることになります（図表３－21）。

●図表３－21　要員計画の策定方法

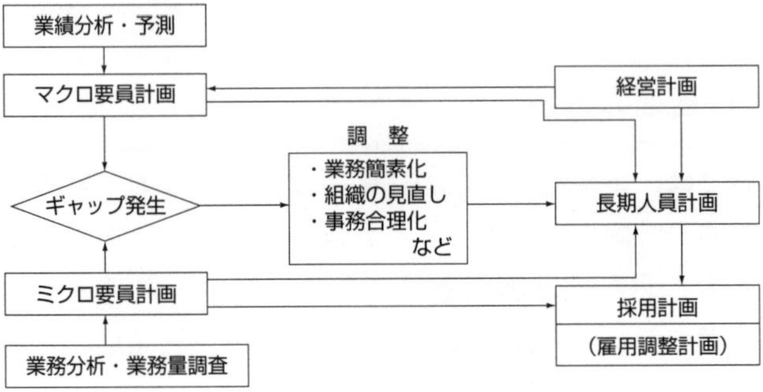

3　マクロ要員計画

計画策定では付加価値と適正労働分配率を活用した算式を用います。

①　売上高×付加価値率＝付加価値
＝社員数×１人あたり付加価値
②　付加価値×適正労働分配率＝人件費総額
＝適正要員数×１人あたり人件費
③　必要売上高×計画付加価値率×適正労働分配率
＝許容人件費予算
④　人件費の支払上限率（C）
＝人件費総額（B）÷損益分岐点売上高（A）
⑤　要員数の上限
＝（A）×（C）÷社員１人あたり平均人件費（D）
⑥　必要利益を確保する売上高（E）
＝（必要利益＋固定費）÷付加価値率
⑦　売上高適正人件費率（F）＝（B）÷（E）
⑧　適正要員数＝（E）×（F）÷（D）

4　付加価値の活用

マクロ要員計画は、将来の中期・長期経営計画によって管理統制されるべきものです。このため、所定の付加価値に基づき、適正労働分配率と適正資本分配率［1－労働分配率］による分配構造計画のなかで、固定的人件費予算の枠（総額人件費）を決めることになります。

実費がこれを超えないよう管理することが基本ですが、固定費そのものの膨張を防止して、損益分岐点の上昇を避け、不況抵抗力の強化を図ることもできます。人件費は定昇があり、必然的に上がるものだ、などと簡単に捉えるべきではありません。経営戦略上どうコストを抑えていくのかという観点から、人件費はコントロールすべきなのです。

1）付加価値とは

付加価値とは、労働者側と経営者側、資本と労働の協働作業による経営活動の成果のことをいいます。この付加価値には、粗付加価値、付加価値、純付加価値の3つがあり、粗付加価値は中小企業庁方式（控除法）、付加価値は日本銀行方式（加算法）、純付加価値は財務省方式（加算法）となっています。この3方式のどれを活用するかによって付加価値の額が変わるので、経営指標などと比較する際にはその点をよく注意しなければなりません。また、人件費にも狭義の場合と広義の場合がありますので、同様に注意が必要となります。

人件費の定義

総人件費管理の対象となる人件費を社内で定義します。定義は下記の3つがあり、一般的には②を採用することが多いのですが、給与賞与手当に特化して管理したい企業は、①を対象とすることになります。

① 狭　義の人件費……給与賞与手当
② 広　義の人件費……①に法定福利費や福利厚生費を含めたもの
③ 超広義の人件費……②に教育訓練費・採用費などの人に関する間接的な費用も全て含めたもの

2）労働分配率とは

労働分配率とは、適正な利益を確保するために必要な付加価値に対する人件費割合のことをいい、［人件費÷付加価値］で算出されます。コストの中心となる人件費の適正さを判断するモノサシとして活用されます。通常、過去３～５年の実績から算出して、会社独自の指標をつくり、経営改善に活かしていきます。労働分配率のほかに、人件費比率［人件費÷売上高］も参考指標として活用できます。

3）損益分岐点の活用

損益分岐点とは、損失が出るか利益が出るかの分かれ目となる売上高や数量のことです。前者を損益分岐点売上高といい、後者を損益分岐点販売数量といいます。

つまり、損益分岐点は、損失も利益も出ない売上高、つまり、利益がゼロとなる売上高と考えることができます。損益分岐点の売上高よりも売上高が上がれば利益が発生し、逆に下がれば損失が発生することになります。損益分岐点は低ければ低いほど利益が多くなり、企業経営が安定することになります。

損益分岐点売上高［固定費÷付加価値率］を活用して適正要員数を導き出すこともできます。この際、固定費を十分に吟味する必要があります。この費用の分解（固定費と変動費の分類）にはいくつかの方法があり、その一つに下記の計算方式に示される個別費用法があります。

固定費＝(販売管理費－荷造運搬費＋労務費)
＋(経費－外注加工費－動力費)＋営業外費用－営業外収益
変動費＝売上原価－労務費－(経費－外注加工費－動力費)
＋荷造運搬費

個別費用法は、過去数年間の費用の増減を各勘定科目ごとに売上げと対比し、費用の性格を検討することで固定費と変動費とに分けるものですが、やはり双方に関連する費用もあり、限界があるのも確かです。

5 ミクロ要員計画

ミクロ要員計画とは、組織単位ごとの業務量と1人あたり標準業務遂行量から組織単位ごとの人員を積み上げ、人員を算定する方式です。

$$\text{ミクロ人員数} = \frac{\text{総業務量}}{\text{社員1人あたり標準業務遂行量}}$$

ミクロ要員計画は、以下の手順となります。

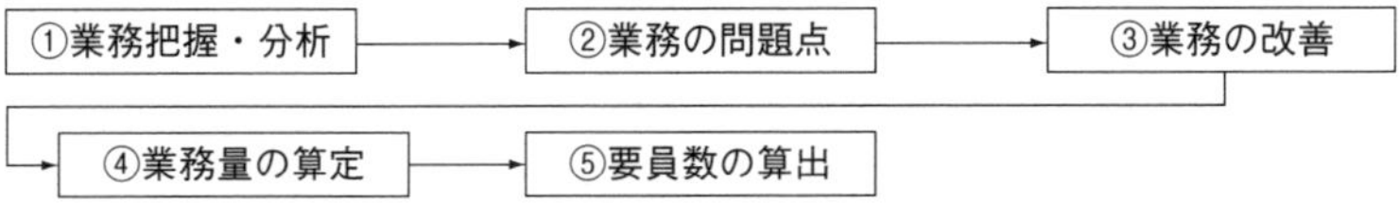

①から③は、職務予備調査の実施から、「プロセス展開表」を完成する過程で実現できます。④は、業務分析、業務量調査を実施し、以下の必要人員数の算出ステップを踏んで、⑤要員数の算出となります。

ここからは、必要人員数の算出ステップについて説明します。

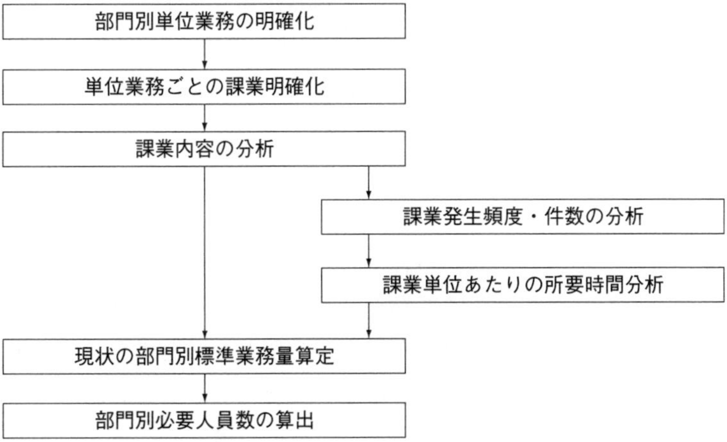

プロセス展開表で明らかになった課業（場合によっては職務行動）について、業務分析および業務量調査を実施します。

課業別の単位あたり所要時間と発生頻度区分別発生件数を掛け合わせれば、課業別発生頻度区分別の業務量が算出できます。

部門の標準業務量を算出するために、換算業務量に修正します。換算業務量とは、日単位、週単位、月単位、年単位などの頻度区分別に測定した業務量をいずれか別の頻度に換算した業務量のことです。

例えば、日に50分、週で90分、月で150分の業務量を月に換算すれば、次のとおりとなります。

50分×20.5＋90分×4.5＋150分＝1,580分

課業別の業務量を単位業務ごとに合計すれば、単位業務別業務量も算出することができます。さらに全ての業務量を合算すれば、部門全体の業務量を算出することもできます。さらに、この部門全体業務量に余裕時間を足し込み（標準余裕時間は、勤務時間の15〜20％）、これを1人あたりの勤務間で割れば、部門別必要人員数が算出できます。

以上のように、［単位あたり標準時間×発生件数］が、業務量基準の基本になることは間違いないのですが、必ずしも発生件数と業務量が正比例するとは限らないことに注意する必要があります。

業務には、発生件数、対象件数に比例する業務量と件数とは関係のない業務量があり、前者を変動業務量、後者を固定業務量といいます(P.98〜99)。この考え方を前提に、経営計画に沿った業務量を算定し、要員を算出することになります。

今後、多様な働き方が認められると、職場の業務量の総量は変わらない状況にもかかわらず、短時間勤務者が現れることになります。短時間勤務者が担当する業務で突発的な対応が必要となった場合、基本的には本人が対応するものの、対応しきれない場合もあるかもしれません。その場合、派遣社員などを外部から調達するのは難しく、更なる業務改善を進めるか、できる限り同僚がフォローすることになるでしょう。

したがって、緊急対応が必要な場合は、同等の能力や経験を持つ人材を他の部署から異動させることで対応することになります。このとき、職場の機動力を落とさないために、人事部ではなく、現場の管理職に人

事権が委譲されていることが重要となります。

6 ピーク時要員の検討

1）短期的周期で発生する予測可能なピークに対する対策

1. ピーク時以外の期間に処理可能な業務を非ピーク時に処理する
2. 準備、段取りなど、あらかじめ処理可能な業務を非ピーク時に処理する
3. 特定職務のピーク時と他の職務のピーク時とが一致しない場合には、互換性がきくように職務の再編成を行う
4. ピーク業務の中に単純定型業務が、1人分以上の仕事量あるときは、ピーク時の要員としてアルバイトの長期契約を結ぶ
5. 時間帯によるピーク業務が発生するときは、パートタイマーに限定せず、正社員の勤務時間帯を流動的に設定し、ピーク業務に対応する
6. ピーク業務が判定処理業務であれば、他職務との互換性をもたせることで解決し、双方の職務あるいは職務系列から単純業務を抽出し、1人分の単純業務からなるアルバイト職務を編成し、アルバイトで補う
7. 1日のうちピーク時が特定時間に集中する小売業、サービス業などの場合は、パートタイマーで補う
8. 以上の対策を実行しても、なおピーク業務を補填できないときは、ピーク時必要人員と平均必要人員との人員差の2分の1以内の範囲で追加要員を認め、ピーク時は残業および他部門からの応援をもって補い、非ピーク時は他部門への応援がきくように、ピーク時追加要員の職務範囲を拡大し、応援機動体制を確立する

2）比較的長期（月・半期・年）の周期で発生する予測可能なピークに対する対策

短期的周期のように、ピーク時必要人員と平均必要人員との人員差の2分の1以内の範囲で追加要員を認めると、平常時での過剰人員が発

生するため、基本的には追加要員なしでピークに対処する方策をとります。

1. 準備、段取りなど、あらかじめ処理可能な業務をピーク時到来以前に処理してピーク時に備える
2. 単純業務を集約して、ピーク期間だけのアルバイト職務を臨時編成し、アルバイトで補う
3. ピーク時が一致しない他部門からの応援を受け入れて補う
4. 一定期間担当業務を後ろへ繰り延べても大きな支障とはならない主としてスタッフ部門の担当者で、ピーク業務処理能力を有する社員をピーク期間だけ臨時配置する
5. ピーク期間、担当社員の残業で補う
6. ピーク時が特定月に集中する小売業、引越業などの場合は、間接部門などピークの影響の少ない部門における業務内容を平常時とは大幅に変更し、必要最小限の業務にとどめ、交差配置ができる仕組みとする
7. いくつかの職務系列の業務処理に精通する幅広い能力をもった社員を育成の上、機動部隊として編成しておき、ピーク時に各ピーク部門に配属できる体制とする

7 緊急事態あるいは異常事態に関連して発生し、しかも発生時期の予測が難しい業務についての対策

顧客からのクレームの解決や誤報告書の訂正などの課業は定期的に発生するものではありませんが、発生がある程度予測できます。したがって、月あるいは週として包含しても問題はありません。

しかし、装置産業における事故などによる緊急措置業務などは、発生時期の予測がつかないだけでなく、一旦発生すると解決のための業務量が非常に多くなります。このような業務は、通常業務とは区分して把握し、発生した場合はどのように対処するかをピーク対策として決めておくことが必要となります。

Chapter 4

仕事と介護の両立を実現させる人事労務管理

～東西プロセス株式会社のケースを通して～

I　東西プロセス株式会社の概要

東西プロセス株式会社（仮名）は、創業30年を超えるグラビア印刷製版会社で、主に、食品、雑貨などの軟包装印刷に活用する版製造をしています。近年、流通業界の業況は全体として低迷しているものの、コンビニエンスストアの成長とPB商品の開発、高齢化・核家族化の影響による小分けパッケージの増加などの恩恵を受け、一部の需要は高まっています。ただ、厳しい経済状況のあおりを受けて受注単価は毎年下落しており、継続的な経営構造の変革に取り組んでいます。

【東西プロセス（株）の会社情報】

◆　事業所：中国（広島本社・広島工場）、四国（愛媛工場）、九州、中部

◆　組織体制：本部制

◆　社員数

①正社員：200名（男性160名／女性40名）

②正社員以外：25名（嘱託社員10名／パートタイマー15名）

◆　正社員平均年齢：39.5歳（男性41歳／女性33.5歳）

◆　正社員定年年齢：65歳

◆　1年の所定労働日数：252日（1カ月平均所定労働日数21日）

◆　1日の所定労働時間：午前8時30分～午後5時30分（休憩1時間）、製造部交代勤務制

◆　賃金体系：基本給＋諸手当

◆　職務等級制度：あり

◆　介護に関する両立支援制度：あり

◆　退職金制度：正社員あり

◆　労働組合：東西プロセス(株)労働組合　※ユニオンショップ制

1　組織体制

本部制を導入しており、図表4－1のとおりです。

管理本部の下に財務部・総務人事部、営業本部の下にデザイン部・営業部、製造本部の下に業務部・製造部（広島工場・愛媛工場）・品質保証部があります。営業部には営業課・各営業所・営業企画課が、業務部には生産管理課・購買課が、製造部にはメッキ課・彫刻課・画像処理課・校正検査課があります。

●図表4－1　東西プロセス（株）の組織図

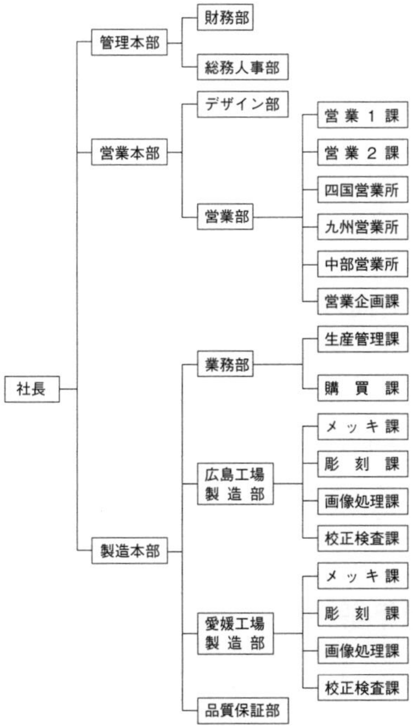

全国展開している顧客への対応として拠点間での協力が行われ、本社で受注したものを愛媛工場でデータ入稿、版製造し、広島工場から指定された納入先に配送を行うことなどができています。

拠点間の連携がスムーズにできるよう、業務の標準化が全拠点、全部門の大きなテーマとなっています。短納期でなければ稼働率の低い製造部門へ依頼するなど、生産の平準化はできており、無駄なコストの発生を抑えられるような生産体制になってきています。

一方で、印刷製版産業は受注産業であるため、経営体質的にも受動的にならざるを得ません。

営業は「訪問・商談→助言・提案→受注→製版指示→データ入稿→帰稿→製版原料調達→納品→入金確認」のプロセスを踏むルート営業が中心となっており、新規開拓はほとんどできていません。

製造現場はまだまだ改善の意識が低いため、主体的な活動の定着には至っておらず、これまでどおりのやり方をするだけになってしまっている部分もあります。

2 社員数

中期経営計画で、適正人員数および各部門の定員を設定していますが、季節変動が大きいことから、定員数は閑散期に合わせています。そうすると繁忙期には時間外労働が増えることになるので、製造本部は時間管理を実施し、常に上限規制を超えないように注視しています。

現在は、毎年のように版単価が下落しているなど厳しい業況ではありますが、堅実な経営ができているためか離職率は低下しています。

3 正社員平均年齢

顧客から提供されたアイデアをMacintoshで企画デザインし、版下データなどに変換するデザイン部と製造部画像処理課は、女性の比率が高い部署です。ただ、ほとんどの女性社員が20代後半に結婚、それを機に退職しています（図表4－2)。

組織の高齢化による定年退職者の増加はもちろん、育児・介護の問題を抱えている社員が多く出てきており、積極的な設備投資による合理化の追求だけでなく、外国人技術者の雇用に踏み切るなど、人材の確保と能力向上を重要課題に据えています。

●図表4－2　性別年齢別正社員構成グラフ

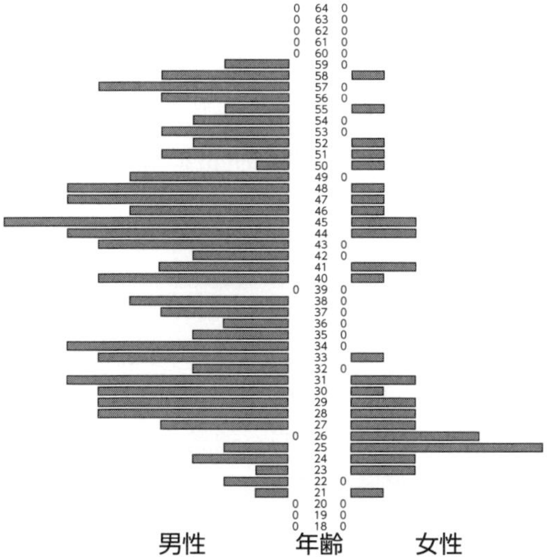

4　正社員定年年齢

製造部の熟練者の多くは、定年退職後に再雇用を選択せず、退職しています。理由としては3K（きつい・汚い・危険）職場であること、技術の進歩についていけないことが挙げられます。そのため再雇用者には、古い設備のオペレーターか、業務部に転属して物流の担当者をしてもらっていました。

しかし、人材育成が進んでいないことや、新たな人材を確保することが難しくなってきたことに加え、年金をもらえるまで働きたいという声が社内から出始めました。

そこで、機械化などを進めながら、数年前に定年を60歳から65歳に延長しました。この時、社長からは定年廃止について検討するよう指示があったのですが、高齢者にできる仕事をつくり続けることは難しいため、まず定年を延長するということで話がまとまりました。

5　1日の所定労働時間

広島工場に関しては、かつては平均時間外労働時間数が約70時間／月と、長時間労働が常態化していました。

5年前に顧客対応力の強化のため、製造部では交代勤務制を導入し、生産性は向上し続けています。また残業時間も減少傾向にあり、現在、広島工場の平均時間外労働時間数は約40時間／月にまで削減できています。

6　賃金体系

賃金体系は、図表4－3のとおりです。基本給は職務給と基礎給とし、手当については家族手当、別居手当、通勤手当のほか、営業職には営業手当（時間外手当、休日勤務手当、深夜手当相当分）と営業業績手当があります。

家族手当は、近年の同一労働同一賃金に関する最高裁判決を念頭に、転勤があり、長期勤続を前提とした正社員に支給することにしています。

●図表4－3　賃金体系

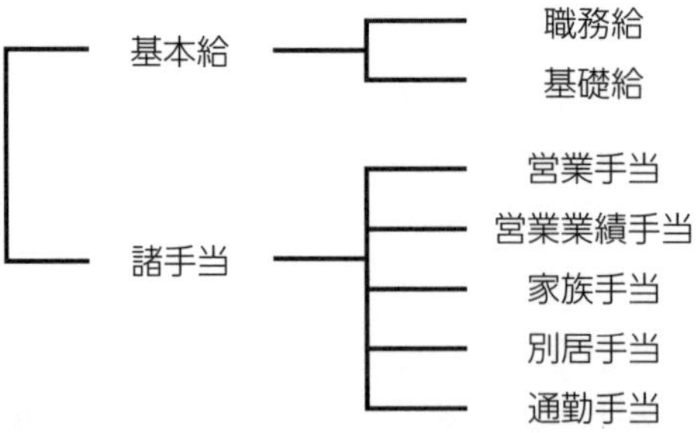

7 職務等級人事制度の導入および運用状況

人事制度については、12年前に仕事基準である職務等級人事制度を導入しました。

その際に、職務関連手当については、みなし残業分の営業手当および営業業績手当を除き、職務給に統合しています。

また、制度の構築においてプロセス展開表を活用した職務分析を実施し、課業と職務行動を明らかにした上で、職務設計をしました。

ただ、細かな動作の標準化や標準時間の設定までは行われていませんでした。つまり、職務評価によって課業や職務行動の困難度や責任度は明確になっていたものの、職務単位での作業量、作業時間の設定は進めている段階です。

職務基準書については、労使協調して随時見直しを図っていますが、近年の同一労働同一賃金に関する最高裁判所の判例などを受けて、非正規社員に対する対応についても整理、確認することになりました。

さらに今後は多様性を認識し、多様な働き方を進めていくなかで、特に誰もがなり得る介護者となっても働き続けることができる会社を目指し、組織人事戦略を大きく見直そうと検討を始めています。

＊　　　＊　　　＊

昨今の厳しい経営環境のなか、現在の課題と将来を見据えた経営陣の頑張りで、何とか業績を維持している状況が続いています。

Ⅱ 東西プロセス（株）の仕事と介護の両立事例

東西プロセス（株）には、家族の介護や看護が必要な社員が９名いました。会社はどのように介護離職防止や両立支援と向き合ったのでしょうか。もし、あなたが経営者だったら、人事担当者だったら、管理職だったら、それぞれの目線で事例を体験してみましょう。

両立事例	社員本人	対象家族	同居／別居	事例の特徴
1 (P.135)	長崎さん（47 歳男性） 正社員／広島工場 メッキ職	実母（78 歳） 要介護 3	同居	脳梗塞により入院 退院後、居宅介護が必要なため介護休業→介護短時間勤務→フルタイム勤務に復帰
2 (P.158)	鳥取さん（40 歳女性） 正社員／広島工場 画像編集職	義父（74 歳） 要介護 1	別居 →同居	認知症初期、義父の介護のため夫の実家に転居 在宅勤務、年次有給休暇（半日単位）
3 (P.172)	鹿児島さん（30 歳女性） 正社員／愛媛工場 画像編集職	実父（78 歳） 要介護 3 実母（70 歳） 体調不良	別居 近居	父：パーキンソン病　母：入院 介護休業→介護短時間勤務＋在宅勤務
4 (P.187)	岩手さん（55 歳男性） 正社員／本社 営業企画職	実母（85 歳） 要支援 2	別居 同敷地内	階段転落による腰打撲、右腕骨折、ひじ強打（全治２カ月） 介護短時間勤務＋フレックスタイム制
5 (P.198)	宮城さん（38 歳男性） 正社員／本社 営業職	妻（35 歳） 看護・ 介護認定 なし	同居	看護（介護）と育児のダブルケア 短時間正社員、始業終業時刻の変更、子の看護休暇・介護休暇→フルタイム勤務に復帰
6 (P.213)	千葉さん（47 歳男性） 正社員／本社 営業職	実父（80 歳） 要介護 1	別居 一人 暮らし	職種変更（営業→営業事務）、介護短日勤務→フルタイム勤務に復帰
7 (P.219)	大阪さん（47 歳女性） 正社員／広島工場 校正検査職	実母（87） 要介護 4	同居	身体機能低下 介護休暇無給→有給
8 (P.223)	宮崎さん（38 歳女性） パート／本社 財務職	義父（83 歳） 要支援 2	同居	生活全般で多少介助が必要 パート→正社員登用制度（短時間正社員）
9 (P.229)	奈良さん（38 歳男性） 正社員／本社 デザイン職	実父（68 歳）	別居 遠方	介護離職→ジョブ・リターン（原職）

両立事例 1
中堅現業職　母の介護で退職の危機
～介護短時間勤務制度で乗り越える～

社員本人	名前 / 年齢 / 性別 / 未婚 or 既婚	長崎さん /47 歳 / 男性 / 未婚
	就業形態 / 等級	正社員 / J2 級
	所属 / 職種 / 役職	広島工場 / メッキ職 / 役職なし
対象家族	年齢 / 性別 / 社員との続柄	78 歳 / 女性 / 実母
	傷病 / 既往症歴 / 要介護度 / 介護方法等	脳梗塞 / 右半身に麻痺残る 認定後、要介護 3 認知症状が加わり、居宅介護からグループホームに入居となる
	同居 / 別居	同居
家族構成		父【他界】/ 母 / 長崎さん（一人っ子）
両立の内容等		①母退院：介護休業利用（1 カ月） ◆　社内初の介護休業者 ◆　短時間正社員制度の検討 ②介護短時間勤務制度利用（2 年 2 カ月） ◆　1 日 8 時間勤務から 6 時間勤務へ ◆　日中デイサービスを利用 ③グループホーム入居のタイミングで、通常のフルタイム勤務に復帰

独身男性社員が介護をすることになった

団塊ジュニア世代である長崎さん（47 歳男性、独身）の母親（78 歳）は、脳梗塞で倒れ、病院に緊急入院・手術をしましたが、右半身に麻痺が残るかもしれないと医師から言われました。長崎さんは小さい頃に父親を亡くし、いつか母親の介護を自分が行うことになるだろうと予想はしていましたが、積極的に習い事や友人と旅行に行っている母親の元気な姿を見ていたので、今回の出来事は青天の霹靂でした。

母親はある程度回復したらリハビリテーション病院へ転院し、自宅に戻ってきますが、自身が朝早くに家を出て残業を終えて帰宅するまでの長い時間、一人にしてしまうことに大きな不安を抱えていました。

母親の入院中、長崎さんは毎週水曜日に母親の担当医師から病状を聞くために病院に行きます。その際、年次有給休暇を使っていたため、残日数が少なくなってきました。

また、母親が自宅に戻ってきた時のことも考えて、介護のために休みたい旨をメッキ課長に相談しました。親身になって長崎さんの話を聞いていたメッキ課長は、休憩室に置いてある就業規則ファイルに「育児介護休業等規程」があったことを思い出し、「私から総務人事部に尋ねてみるよ」と、長崎さんを励ましました。

長崎さんは一人っ子であり、近隣に親族もいないため、母親の面倒を見るのは自分しかいないと思っていますが、今まで家のことを全て母親に任せていたため、介護以前に家事も自信がありません。母親へ送られてきた介護保険証（**介護保険被保険者証**）を思い出し、利用できる介護サービスがないか聞いてみようと市役所に出向きました。

市役所では、長崎さんの住む地域を管轄する**地域包括支援センター**に相談するよう紹介されました。介護支援の専門家に話を聞いてもらい、介護サービスを利用するためには要介護認定を受ける必要があることを知り、認定のための申請を勧められました。母親の入院中に申請ができるので、急いで主治医の先生に意見書を求めることにしました。

参　照

P.260　Chapter 5　Ⅳ「2 介護保険制度」

介護保険被保険者証

65 歳に到達する月の前月に交付される保険者証です。40 歳〜64 歳の人のうち、介護保険の認定を受けた場合などに交付されます。

地域包括支援センター

高齢者が住み慣れた地域で安心して生活を送ることができるよう、介護・福祉・保健・医療など様々な相談を受ける総合相談窓口です。概ね中学校区ごとに設置されています。

面談の進め方と介護休業の説明

1）面談シートの活用

会社の支援制度の説明、長崎さんの現状と希望を改めて確認するために、長崎さんとメッキ課長と総務人事部で、介護休業について三者面談を行うことになりました。社内で初めての介護休業取得のケースだったので顧問社労士に進め方など相談したところ、「仕事と介護の両立支援」の流れに3つのフェーズがあることを教えてもらいました（図表4－4)。今回の面談は「相談・調整期」に当たります。

●図表4－4　介護に直面した社員への「仕事と介護の両立支援」の流れ

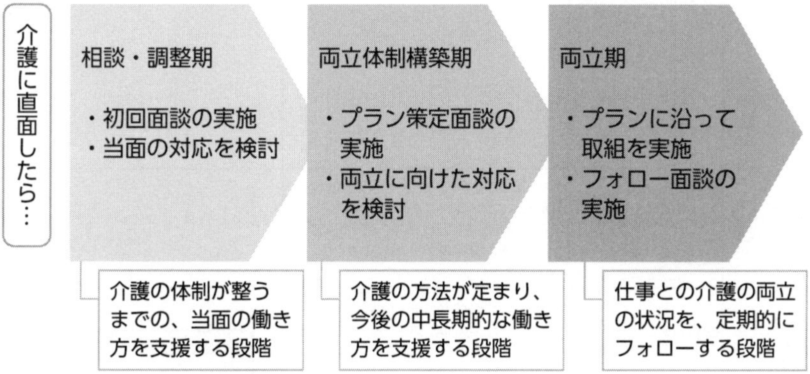

厚生労働省　雇用環境・均等局「『介護支援プラン』策定マニュアル」より

また、上司や人事担当者、長崎さんが情報を共通できるように、対象家族、面談のポイント、引継ぎなどが記録できる「面談シート兼介護支援プラン」を利用するよう勧められました（図表4－5)。

●図表4－5　面談シート兼介護支援プラン

対象従業員の部署・氏名を記入

仕事と介護の両立支援　面談シート 兼 介護支援プラン

<table>
<tr><td>対象従業員</td><td>部署:</td><td>広島工場　製造部　メッキ課</td><td>氏名:</td><td>長崎　益夫</td></tr>
</table>

<table>
<tr><th colspan="5">仕事と介護の両立課題の共有</th></tr>
<tr><th colspan="3">確認事項</th><th>初回面談時</th><th>プラン策定面談時</th></tr>
<tr><td>介護が必要な人について</td><td colspan="2">可能な範囲で、続柄、同居・別居の状況、介護を分担できる親族の有無等を確認してください。</td><td>・実母、同居
・脳梗塞で倒れ、現在入院中
・リハビリテーション病院に転院、その後自宅へ
・退院後の介助と日常生活支援が必要
・身内の支援は、現段階ではなし</td><td>※変更・追加がなければ記入不要です</td></tr>
<tr><td>両立するうえでの課題・希望</td><td colspan="2">勤務時間、曜日、休暇の必要性、出張の可否等を確認してください。
※転勤があり得る場合は、介護の状況を確認したり、本人の意向を確認してください。</td><td>・退院後、公的介護サービスにてケアプランを策定し介護の体制が整うまで、休業希望
・その後は、今の段階ではわからない</td><td></td></tr>
<tr><td rowspan="4">利用したい制度・働き方の希望</td><td rowspan="4">該当するものに○をつけてください。
また取得・利用の希望時間・時期等を確認してください。</td><td>自社で利用できる措置・制度</td><td colspan="2">希望期間・時期</td></tr>
<tr><td>（○）介護休業</td><td>予想では、●●年4月1日～●●年4月30日</td><td>年　月　日～　年　月　日</td></tr>
<tr><td>所定外労働の免除</td><td>年　月　日～　年　月　日</td><td>年　月　日～　年　月　日</td></tr>
<tr><td>その他</td><td></td><td></td></tr>
<tr><td>業務面で周囲に配慮してほしいこと（業務の引き継ぎなど）</td><td colspan="2">業務面で配慮してほしいことがあるか確認してください。業務の引き継ぎが必要であれば、本人と「誰に」「いつ」「どうやって」引き継ぎを行うか相談してください。</td><td>・毎週水曜に有休取得するため、サブ担当者■■さんに経緯を話してお願いしている。
・（下位等級者が行った）作業の品質の検品・評価は▼▼さんに引継ぎをお願いしたい</td><td></td></tr>
<tr><td>業務以外で周囲に配慮してほしいこと</td><td colspan="2">職場への周知など、何か気になることがあるか確認してください。</td><td>・休業中、1人減員のため、1日の処理量などに影響がないか心配。職場の同僚には、介護を事由に休業する予定があることを伝えてほしい</td><td></td></tr>
<tr><td colspan="3" rowspan="2">面談日</td><td>●●年3月1日</td><td>年　月　日</td></tr>
<tr><td>人事・総務担当者確認｜人事総務部 高橋｜上司確認｜メッキ課長 ▲▲｜本人確認｜長崎</td><td>人事・総務担当者確認｜　｜上司確認｜　｜本人確認｜</td></tr>
</table>

介護の状況・希望する当面の働き方や休職の取得、両立支援制度の利用等の確認内容を記入

面談日を記入し、それぞれサイン

プランを策定した日付を記入

当面の対応としての取組内容を記入

取組実施後、実施したことを確認した日を記入

従業員の両立支援に向けたプラン

プラン策定日	取組期間	取組内容	取組状況確認日
【当面のプラン】			
●●年 3月2日	●●年 3月5日	・管理職から職場のメンバーに対して、長崎さんのお母さんの現状と、退院後介護休業を１カ月取得する予定だと周知する	●●年 3月7日
	3月●●日～ 3月●●日	・プロセス展開表と職務基準書を確認。業務分析・業務量調査を行う	
	3月●●日～ 3月●●日	・長崎さんの業務棚卸しを行い、引継者への引継ぎを行う	●●年 ●●月●●日
	3月●●日～ 4月●●日	・チームが１名減員した際、どこに影響が出るのかを確認、シミュレーションする チーム内、他部署との連携も確認	●●年 ●●月●●日
【介護支援プラン】			

取組実施後、利用した制度や実現した働き方を記入

利用した制度・働き方の実績	

フォロー面談							
面談日	年　月　日	人事・総務担当者サイン		上司サイン		本人サイン	

厚生労働省　仕事と介護の両立支援～両立に向けての具体的ツール～より作成

社員が介護者になるケースが初めての場合、また初めてではなくとも、面談者が「本人から何を確認したらよいかわからない」「プライベートなことなので聞きにくい」と感じることがあります。確認事項が書かれた面談シート兼介護支援プランの利用により、負担を軽減できます。

突然介護に直面することになり、対面での面談が困難なときは、電話やメールなどでその時点でわかることを確認した上で追って再面談し、自社の両立支援制度や介護に関する相談先などの情報提供を行いましょう。

顧問社労士からのアドバイス

面談は、人事担当者・上司・本人で行いましょう。なぜなら、人事担当者は業務について、上司は自社の両立支援制度について全てを把握していない可能性があるからです。介護は育児に比べて個人差が大きく、長期間続く可能性もあり、被介護者の状況も都度変わります。両立支援には、三者が情報を共有することがとても重要です。

確認事項の把握ができたら、管理職は人事担当者とともに、当面の対応方法を検討し、誰に何を引き継ぐのか整理を行います。産前・産後休業や育児休業と異なり、時間的余裕がない状態で引き継ぎをすることになるので、優先順位と選択肢を明確にし、面談シート兼介護支援プランに当面の取組内容を記入しましょう。

2）希望は介護休業

支援制度の一つに介護休業があります。介護休業とは、負傷、疾病または身体上もしくは精神上の障害により、2週間以上の期間にわたり常時介護を必要とする状態にある対象家族を介護するための休業です。対象家族の範囲は、配偶者（婚姻の届出をしていないが、事実上婚姻関係と同様の事情にある者を含みます）、父母および子（これらの者に準ずる者として、祖父母、兄弟姉妹および孫を含みます）、配偶者の父母です。

常時介護を必要とする状態かは、「常時介護を必要とする状態に関する判断基準」を参照して判断することになります。

参　照

P.242　Chapter 5　Ⅱ 2「2)要介護状態(常時介護を必要とする状態)とは」

長崎さんの希望は、母親が退院して介護サービスを利用できるまでの間、とりあえず約１カ月介護休業を取得したいというものです。今回は実母であるため対象家族に該当します。状態も基準に達していると判断できたため、会社側は常時介護が必要だと確認しました。

【東西プロセス（株）において介護休業を取得できない労働者】

1. 日々雇用される労働者
2. 労使協定の締結により対象除外とされた以下の労働者
   - 入社１年未満の労働者
   - 申出の日から 93 日以内に雇用関係が終了することが明らかな労働者
   - 週の所定労働日数が２日以下の労働者

東西プロセス(株)「育児介護休業等規程」介護休業に関する条文抜粋

【介護休業の対象者】

第 10 条　要介護状態にある家族を介護する従業員（日雇従業員を除く）は、この規程に定めるところにより介護休業をすることができる。ただし、有期契約従業員にあっては、申出時点において、介護休業を開始しようとする日（以下「介護休業開始予定日」という）から 93 日経過日から 6 カ月を経過する日までに労働契約期間が満了し、更新されないことが明らかでない者に限り介護休業をすることができる。

2　本条第１項に関わらず、労使協定により除外された次の従業員からの休業の申出は拒むことができる。

一　入社１年未満の従業員

二　申出の日から 93 日以内に雇用関係が終了することが明らかな従業員

三　1 週間の所定労働日数が 2 日以下の従業員

3　第１項に定める要介護状態にある家族とは、負傷、疾病又は身体上若しくは精神上の障害により、２週間以上にわたり常時介護を必要とする状態にある次の者をいう。

一　配偶者

二　父母

三　子

四　配偶者の父母

五　祖父母、兄弟姉妹又は孫

介護休業の取得

1）介護休業の申請

介護休業の取得は、社員の申出を要件としています。申出は対象家族1人につき3回まで、申し出ることのできる休業は連続したひとまとまりの期間で、東西プロセス（株）は、通算93日を限度としています。

長崎さんは、「介護休業申出書」に希望日から1カ月の期間を申請、証明書類として「医師の診断書」も一緒に提出しました。総務人事部はその申出書を受け、介護休業開始予定日および介護休業終了予定日等を長崎さんに「介護休業取扱通知書」で通知しました。

参　照

P.328　規程・ツール集　介護社内書式「介護休業申出書」
P.329　規程・ツール集　介護社内書式「介護休業取扱通知書」

顧問社労士からのアドバイス

会社に対して介護休業等を申請するための「各種証明書」は、申出書記載事項に係る事実を証明でき、かつ労働者が提出できるもので足りるとすべきです。なお、証明書の提出がないことを理由に休業を認めないことはできません。

また、被介護者の体調が読めず、期間が予測できない場合も多いため、最初から上限期間を申請するのではなく、分割取得できることを説明しましょう。

【取得例】

例１　①介護休業30日＋②介護休業30日＋③介護休業33日

例２　①介護休業30日＋②介護休業63日

例３　①介護休業93日

もし、介護休業中に介護認定結果の通知が来なかったら、という不安を総務人事部に伝えたところ、休業終了予定日の２週間前までに申し出ることで、１回の申出ごとの休業につき１回に限り、事由を問わず休業終了予定日を繰下げ変更することできることを教えてもらいました。

メッキ課長が迅速に総務人事部につなげてくれたおかげで、２週間前までに申し出ることができた長崎さんは、育児介護休業等規程が制定されて以来、社内初の介護休業を取得することになりました。

東西プロセス（株）「育児介護休業等規程」介護休業に関する条文抜粋

【介護休業の申出の手続等】

第11条　介護休業をすることを希望する従業員は、原則として介護休業開始予定日の２週間前までに、介護休業申出書を総務人事部に提出することにより申し出るものとする。なお、介護休業中の有期雇用従業員が労働契約を更新するにあたり、引き続き休業を希望する場合には、更新された労働契約期間の初日を介護休業開始予定日として、介護休業申出書により再度の申出を行うものとする。

２　申出は、対象家族１人につき３回までとする。ただし、本条第１項の後段の申出をしようとする場合にあっては、この限りでない。

３　会社は、介護休業申出書を受け取るにあたり、必要最小限度の各種証明書の提出を求めることがある。

４　介護休業申出書が提出されたときは、会社は速やかに当該介護休業申出書を提出した者（以下この章において「申出者」という）に対し、介護休業取扱通知書を交付する。

（中略）

【介護休業の期間等】

第13条　介護休業の期間は、対象家族1人につき、原則として、通算93日の範囲内で、介護休業申出書に記載された期間とする。

2　本条第1項に関わらず、会社は、育児・介護休業法の定めるところにより介護休業開始予定日の指定を行うことができる。

3　従業員は、介護休業期間変更申出書により、介護休業を終了しようとする日（以下「介護休業終了予定日」という）の2週間前までに所属長を通して総務人事部に申し出ることにより、介護休業終了予定日の繰下げ変更を行うことができる。この場合において、介護休業開始予定日から変更後の介護休業終了予定日までの期間は通算93日の範囲を超えないことを原則とする。

4　介護休業期間変更申出書が提出されたときは、会社は速やかに当該介護休業期間変更申出書を提出した者に対し、介護休業取扱通知書を交付する。

5　次の各号に掲げるいずれかの事由が生じた場合には、介護休業は終了するものとし、当該介護休業の終了日は当該各号に掲げる日とする。

一　家族の死亡等介護休業に係る家族を介護しないこととなった場合……当該事由が発生した日（なお、この場合において本人が出勤する日は、事由発生の日から2週間以内であって、会社と本人が話し合いの上決定した日とする）

二　申出者について、産前・産後休業、育児休業、出生時育児休業又は新たな介護休業が始まった場合……産前・産後休業、育児休業、出生時育児休業又は新たな介護休業の開始日の前日

6　本条第5項第1号の事由が生じた場合には、申出者は原則として当該事由が生じた日に総務人事部にその旨を通知しなければならない。

長崎さんが介護休業を取得している間、会社から給与の支給はありませんが、雇用保険の被保険者が受給できる「介護休業給付金」があることを総務人事部の説明で知りました。受給できる条件や日額については、具体的に算出してもらい、再度説明を受けることになりました。

参照

P.274　Chapter 6「I　介護休業給付金」

2）介護休業中に体制を整える

母親の入院中に申請したおかげで、退院後比較的早く“要介護 3”という認定結果が届き、早速、具体的な介護プラン（ケアプラン）を**ケアマネジャー**と相談することになりました。家で安心して過ごせるように福祉用具（介護用ベッドや歩行補助つえ）をレンタルし、住宅改修制度を利用して廊下やトイレ、風呂場に手すりをつけることにしました。

ケアマネジャー

介護支援専門員ともいい、介護を必要とする人が介護保険サービスを受けられるように、ケアプラン（サービス計画書）の作成やサービス事業者との調整を行う、介護保険に関するスペシャリストです。

また、入院していた病院の関連施設である**デイサービス**を利用できることがわかり、自宅で1人にしないために平日はなるべくそこで過ごすプランを希望しました。しかし、サービスを活用してもデイサービスの送迎時間や日常的な残業があり、休業前と同様にフルタイム勤務を続けることは難しいように感じます。そこで、介護休業の説明の際に聞いた介護短時間勤務制度を利用できないかと、メッキ課長に相談しました。会社の育児介護休業等規程によると、就業しつつ対象家族の介護を行う場合の措置として、連続する3年間に2回まで、所定労働時間を1日6時間まで短縮することができます。メッキ課長と相談してひとまず1年間の申請を決めました。また、介護休業が終了したことで、総務人事課は介護休業給付金の申請をしました。

デイサービス

通所介護ともいい、利用者の社会的孤立感の解消および心身の機能を維持するために、日中介護施設で過ごして夕方帰る日帰りの形式の介護サービスです。

参照

P.265　Chapter 5　Ⅳ「3　主な介護保険サービス」

会社の意識が変わるタイミング

東西プロセス（株）は、長崎さんの「親の介護」をきっかけに、男性社員も家族介護を理由に休むことがある、さらには退職もあり得るということに初めて気がつきました。これまで、男性社員の妻や姉妹が介護の中心となることが多く、会社が配慮する必要はなかったのかもしれません。しかし、東西プロセス(株）には、長崎さんと同世代で独身の男性社員も少なくありません。

先日、総務人事部長が介護離職防止・仕事と介護の両立支援に関する研修に参加した際に、団塊の世代が75歳以上になる2025年前後、介護される人が増えることを知り、団塊ジュニア世代は男女共に介護に向かい合う可能性が高まると聞きました。

併せて平成28年に成立した女性活躍推進法では、社員数101～300人以下の事業主も令和4年4月1日から行動計画を策定・公表するよう義務づけられました。女性社員が継続して就業できるよう職場環境整備に努めることを意識すると、出産・育児だけではなく介護や看護にも気を留めなければならないとわかります。

労働者人口が減少するなか、社員のキャリアの中断や技能の損失があっては困ると感じた社長は、「どうすれば介護離職を防止できるのか」「仕事と介護を両立しながら就業を続けられるのか」と総務人事部長に尋ねました。総務人事部長にも初めてのことで、正直「こうします」と断言はできませんでしたが、参加した研修の内容を思い出し、「介護に直面しても、働き方を変えてでも就業継続してもらいたいというトップメッセージが建前ではなく、本音・本気であることを発信し続けることが、全社員の意識改革の上でとても重要です」と伝えました。

介護短時間勤務制度の利用

総務人事課は、これまで育児・介護休業法の改正に合わせてその都度、法律に抵触しないように規程の改定を行ってきたつもりでした。しかし今回の件で、自社の介護休業や介護短時間勤務では、一時的なケガや病気の看護には対応できても、先の読めない高齢者介護となると退職時期の先送りにしかならないとわかりました。

製造本部長は、製造部長に短時間勤務でも担当できる仕事がないか検討するよう命じました。製造部長はメッキ課長とともに、まずは5年前に職務等級人事制度を構築した際に、社員を巻き込んで書き出したプロセス展開表（図表4－6）から確認することにしました。確認した結果、工程（課業）および仕事（職務行動）そのものは特に変化していないことがわかりました。次に、長崎さんの職務基準書（J2級）（図表4－7）を確認しましたが、ここでも特に変わった点はありませんでした。そこで今度は、長崎さんがどのような仕事にどのくらい時間をかけているかについて業務分析、業務量調査を実施しました（図表4－8）。

●図表4－6　プロセス展開表

工程を明らかにした上で、各工程での作業を書き出し、等級区分する。

			業務A		業務B		業務C		業務D
課業			➡ 内面処理	➡	➡ インク取り	➡	➡ クロム剥がし	➡	➡ 端面修正
サイクルタイム			5分50秒		2分57秒		3分19秒		2分55秒
職務行動（手順）	1	1分50秒	① 母材が使用可能かどうか判断する	30秒	① 製版予定表を見てシリンダーを探す 母材の在管が少ない時	2秒	① 剥離液温度の確認をする	20秒	① 端面の状態を確認し、修正機に掛ける
	等級区分		中級		初級		初級		初級
	2	2分10秒	② 加工伝票を確認し、母材を取り出す	15秒	② 円周に応じての直径出しを計算、記入する。	2分	② 剥離液の濃度を確認し、基準に満たない場合、液を補充する	2分15秒	② 端面修正および穴加工する
	等級区分		初級		初級		初級		初級
	3	1分	③ 内面ブラシを掛ける	12秒	③ 加工伝票を確認し、母材を取り出す	2秒	③ 予定表を確認、母材を取り出す	20秒	③ 修正した端面の状態を確認し、修正機から外す
	等級区分		初級		初級		初級		初級
	4	50秒	④ 内面塗装をする	2分	④ 溶剤でインクを取り除く	25秒	④ 剥離機に掛ける		
	等級区分		初級		初級		初級		
	5					50秒	⑤ 剥離機から取り出し、製版予定日ごとに仕分ける		
	等級区分						初級		

			業務E		業務F		業務G		業務H
単位業務			➡ 落版研磨（NC旋盤）	➡	➡ メッキ	➡	➡ 寸法出し	➡	➡ 羽布研磨
サイクルタイム			2分21秒		2分48秒		2分		6分8秒
職務行動（手順）	1	16秒	① マイクロゲージを使い、母材の正確な寸法出しをする	13秒	① シリンダーデータ入力	15秒	① 対象シリンダーを選択し、旋盤機に幅出し入力をする	1分15秒	① 羽布研磨機に母材を投入する
	等級区分		中級		初級		初級		初級
	2	5秒	② 母材の精度を判断する	30秒	② シリンダーセット	60秒	② シリンダーを旋盤機にセットし、計測ボタンを押す	4分13秒	② 検品する
	等級区分		中級		初級		初級		上級
	3	1分30秒	③ NC旋盤のプログラムを読み込み、加工開始する	1分15秒	③ アール洗浄→水洗→酸洗浄→水洗	10秒	④ 計測後のシリンダー精度を確認し、寸法出し指示を入力、加工開始	20秒	③ 検品の結果、不合格の場合は、寸法出しに戻しチェック後⇒落版へ
	等級区分		中級		初級		初級		初級
	4	30秒	④ 母材を検品する	20秒	④ アルカリ洗浄→水洗	35秒	⑤ 加工後のシリンダーを取り出し、マイクロゲージにて母材の計測	10秒	④ 予定表に完了品をチェック
	等級区分		中級		初級		中級		初級
	5			30秒	⑤ シリンダー表面検品＋投入			10秒	④ ストアまで母材を運ぶ
	等級区分				初級				初級

●図表４－７　銅メッキ職　職務基準書（J2 級）

課業	職務行動	業務コード	結果責任
加工業務	加工業務（J3 級定型業務）		①自工程で不良を発生させないこと ②標準時間で作業すること
	フランジ部の合否判定を行い、端面修正および穴加工する	D－1	
	加工前 CL（新・旧管）の使用可否を判断し、NC 旋盤機に投入する	E－2	
	落版時にうねりを発見および発生可能性を見極め、処理する	E－1	
	NC 旋盤のプログラムを読み込み、稼働させる	E－3	
	研磨機を使い、CL 円周に応じて均等に柄を落とす	G－1	
	CL を検品する	G－3	
	CL 検品後、バランスが崩れていると判断された場合、研磨機の再調整をする	E－4	
工程管理業務	当日の処理量および前後工程の進捗を把握する	I－2	作業者の手待ちが発生しないこと
	部署内各工程内での作業場変更を適正に判断・指示する	I－3	
	加工完了 CL の製版への進行可否判断をする	K	
品質管理業務	業者の薬液分析結果に対し、適正な処置をする	M	後工程に不良を流さないこと
	下位等級者が行った作業の品質を検品・評価する		
設備管理業務	部署内の薬液を定期的に交換する	L－2	設備の不具合によって、生産停止や不良（ロス）が発生しないこと
	廃水処理操作盤の確認、記録	N	
	クーリングタワー・スクラバー・コンプレッサーを巡回点検および管理する	O	
	薬液・消耗部材の点検および交換の判断をする	L－1	
在庫管理業務	担当資材の適正な管理・定期補充をする	P	決められた適正在庫を維持すること
調整業務	他工場および関連部署と業務上必要な交渉をする	I－4	全体最適の視点で効率を高めること
	営業へ加工指示の記載事項不備について判断し指摘できる	J－1	
外注管理業務	納入業者・設備メーカーと円滑な交渉をする	L･M･N･O	社外起因での品質不良を排除すること
指導監督業務	下位者および非正規社員に対し業務上の説明・指示をする	Q	①　下位者および非正規社員が起因の品質不良を起こさないこと ②　下位者および非正規社員の作業効率を維持、高めること
改善業務	簡単な機器および操作マニュアル等を作成する	R	監督者と共同で自工程の生産性を高めること
	自部署内作業閑散時における時間の活用を企画提案する		
	自部署起因の不適合の原因を追及、対策案を立案、上申する		
	自部署内の作業改善を実施する（ミス・効率・多能工化）		
	適切な作業方法を自ら選択し作業効率を改善する		
	部署内の 5S（3S ＋清潔・躾）を徹底する		

業務知識	部署内全工程の業務知識
	製版方式による必要銅厚・硬度・CL 精度範囲等の品質知識
	部署内の廃液・廃材の処分知識
	部署内全機材の操作知識
	部署内全機材のメンテナンス知識
	危険物・有害物・安全に関する管理知識
	製版方法と製版可能サイズに関する知識
	銅メッキの液組成と使用資材に関する知識
	排水処理・廃薬液処分に関するフロー知識

遂行要件	高等学校卒業および同程度の教育水準
	メッキ業務経験 10 年以上
	印刷・製版の専門的知識を有していること

●図表 4 − 8　銅メッキ職　業務分析・業務量調査表（J2 級）

課業	職務行動
加工業務	加工業務（J3 級定型業務）
	フランジ部の合否判定を行い、端面修正および穴加工する
	加工前 CL（新・旧管）の使用可否を判断し、NC 旋盤機に投入する
	落版時にうねりを発見および発生可能性を見極め、処理する
	NC 旋盤のプログラムを読み込み、稼働させる
	研磨機を使い、CL 円周に応じて均等に柄を落とす
	CL を検品する
	CL 検品後、バランスが崩れていると判断された場合、研磨機の再調整をする
工程管理業務	当日の処理量および前後工程の進捗を把握する
	部署内各工程内での作業場変更を適正に判断・指示する
	加工完了 CL の製版への進行可否判断をする
品質管理業務	業者の薬液分析結果に対し、適正な処置をする
	下位等級者が行った作業の品質を検品・評価する
設備管理業務	部署内の薬液を定期的に交換する
	廃水処理操作盤の確認、記録
	クーリングタワー・スクラバー・コンプレッサーを巡回点検および管理する
	薬液・消耗部材の点検および交換の判断をする
在庫管理業務	担当資材の適正な管理・定期補充をする
調整業務	他工場および関連部署と業務上必要な交渉をする
	営業へ加工指示の記載事項不備について判断し指摘できる
外注管理業務	納入業者・設備メーカーと円滑な交渉をする
指導監督業務	下位者および非正規社員に対し業務上の説明・指示をする
改善業務	簡単な機器および操作マニュアル等を作成する
	自部署内作業閑散時における時間の活用を企画提案する
	自部署起因の不適合の原因を追及、対策案を立案、上申する
	自部署内の作業改善を実施する（ミス・効率・多能工化）
	適切な作業方法を自ら選択し作業効率を改善する
	部署内の 5S（3S ＋清潔・躾）を徹底する

業務知識	部署内全工程の業務知識
	製版方式による必要銅厚・硬度・CL 精度範囲等の品質知識
	部署内の廃液・廃材の処分知識
	部署内全機材の操作知識
	部署内全機材のメンテナンス知識
	危険物・有害物・安全に関する管理知識
	製版方法と製版可能サイズに関する知識
	銅メッキの液組成と使用資材に関する知識
	排水処理・廃薬液処分に関するフロー知識

遂行要件	高等学校卒業および同程度の教育水準
	メッキ業務経験 10 年以上
	印刷・製版の専門的知識を有していること

結果責任	職務行動分析	発生区分	発生サイクル	業務区分	処理時間帯	単位時間（分）	平均件数／日	1日あたりの時間
① 自工程で不良を発生させないこと ② 標準時間で作業すること	O	不定期		変動				0
	O	定期	日	変動	8：30～17：30	6	40	240
	O	定期	日	変動	12：00～14：00	3	20	60
	O	定期	日	変動	12：00～14：00			0
	O	定期	日	変動	12：00～14：00			0
	O	不定期		変動	8：30～17：30			0
	O	不定期		変動	8：30～17：30			0
	A	不定期		変動	8：30～17：30			0
作業者の手待ちが発生しないこと	C	定期	日	固定	8：40、13：00、16：00	10	3	30
	C	定期	日	管理				
	C	不定期		管理				0
後工程に不良を流さないこと	O	定期	隔週	固定				0
	C	定期	日	固定	11：00、15：00	10	2	20
設備の不具合によって、生産停止や不良（ロス）が発生しないこと	O	定期	週	固定				0
	A	定期	月	固定				0
	A	定期	日	固定	9：00	15	1	15
	A	定期	日	固定	8：30、13：30、16：30	10	3	30
決められた適正在庫を維持すること	O	定期	週	固定				0
全体最適の視点で効率を高めること	A	不定期		管理				0
	A	定期	日	管理		10	2	20
社外起因での品質不良を排除すること	A	不定期		固定				0
① 下位者および非正規社員が起因の品質不良を起こさないこと ② 下位者および非正規社員の作業効率を維持、高めること	C	不定期		管理				0
監督者と共同で自工程の生産性を高めること	A	不定期		管理				0
	A	不定期		管理				
	A	不定期		管理				0
	A	不定期		管理				0
	A	不定期		管理				0
	A	定期	日	管理	9：00	10	1	10
							合計	425

参照

P.66 Chapter 3 Ⅲ「6 プロセス展開表の作成」

東西プロセス(株)「育児介護休業等規程」介護休業に関する条文抜粋

【介護短時間勤務】

第20条　要介護状態にある家族を介護する従業員（日雇従業員を除く）は、申し出ることにより、当該家族1人当たり利用開始の日から3年の間で2回までの範囲内で、就業規則第●条の所定労働時間について、以下のように変更することができる。

所定労働時間を午前9時から午後4時まで（うち休憩時間は、午前12時から午後1時までの1時間とする）の6時間とする。

2　本条第1項に関わらず、労使協定により除外された次の従業員からの介護短時間勤務の申出は拒むことができる。

一　入社1年未満の従業員

二　1週間の所定労働日数が2日以下の従業員

3　申出をしようとする者は、短縮を開始しようとする日及び短縮を終了しようとする日を明らかにして、原則として、短縮開始予定日の2週間前までに、介護短時間勤務申出書により所属長を通して総務人事部に申し出なければならない。申出書が提出されたときは、会社は速やかに申出者に対し、介護短時間勤務取扱通知書を交付する。その他適用のための手続等については、第11条から第13条までの規定を準用する。

4　本制度の適用を受ける間の給与については、別途定める「賃金規程」に基づく労務提供のなかった時間分に相当する額を控除した基本給と諸手当の全額を支給する。

5　賞与については、その算定対象期間に本制度の適用を受ける期間がある場合においては、短縮した時間に対応する賞与は支給しない。

6　定期昇給及び退職金の算定に当たっては、本制度の適用を受ける期間は通常の勤務をしているものとみなす。

6時間（360分）勤務という制約のなか、日々安定的にできる作業を抽出しました。そのなかから、受注の状況によって多少変動するとしても、定時内に固定的に発生する業務を抽出しました。

長崎さんは、監督職補佐としての業務を行っていましたが、これを監督者にやってもらうこととしました。また定期的、固定的な作業も勤務時間の関係上、一部のみ（日に3回実施する作業のうち1回）の実施にすることにしました。

非サイクリックな作業は実施忘れなどのポカミスを誘発しかねないので、これを避けるために、後輩の熊本さんに任せることとしました。

結果、端面修正作業およびNC旋盤作業（2台）を担当することに決定し（業務コード：D・E－1、2、3・O）、長崎さんの職務基準書として作成しました。

長崎さんの賃金

◆　長崎さんの正社員としての賃金（47歳　J2級29号）
基礎給＋職務給＝150,000円＋100,600円＝250,600円

◆　短時間勤務として、所定労働時間8時間から1日6時間に短縮
250,600円×0.9（※）×6時間／8時間＝169,155円

※　限定正社員の基本給は、職務等級制度規程、および賃金規程に基づく賃金の90％を基準とします。

参　照

P.296　規程集「賃金規程」第2章 第10条 第8号

短時間正社員制度の導入を検討

長崎さんのケースを受けて、総務人事部の検討チームでは、顧問社労士にも参加してもらって会議を行いました。「わが社の支援制度では、介護短時間勤務を3年まで取得できますが、介護休業93日は短すぎるのではないでしょうか？　93日で介護は終わりません」との意見が出されました。顧問社労士は、介護休業は介護につきっきりになるのではなく、復帰後“介護をしながら働く体制”を整えるための期間として設けられており、具体的には行政における介護認定や介護サービスの選定等を行ったり、その準備に必要な家族内での調整に充てる期間が想定されていることを全員に共有しました。

続いて、「介護される人の状況は様々なので、分割回数の上限があると取得を我慢したり、必要ない期間まで短時間勤務を続けることにつながらないでしょうか？」と疑問があがると、顧問社労士から「法律では介護休業93日を3回まで分割してよい、短時間勤務は3年の間で2回までとなっていますが、取得回数を増やしたり、回数の上限を無くす会社もあります」との情報提供がありました。

議論を重ねた結果、育児介護休業等規程は現状の法定どおりのままとし、介護休業や介護短時間勤務期間中に介護サービスの利用などといった介護生活の段取りをしてもらうこととしました。そして、介護短時間勤務の3年間の分割取得の回数や、介護短時間勤務終了後もフルタイム勤務に戻れない場合のための「短時間正社員制度」の導入については、検討していくことになりました。

引き続き、顧問社労士にも協力してもらい、取引先や同業他社、同じくらいの規模の会社がどのような取組みをしているのかをリサーチし、今後のルールづくりの参考にすることになりました。

会社が配偶者や子供の有無等の家族情報が把握していても、親の介護を担う可能性を正確に予測するのは難しいことです。しかし、ある程度社員はその可能性の有無をわかっているはずです。

東西プロセス（株）では、人事制度導入時に、家族構成などについてアンケート調査を実施していますが、現状を把握するため、改めて実態把握調査を実施することにしました。

参　照

P.27　Chapter 2　Ⅲ「2　介護実態とニーズの把握」

おすすめツール・サイト

・厚生労働省　多様な働き方の実現応援サイト
・厚生労働省　仕事と介護の両立支援～両立に向けての具体的ツール～

職務の違いと処遇格差のルールを明確にする

短時間正社員制度を導入するにあたっては、賃金をどう決定するかも重要な事項です。

東西プロセス（株）では、労働組合との労使交渉の結果、労働時間を短縮したり、転勤等の人事異動の対象外にしたりするなど、本来の正社員としての要件を欠く勤務形態（限定正社員またはパートタイマー）となる場合の賃金について、下記のように合意がなされました。

1. 限定正社員の基本給は、職務等級制度規程、及び賃金規程に基づく賃金の 90%を基準とすること
2. 限定正社員の家族手当については、職務の価値、困難度、重要度に対して支給されるものではないため減額しないこと
3. 正社員や短時間正社員が、パートタイマーとなる場合の時間給は、原則として職務等級制度に基づく賃金の 80%を基準とすること
4. 短時間正社員については、原則として所定時間外労働をさせないこととし、臨時的、突発的な業務については、部門内で協力して正社員が行うこと

東西プロセス（株）「就業規則」従業員の定義に関する条文抜粋

【従業員の定義】

第●条　この規則で従業員とは、第●条（採用）及び第●条（採用選考）の規定により、会社の従業員として採用された者をいう。従業員はその雇用形態により、次の通り分類する。なお原則として、コース転換後１年以内は転換を行わない。

	正社員	限定正社員	パートタイマーアルバイト	再雇用嘱託
雇用契約の期間	無期契約	無期契約	有期契約又は無期契約（無期転換権を行使した場合のみ）	有期契約
賃金	職務等級人事制度による	職務等級人事制度による	個別契約による時間給制	職務等級人事制度による
賞与	あり	あり	なし	なし
労働時間	フルタイム	短時間正社員の場合は短時間	正社員に比べて短時間又はフルタイム	フルタイム又は短時間
人事異動	あり	職種変更あり／転勤なし	なし	なし
退職金制度	あり	あり	なし	なし

2　前項の限定正社員とは、短時間正社員規程又は在宅勤務規程の適用を受ける正社員のことをいう。限定正社員は、勤務地の変更を伴う人事異動は行わない。

参　照

P.100　Chapter 3　Ⅶ　5「1）　職務分析と短時間正社員の職務設計」

短時間勤務からフルタイム勤務へ

当初1年間で申請していた長崎さんの介護短時間勤務は延長され、2年が経過したころ、母親の認知症状が進んできたため、週末や就寝時間に目が離せなくなることが続き、短時間勤務といえども疲労が重なる状態となりました。

ケアマネジャーに相談したところ、デイサービスでお世話になっていた介護施設が運営している**グループホーム**に入居してはどうか、と提案を受けました。母親を大切にしてきた長崎さんは、家族のことなのに他人に任せてよいのだろうかと罪悪感が湧いてきて、見守るために仕事を辞めるべきか迷っている正直な気持ちをケアマネジャーに伝えました。

ケアマネジャーは、「長崎さんが大切にしているお母さんだからこそ、お母さんも長崎さんもお互いに安心できるにはどうしたらよいか？という視点で考えてみましょう。疲れでイライラした状態で介護すれば、それがお母さんにも伝わってしまいます。また、仕事を辞めてしまうと、長崎さんの老後に影響もあります。入居後も、家族として息子さんとしてできることはたくさんありますよ」と笑顔で話してくれました。

そこでグループホームを見学しに行ったところ、職員が親身になって聞いてくれ、母親が2泊3日のお試しの宿泊中も拒まなかったことから、安心して入所を決めることができました。

こうして、母親のことが一段落した長崎さんは、メッキ課長に相談し、総務人事部に2カ月後からフルタイム勤務に戻りたい旨を申し出ました。短時間正社員制度を導入することにはなりませんでしたが、総務人事部は次に介護が必要な社員が出た場合の準備ができました。

グループホーム

認知症対応型共同生活介護ともいい、要支援2以上の認定を受けている認知症の人が、能力に応じて自立した日常生活を営めるようにするための施設です。

両立事例 2
認知症の義父「夫が地元に帰るので退職します」
〜深刻な人材不足で生まれた在宅勤務制度〜

社員本人	名前 / 年齢 / 性別 / 未婚 or 既婚	鳥取さん /40 歳 / 女性 / 既婚
社員本人	就業形態 / 等級	正社員 / J2 級
社員本人	所属 / 職種 / 役職	広島工場 / 画像編集職 / 役職なし
対象家族	年齢 / 性別 / 社員との続柄	74 歳 / 男性 / 義父
対象家族	傷病 / 既往症歴 / 要介護度 / 介護方法等	初期の認知症 / 要介護 1
対象家族	同居 / 別居	別居→同居（京都）
家族構成		義父 / 義母【他界】/ 夫 / 鳥取さん
両立の内容等		在宅勤務制度利用 ◆ 京都から広島工場への出張あり ◆ 年次有給休暇（半日単位）

「夫が地元に帰るので」と突然退職を申し出た女性社員

広島工場画像処理課で勤続 16 年の画像編集オペレーターである鳥取さん（40 歳女性）から、突然「夫が実家に帰ることになったので、2 カ月後に退職します」と申出がありました。鳥取さんの夫（44 歳）の実家は京都にあり、義父（74 歳）が一人暮らしをしています。夫は、いつか U ターンして父親の面倒を見るつもりでしたが、最近初期の**認知症**と診断されて気持ちが沈んでいると知り、予定を早めて帰ると決めました。すでに夫は、地元の知人が経営する企業に転職の予定となっています。

認知症

様々な原因で脳の神経細胞の働きが徐々に低下し、「物事を記憶したり、判断する能力」や「時間や場所、人などを認知する能力」などが低下し、日常生活のなかで支障をきたしている状態です。

この申出を受けた画像処理課長は、製造部長に欠員の補充について相談を持ちかけました。広島工場画像処理課でも慢性的な人員不足は深刻で、急な鳥取さんの退職は頭の痛い問題でした。10年前に結婚した後も勤務している鳥取さんについては、いずれ出産、育児等の休業もしくは退職するリスクも想定するべきでしたが、近年の受注増加に対して、人材育成が追いついていないのが現状でした。

退職引き留め策として在宅勤務を提案

鳥取さんの退職まで2カ月しかないということで、画像処理課長はすぐに総務人事部へ画像編集オペレーターの募集、採用を依頼しに行き、人材不足の現状について訴えました。

そして「画像編集の仕事はパソコンさえあれば在宅でできますし、実際に画像編集を外注している会社もあります。それから、過去に結婚や出産を機に退職していった優秀な女性社員たちに、子育てが一段落した後、もう一度うちで仕事をしてもらえたら人材不足の解消になるのでは、と考えることがあるのです」と常日頃思っていたことを打ち明けました。これを聞いて総務人事部の高橋さんは、「もし、課長がおっしゃるように画像編集の仕事が家でもできるのなら、鳥取さんには旦那さんの実家で引き続き働くよう考えてもらいませんか？」と提案しました。画像処理課長は「鳥取さんは判断力、自己管理能力が備わっており、能力面も問題ありません。また規律性に優れた信頼のおける真面目な人柄です」と評価しながらも「ただ実家は京都ですよ」と不安そうに答えました。高橋さんは「もちろん求人は行いますし、すでに退職された方の再雇用についても検討します。でも、鳥取さんの件は正社員の『在宅勤務』として考えられるかもしれません。一度、総務人事部長に相談してみます」と伝え、画像処理課長には一旦退職願を預かってもらいました。

つい「在宅勤務」といったものの、在宅勤務の定義や問題点の整理できていなかった高橋さんは、大急ぎで調べました。そこで在宅勤務は「テレワーク」の一つであり、「企業に雇用されながら自宅を就業場所として就労すること」だと知りました。外注と違って会社との雇用関係に基づくため、就業規則に「在宅勤務規程」が必要だとわかりました。

●図表4－9　在宅勤務と在宅ワーク（外注）の違い

	在宅勤務	外注
契約	雇用契約	請負契約
収入区分	給与所得	事業所得
雇用保険	被保険者である	被保険者でない
社会保険	原則、政府または企業の健康保険・厚生年金	原則、国民健康保険、国民年金
勤務時間	原則、会社が定めた時間 労働基準法適用（週40時間以内）	自由
パソコン等	原則、会社貸与	原則、本人
通信機器その他	携帯電話や通信回線や他にかかる費用については、契約による	

社長の在宅勤務に対する不安は山積み

高橋さんの意見に賛同した総務人事部長は、社長に現状と急を要することを伝えました。しかし社長は「そもそも介護をしながら在宅で働けるのか？　社外で仕事するなんて外注じゃないのか？　顧客のデータを自宅に持ち帰らせるのか？　会社にいないと真面目にやっているかわからないじゃないか、納期は守れるのか？　給料はどう考えるのだ？」と矢継ぎ早に疑問を浴びせ、即座に承認することはできませんでした。

総務人事部長が社長の反応を顧問社労士に伝えたところ、「社長が心配されるのも無理はありません。在宅勤務を導入できるよう一緒にすすめましょう。懸念する点があるとすれば、鳥取さんが介護の中心になるかです。在宅勤務になるとデイサービスなどの外部サービスを利用しなくても介護できてしまうと思いがちですが、これでは仕事に集中できません。仕事を続けるためにも、お義父さんのことをご家族でどのように考えているか、再度尋ねてみてください」と言われました。

早速、お義父さんの介護について確認したところ、「現在は１人で日常生活をおくれます。将来に備えて早めに同居することになりましたが、すぐに介護が必要なことはありません」との回答でした。

1週間後、同業で在宅勤務を行っている先進企業の経営者に話を聞いたこともあって、社長は「人材確保が難しいなかで優秀な人材を流出させないためには様々な勤務形態を考えないと、会社の発展どころか維持をしていくのも困難な時代だと気がついた。今はインターネット環境も整っていることだし、信頼のおける社員と職種に絞って、多様な働き方を認めなければいけない時代なのかもしれない。今回は遠方なので気がかりではあるが、鳥取さんは優秀だと聞いているし、ルールづくりや課題を見つけるトライアルとして認めよう」と在宅勤務を了承しました。

総務人事部から広島工場画像処理課を通じて鳥取さんにこの在宅勤務の件が伝えられました。転居先で落ち着いたら仕事を探そうと思っていた鳥取さんにとって、今まで積み上げてきた技能をムダにすることなく、仕事を続けられることは願ってもないことであり、快諾しました。

在宅勤務のルールをつくる

労働条件については、勤務場所を転居先の京都の自宅とするだけで、所属は今までどおり広島工場画像処理課です。総務人事部では初めての在宅勤務者のため、顧問社労士のアドバイスを元に、在宅勤務（テレワーク）を認める条件や就業場所に関するルール、かかる費用など決めなければならない労働条件を整理・検討しました。

【在宅勤務に関する検討事項】

1. 在宅勤務を認める条件（対象業務・対象者）
2. 在宅勤務を認める期間
3. 就業時間に関するルール
4. 就業場所に関するルール
5. コミュニケーションに関するルール
6. 業務上の情報の取扱いのルール
7. 在宅勤務中の費用負担に関するルール
8. 在宅勤務中の賃金、手当に関するルール総務人事部では、これらの取決めについて労働組合との協議を重ねた後、在宅勤務規程案を作成し、幹部会議の承認を得て施行しました。

東西プロセス（株）「在宅勤務規程」案

1. 在宅勤務を認める条件
    - 職種：デザイン部、製造部画像処理課、会社が可能と認めた職種
    - 対象者：勤続５年以上の正社員
    - 上長推薦有り
    - 在宅勤務に適した環境と承認された場合
2. 在宅勤務を認める期間
    - 上限１年とし、更新時に認める条件に当てはまるか再検討
3. 就業時間に関するルール
    - 所属する職場の所定労働時間と同じ時間帯
    - 始業・終業時の開始・終了は、メール等で上司に通知
    - 納期厳守、所定時間内で間に合わないときは時間外労働を行い対処
4. 就業場所に関するルール
    - 会社が認めた場所（主に自宅や実家）
5. コミュニケーションに関するルール
    - WEB会議システムを活用
    - 会社にかかってきた電話の取次ぎ方法
      会社→鳥取さん→会社貸与の携帯電話で先方へ
6. 業務上の情報の取扱いのルール
    - 社員の業務において何が機密事項などに当たるかを明確化
    - データの送受信時、席を離れる時、印刷等行う際には注意
    - バックアップの保存
7. 在宅勤務中の費用負担に関するルール
    - 使用するパソコンは社内で使用していたものを貸与
    - 出社する際にはこれを持参
    - 携帯電話を会社より貸与
    - 打合せ時の出張旅費は、会社負担で実費精算
8. 在宅勤務中の賃金、手当に関するルール
    - 限定正社員としての賃金に変更
    - インターネット通信回線、電気使用代も含め、在宅勤務手当支給

会社は鳥取さんが在宅勤務で業務ができる条件を満たすと判断しました。在宅勤務の場合、使用者の指揮命令下にあるとはいえない状況も起こり得ますが、このように始業終業の時刻を把握し、常に通信回線によって上司の指揮監督下にある場合は、通常の労働時間制となります。心配な点があるとすれば、セキュリティ面です。これは社内のITやセキュリティ関係を委託している会社に相談することになりました。また、総務人事部が中心となって「情報機器作業における労働衛生管理のためのガイドライン」に基づいたパソコンなどの作業環境を整備していますが、在宅勤務者にはガイドラインに準じた情報機器作業についての教育を行うことになりました。

おすすめツール・サイト

厚生労働省　テレワーク総合ポータルサイト「テレワークの適切な導入及び実施の推進のためのガイドライン」

厚生労働省　「情報機器作業における労働衛生管理のためのガイドライン」

顧問社労士からのアドバイス

在宅勤務者は、仕事に相応しい照明（照度）や椅子・机などで行っていない場合もあります。準備にかかる費用を会社が負担し、適切な作業環境を維持することで健康障害を予防することができます。

仕事の割り当て

鳥取さんが京都へ転居し、遠隔地で在宅勤務が始まりました。上司である水野リーダーは、鳥取さんに割り当てる原稿の選別に苦労するようになりました。遠隔地でも進捗状況の確認に問題はないのですが、最終品質チェックは工場のプリンタで出力しなければならず、不具合があった場合、早急に修正する必要があります。J2級相当の難易度の原稿には短納期案件が多く、任せるのが難しくなりました。したがって、鳥取さんには量をこなしてもらうことにし、設定した目標の見直しをしました（図表4－10～4－13）。

ちょうどこの頃、製造部長は、全社の画像編集オペレーターの能力向上を目的とした教育訓練を行うため、編集の標準作業を確立、原稿難易度に合わせた標準時間の設定などを行っていました。例えば、J2級オペレーターが、難易度B原稿を作業した場合、標準時間は1時間というように、オペレーターの該当等級と原稿難易度で標準時間を設定します。

その上でオペレーターの等級レベルに応じた基準時間（標準時間を等級レベルに応じてレーティングし、設定した時間）を決めることで、監督者が顧客から送られてきたデータを確認、原稿難易度（6段階）を判断し、基準時間で作業できる社員を指名する仕組みを構築できました。

ただ、顧客の要求納期が短く、当日中にデータを編集しなければならない案件が多くなっている傾向があります。また、最も難易度の高い原稿については数日間かかるものもあります。何より頭を悩ませているのは、入稿数、原稿難易度、納期、オペレーターの能力および人数のアンバランスです。オペレーターの早期戦力化と採用が大きな課題です。

在宅勤務の課題を一つずつ減らす

会社に出社しないことで外部からの電話もなく、仕事に集中できると思っていた鳥取さんですが、1人で業務を行っていると孤立感を覚え、気軽に隣の同僚や上司に相談できないことがストレスになってきました。

その気持ちを画像処理課長に伝えたところ、実験的に、所定労働時間中、職場と鳥取さんの作業場所をカメラと音声で繋げてみようということに決まりました。有料で拠点間を繋げるシステムもありますが、今回は鳥取さんと画像処理課だけを繋げればよいので、無料のWeb会議システムを利用しました。鳥取さんは同僚と朝の挨拶ができ、電話着信の音やその内容がなんとなく聞こえることで、孤立感が減り、職場の人たちとのコミュニケーションがとれるようになってきました。

また、通信環境が不安定でハラハラすることがありました。万が一のためにも社内納期やデータの蓄積方法を改めて見直すことになりました。

●図表4－10　画像処理職　職務基準書（J2級）

課業	職務行動	結果責任
データ確認業務	顧客要求事項（指示書・分色原稿 等）の内容を把握する	① 自工程で不良を発生させないこと ② 標準時間で作業すること
	原稿内容を適切に判断し、製版データを作成する	
	製版方式による印刷特性を考慮したデータを作成する	
	営業の指示書記載事項の不備について判断し、確認する	
前処理業務（柄割付・アクセサリー付け等）	変則割付など複雑な割付・高度なエンドレスなど処理する	
ニゲ処理	最終的な製品をイメージしながら複雑なニゲ処理をする（複雑とは、色数・柄などが多く、掛け合わせ・柄の重なりなども多く、グラデーションやパターンなどを多様に使用しているもの）	
版下作製業務	デザイン文字・書き文字・筆文字を作成する	
	複雑な原稿でも刷見本からスキャニングしトレースする	
	ニゲ処理を考慮しながら版下・デザインを作成する	
校正物の作成、青焼き業務	顧客と業務上の内容（原稿内容等）について打合せをする	
色校正業務	刷見本とのカラー差異がわかり、プルーフと比較し校正する	
工程内検査業務	下位等級者が編集作業を行った原稿を検品・評価する	
	製版方式に応じたデータが作成されているかを確認する	
設備管理業務	担当機材トラブルに対して適切に判断し、処理する	設備の不具合によって、生産停止や不良（ロス）が発生しないこと
	周辺機器（設備）の基礎的なメンテナンスをする	
在庫管理業務	担当資材の在庫を確認し、発注、適正な管理をする	決められた適正在庫を維持すること
調整業務	他工場および他部署と業務上必要な対話をする	全体最適の視点で効率を高めること
外注管理業務	納入業者・機器・機械メーカーと円滑に交渉を進める	社外起因での品質不良を排除すること
	担当職務の外注業者（版下等）と納期等の折衝をする	
指導監督業務	簡単な機器および操作マニュアル等を作成できる	① 下位者および非正規社員が起因の品質不良を起こさないこと ② 下位者および非正規社員の作業効率を維持、高めること
	部署内優先作業を的確に判断する	
	営業指示を的確に理解し、版下（デザイン）作成または外注依頼する	
	自部署起因の全不適合に至る原因を追及する	
改善業務	部署内作業閑散時の有効活用を企画提案する	監督者と共同で自工程の生産性を高めること
	自部署内の作業改善（ミス・効率）策を提案する	
	部署内の5S（3S＋清潔・躾）を徹底する	

業務知識	部署内全出力機の機構と機能をある程度把握した上で使用できる知識
	分解機器操作とある程度のカラー（編集）処理ができる知識
	簡単な分色作業・版下作業の両方作業ができる基礎知識
	製版方式の違いによる印刷状態に関する基礎知識
	フォントに関する知識を有している（版下）
	デザインの基礎知識があり、簡単な作成技能がある（版下）
	ソフトの機能・特性やソフト間の互換性に関する知識

遂行要件	専門学校卒業および同じ程度の教育水準
	画像処理業務経験10年以上
	印刷・製版の専門的知識を有していること

●図表 4 − 11　画像処理職（J2 級）業務分析・業務量調査表

課業	職務行動
データ確認業務	顧客要求事項（指示書・分色原稿 等）の内容を把握する
	原稿内容を適切に判断し、製版データを作成する
	製版方式による印刷特性を考慮したデータを作成する
	営業の指示書記載事項の不備について判断し、確認する
前処理業務（柄割付・アクセサリー付け等）	変則割付など複雑な割付・高度なエンドレスなど処理する
ニゲ処理	最終的な製品をイメージしながら複雑なニゲ処理をする（複雑とは、色数･柄などが多く、掛合せ･柄の重なりなども多く、グラデーションやパターンなどを多様に使用しているもの）
版下作製業務	デザイン文字・書き文字・筆文字を作成する
	複雑な原稿でも刷見本からスキャニングしトレースする
	ニゲ処理を考慮しながら版下・デザインを作成する
校正物の作成、青焼き業務	顧客と業務上の内容（原稿内容等）について打合せをする
色校正業務	刷見本とのカラー差異がわかり、プルーフと比較し校正する
工程内検査業務	下位等級者が編集作業を行った原稿を検品・評価する
	製版方式に応じたデータが作成されているかを確認する
設備管理業務	担当機材トラブルに対して適切に判断し、処理する
	周辺機器（設備）の基礎的なメンテナンスをする
在庫管理業務	担当資材の在庫を確認し、発注、適正な管理をする
調整業務	他工場および他部署と業務上必要な対話をする
外注管理業務	納入業者・機器・機械メーカーと円滑に交渉を進める
	担当職務の外注業者（版下等）と納期等の折衝をする
指導監督業務	簡単な機器および操作マニュアル等を作成する
	部署内優先作業を的確に判断する
	営業指示を的確に理解し、版下（デザイン）作成または外注依頼する
	自部署起因の全不適合に至る原因を追及する
改善業務	部署内作業閑散時の有効活用を企画提案する
	自部署内の作業改善（ミス・効率）策を提案する
	部署内の 5S（3S ＋清潔・躾）を徹底する

業務知識	部署内全出力機の機構と機能をある程度把握した上で使用できる知識
	分解機器操作とある程度のカラー（編集）処理ができる知識
	簡単な分色作業・版下作業の両方作業ができる基礎知識
	製版方式の違いによる印刷状態に関する基礎知識
	フォントに関する知識を有している（版下）
	デザインの基礎知識があり、簡単な作成技能がある（版下）
	ソフトの機能・特性やソフト間の互換性に関する知識

遂行要件	専門学校卒業および同じ程度の教育水準
	画像処理業務経験 10 年以上
	印刷・製版の専門的知識を有していること

結果責任	職務行動分析	発生区分	発生サイクル	業務区分	処理時間帯	単位時間（分）	1日あたりの件数	1日あたりの時間
① 自工程で不良を発生させないこと ② 標準時間で作業すること	A	定期	日	変動	8：40～17：30	60	6	360
	A	定期	日	変動				
	A	定期	日	変動				
	A	定期	日	変動				
	A	定期	日	変動				
	A	定期	日	変動				
	A	定期	日	変動				0
	A	定期	日	変動				0
	A	定期	日	変動				0
	A	定期	日	変動		10	1	10
	A	定期	日	変動		5	6	30
	A	定期	日	変動		10	1	10
	A	定期	日	変動				
設備の不具合によって、生産停止や不良（ロス）が発生しないこと	A	不定期						0
	A	不定期						0
決められた適正在庫を維持すること	O	定期	日	固定	12：00	10	1	10
全体最適の視点で効率を高めること	A	不定期						0
社外起因での品質不良を排除すること	A	不定期						0
	A	不定期						0
① 下位者および非正規社員が起因の品質不良を起こさないこと ② 下位者および非正規社員の作業効率を維持、高めること	C	不定期						0
		不定期						0
		不定期						0
		不定期						0
監督者と共同で自工程の生産性を高めること	A	不定期						0
	A	不定期						0
	A	定期	日	固定	8：30	10	1	10
							合計	430

参　照

P.100　Chapter 3　Ⅶ 5「1）職務分析と短時間正社員の職務設計」

●図表4－12　職務設計

課業	職務行動
データ確認業務	顧客要求事項（指示書・分色原稿 等）の内容を把握する
	原稿内容を適切に判断し、製版データを作成する
	製版方式による印刷特性を考慮したデータを作成する
	営業の指示書記載事項の不備について判断し、確認する
前処理業務（柄割付・アクセサリー付け等）	変則割付など複雑な割付・高度なエンドレスなど処理する
ニゲ処理	最終的な製品をイメージしながら複雑なニゲ処理をする（複雑とは、色数・柄などが多く、掛合せ・柄の重なりなども多く、グラデーションやパターンなどを多様に使用しているもの）
校正物の作成、青焼き業務	顧客と業務上の内容（原稿内容等）について打合せをする
業務報告書作成	日ごと実施した業務内容と成果および注意すべき事項を報告する

※校正物の作成、青焼き業務、色校正業務、工程内検査業務については、本社の技術者が担当する。

●図表4－13　職務基準書（J2級在宅勤務用）

課業	職務行動	結果責任
データ確認業務	顧客要求事項（指示書・分色原稿 等）の内容を把握する	①　自工程で不良を発生させないこと ②　標準時間で作業すること
	原稿内容を適切に判断し、製版データを作成する	
	製版方式による印刷特性を考慮したデータを作成する	
	営業の指示書記載事項の不備について判断し、確認する	
前処理業務（柄割付・アクセサリー付け等）	変則割付など複雑な割付・高度なエンドレスなど処理する	
ニゲ処理	最終的な製品をイメージしながら複雑なニゲ処理をする（複雑とは、色数・柄などが多く、掛合せ・柄の重なりなども多く、グラデーションやパターンなどを多様に使用しているもの）	
校正物の作成、青焼き業務	顧客と業務上の内容（原稿内容等）について打合せをする	
業務報告書作成	日ごと実施した業務内容と成果および注意すべき事項を報告する	報告漏れがなく、正確な内容であること

※校正物の作成、青焼き業務、色校正業務、工程内検査業務については、本社の技術者が担当する。

業務知識	部署内全出力機の機構と機能をある程度把握した上で使用できる
	分解機器操作とある程度のカラー（編集）処理ができる知識
	簡単な分色作業・版下作業の両方作業ができる基礎知識
	製版方式の違いによる印刷状態に関する基礎知識
	フォントに関する知識を有している（版下）
	デザインの基礎知識があり、簡単な作成技能がある（版下）
	ソフトの機能・特性やソフト間の互換性に関する知識

遂行要件	専門学校卒業および同じ程度の教育水準
	画像処理業務経験10年以上
	印刷・製版の専門的知識を有していること

結果責任	職務行動分析	発生区分	発生サイクル	業務区分	処理時間帯	単位時間（分）	1日あたりの件数	1日あたりの時間
①　自工程で不良を発生させないこと ②　標準時間で作業すること	A	定期	日	変動	8：40〜17：30	60	7	420
	A	定期	日	変動				
	A	定期	日	変動				
	A	定期	日	変動				
	A	定期	日	変動				
	A	定期	日	変動				
	A	定期	日	変動				
報告漏れがなく、正確な内容であること	O	定期	日	固定	17：10〜17：30	20	1	20
							合計	440

参　照

P.101　Chapter 3　Ⅶ 5「2）ホワイトカラーの短時間正社員の職務設計」

P.112　Chapter 3　Ⅹ「5　部下管理と人事考課」

義父との生活と仕事の両立

在宅勤務が始まって２カ月が経ち、画像処理課長と鳥取さんは面談を行いました。鳥取さんは「義父が通院している歯医者に付き添うため、月２回年次有給休暇を半日単位で取得するようになりました。以前課長から教えてもらった介護休暇は無給と聞いたので、年次有給休暇でその時間を捻出していますが、このまま治療が終わらなければ有給休暇が足りなくなりそうで不安です」と話しました。

画像処理課長は、鳥取さんのように、年次有給休暇を自分のための時間として利用できずにいる社員が他にもいるのでは、と想像しました。

このままフルタイムで勤務することに無理がないか気になって尋ねたところ、鳥取さんは「夫は営業をサポートする仕事として、新規に訪問できそうな会社にアポイントをとったり、営業企画や資料作成をしたりといった業務を、会社への出勤と在宅勤務半々の割合で行っています。夫は義父への日常支援に積極的で、私も現在のところ、フルタイムで勤務できる状況です」と答えました。

続けて「以前に比べ外出したがらなくなった義父のことをケアマネジャーに相談したところ、**認知症対応デイサービス**に通うのはどうかと提案されました。女性が多く利用しているイメージがあるため、通ってくれるかな？と思いましたが、数日後、義父の趣味である将棋が好きな男性利用者や男性職員がいるデイサービスを探してもらえました。毎日通うわけではありませんが、私たち家族だけでは不安なところもあったので、プロの人の力添えにホッとしています」と話しました。

さらに「私も、以前夫が受講した認知症サポーター養成講座に行き、認知症を正しく理解しようと思っています」と不安を抱きながらも、前向きに受け止めようとする鳥取さんの気持ちが伝わる面談となりました。

会社に出勤していたときと在宅勤務を比較すると、業務の質や量は同様とはいえず、課題はあります。しかし、画像処理課長は新しい働き方の追究だと捉え、今までのやり方の置き換えではなく、在宅勤務の強みを理解し、働き方の選択肢に加えられるようすすめたいと感じました。

参　照

P.271　Chapter 5　Ⅳ 4「3）認知症サポーター」

認知症デイサービス

認知症対応型通所介護ともいい、認知症の人が可能な限り自宅で自立した生活を送れるように、血圧測定などの健康チェック、食事・入浴の介助、機能訓練、レクリエーションに加え、認知症の人に適した運動や作業療法などまで、1日を通して幅広い介護サポートを提供しています。

鳥取さんの賃金

◆　鳥取さんの正社員としての賃金（40歳　J2級10号）

基礎給＋職務給＝

146,700円＋87,300円＝234,000円

◆　在宅勤務制度の適用を受け、限定正社員としての賃金

234,000円×0.9（※）＝210,600円

◆　通勤手当なし（※）

※　限定正社員の基本給は、職務等級制度規程、および賃金規程に基づく賃金の90％を基準とします。

※　打合せのために自宅から会社へ出社する場合は、出張旅費規程に基づき支給します。

参　照

P.296　規程集　「賃金規程」第2章 第10条 第8項
P.309　規程集　「在宅勤務規程」第4章 第14条 第2項

両立事例３

両親の老老介護が破綻
～社内初の介護短時間勤務＋在宅勤務～

社員本人	名前 / 年齢 / 性別 / 未婚 or 既婚	鹿児島さん /30 歳 / 女性 / 未婚
	就業形態 / 等級	正社員 / J2 級
	所属 / 職種 / 役職	愛媛工場 / 画像編集職 / 役職なし
対象家族	年齢 / 性別 / 社員との続柄	78 歳 / 男性 / 実父 70 歳 / 女性 / 実母
	傷病 / 既往症歴 / 要介護度 / 介護方法等	父：パーキンソン病 / 要介護 3 母：気管支が弱く体調不良、入院 / 認定なし→要介護 1
	同居 / 別居	別居（近居）
家族構成		父 / 母 / 妹（既婚・遠方）/ 鹿児島さん
両立の内容等		①介護休業利用（41 日） ②介護短時間勤務制度＋在宅勤務制度利用

仕事を辞めてくれないか、と父親の言葉を受けて

鹿児島さん（30 歳女性）は専門学校卒業後に入社し、愛媛工場製造部画像処理課で勤続 10 年になる画像編集オペレーターです。両親は鹿児島さんの自宅から徒歩 15 分のところに住んでおり、10 年前からパーキンソン病を患い要介護 3 の父親（78 歳）を母親（70 歳）が介護していました。

ところが、最近になって気管支の弱い母親の体調が優れず、寝込むことも増えてきました。両親をそれぞれ病院に連れて行くために年次有給休暇を利用していましたが、残りがわずかになってきました。

先日父親の付き添いで病院の待合いに 2 人きりでいた時、「最近のお母さんは体を起こすのがしんどそうで心配だ。医師からも『きちんと検査を受け、体力回復のために入院を』と言われている。私の不自由な体を介護するために無理をさせていると思う。お母さんが退院後無理しないように 1 カ月会社を休んでくれないか……いや、仕事を辞めて私たち

の面倒を見てくれないか？」と、か弱い声で言われました。

両親にはとても感謝していますが、鹿児島さんは仕事にやりがいを感じており、勤務を続けていきたいと思っています。しかし、結婚して遠方に住んでいる妹を当てにもできず、苦しそうに咳をする母と手足が弱っていく父の姿を見ると、私が介護しなければならないのだろうとわかります。「会社を辞めるしかないのだろうか？」と誰にも言えず１カ月悩み、ようやく画像処理課長に打ち明けることにしました。

画像処理課長は１カ月も悩んでいたことを知り、「苦しかっただろう。鹿児島さんが１人で両親を介護・看護するのは大変だ。介護のことはなかなか言いづらいのはわかる。しかし、１人で抱えるのはよくないよ」と、鹿児島さんの気持ちを汲んでくれました。鹿児島さんは「どこに相談に行ったらよいかわからなくて。また、両親の病状を会社に言う必要があるのかどうかわからなくて、今になってしまいました」と、涙ぐみながら不安な気持ちを話し始めました。画像処理課長は、「広島工場のメッキ課で仕事と介護を両立している例があると製造部長が言っていたな。何か策があるかもしれないので、製造部長に相談してみよう。それとお父さんは介護保険を利用しているのかな。利用しているのであれば、ケアマネジャーにきちんと相談してみるといいよ」と、鹿児島さんが安心できるよう言葉かけをしました。

顧問社労士からのアドバイス

「苦しかっただろう」と相手に寄り添う一言を出せるところが立派です。社員から介護に関する相談を受けた際に、経営者や管理職は「仕事に支障が出て困ったな」という反応ではなく、相手に寄り添う気持ちで面談をしてください。

面談・介護支援プランの作成で助成金申請

画像処理課長から鹿児島さんの状況を聞いた製造部長は、「総務人事部に相談するにしても、鹿児島さんの状況や気持ちを確認したいので面談の時間を設けてください」と言いました。すぐに製造部長、画像処理課長、鹿児島さん、総務人事部の高橋さんの4人で話し合う機会が作られました。

鹿児島さんは、「私自身、画像編集の仕事が好きで、職場の皆さんにも恵まれて10年間働き続けてこれました。妹がいますが、遠方に住み、結婚して子供もいるので両親の介護はできません。実家の近くに住んでいる私が両親の介護をすると漠然と思っていましたが、独身なので、将来のことを考えると退職せず仕事を続けていきたいです。しかし、日中は介護サービスを利用してヘルパーさんに応援してもらっても、父の介護と母の看護のほか、夕食や入浴、就寝の準備などは私がやらなければなりません。母の入院中と退院後の支援のため介護休業させてください。その後もフルタイム勤務を続けるのは難しいのですが、パート勤務でよいので続けさせてください」と、率直な思いを伝えました。

総務人事部の高橋さんは面談シート兼介護支援プランに、現状や鹿児島さんの思いなどをまとめてみました（図表4－15）。父親も介護対象者ですが、今回は母親の介護のため介護休業を申し出ます。休業期間がどれくらい続くかはわかりませんが、職場として事前に準備期間がとれたのはありがたいことでした。

後日、顧問社労士より「せっかく介護支援プランを作成し、それに沿って社員の円滑な介護休業の取得・職場復帰に取り組もうとしているのですから、中小企業事業主が受給できる両立支援等助成金（介護離職防止支援コース）を申請してみませんか？」と勧められました。

育児休業の取得時・職場復帰時の助成金の書類作成はしたことがある総務人事部の高橋さんですが、介護に関する助成金は初めてです。高橋さんが支給までの流れと要件を確認したところ、鹿児島さんの件は申請ができそうなことがわかりました（図表4－14）。社員のために両立支援制度が整備され周知できているかなどをチェックする機会として、介護離職防止支援コースに則って進めていこうと総務人事部長からも同意されました。

【対象となる事業主】

◆ 中小企業事業主

◆ 介護休業関係制度について、労働協約または就業規則に規定し、育児・介護休業法に沿った制度を導入したこと

◆ 介護休業の取得および職場復帰ならびに介護休業関係制度の利用について介護支援プランにより支援する措置を実施する旨をあらかじめ規定し、労働者へ周知していること

◆ 制度導入、支援プラン実施後、介護休業を取得するまたは介護両立支援制度を利用する労働者が生じ、当該労働者に所定の措置を講じていること

【支給要件：休業取得時】

◆ 作成した介護支援プランに基づき、同一の要介護状態にある対象家族について合計５日以上の介護休業を取得させていること。ただし、合計５日以上の通算については所定労働日に対する休業日数であり、当該休業開始日から１年以内に取得したものであること

◆ 対象家族の要介護の事実について把握後、対象介護休業取得者の上司または人事労務担当者と対象介護休業取得者が少なくとも１回以上面談（初回面談またはプラン策定面談）を実施した上で、結果について記録し、対象介護休業取得者のための介護支援プランを作成していること

◆ 作成した介護支援プランに基づき、対象介護休業取得者の業務の整理、引継ぎに関する措置を定め、実施していること

◆ また、対象労働者について、当該介護休業開始日から申請日において雇用保険被保険者として継続雇用していること

参照

P.278　Chapter 6 「Ⅱ　両立支援等助成金（介護離職防止支援コース）」

顧問社労士からのアドバイス

休業取得時の申請期限は、対象となる介護休業取得日数が合計５日（所定労働日に対する休業日数）を経過する日の翌日から２カ月以内です。介護休業の終了日の翌日からカウントするのではないので、注意してください。

例えば、４月１日（土）から１カ月介護休業を取得した人の場合は、１日（土）２日（日）が会社の休日であれば、所定労働日に対する休業日数の合計５日とは３日（月）から７日（金）のことをいいます。翌日８日から２カ月以内が提出期限のため、６月７日までに申請が必要です。

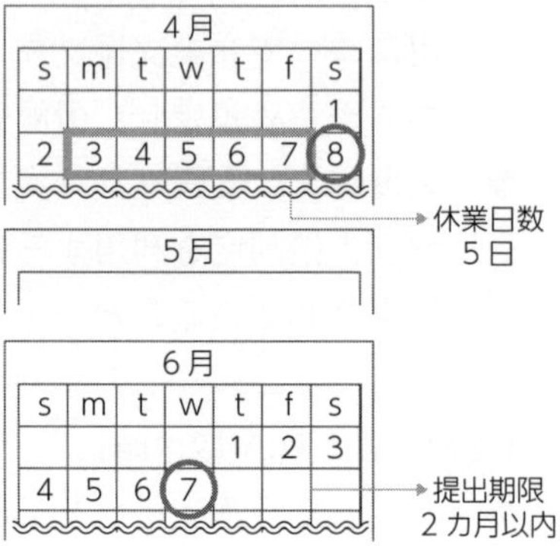

助成金を受給する上で、介護休業取得者との面談と介護支援プランの作成は必須です。面談実施以降にプランを作成し、社員の業務の整理や引継ぎを行います。

●図表4－14　支給申請までの流れ

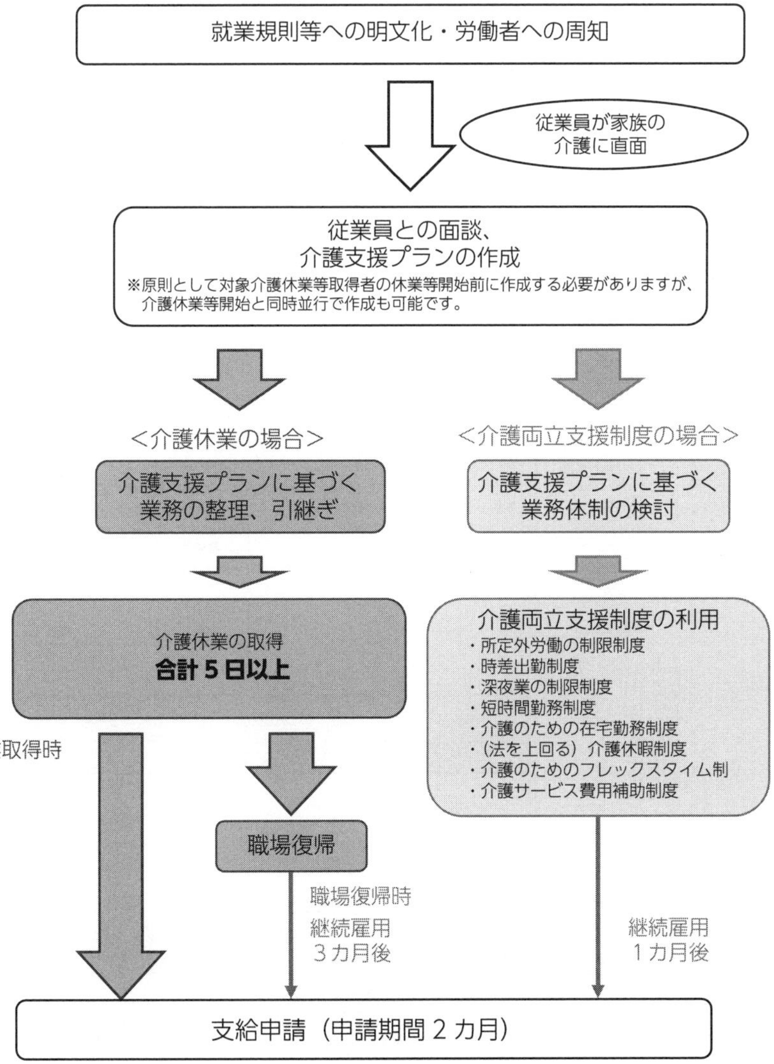

厚生労働省　両立支援等助成金パンフレットより作成

●図表４－15　面談シート兼介護支援プラン

【介】様式第４号－1（R4.4.1改正）　**仕事と介護の両立支援　面談シート　兼　介護支援プラン**

対象従業員部署：		愛媛工場　製造部　画像処理課	氏名：	鹿児島　○子

<table>
<tr><th colspan="5">仕事と介護の両立課題の共有</th></tr>
<tr><th colspan="3">確認事項</th><th>初回面談時</th><th>プラン策定面談時</th></tr>
<tr><td>介護が必要な人について</td><td colspan="2">可能な範囲で、続柄、同居・別居の状況、介護を分担できる親族の有無等を確認してください。</td><td>・実母、別居
・気管支が弱く検査、治療が必要なため入院
・退院後の介助と日常生活支援が必要
・実父：要介護３で母が介護をしている→ケアマネさんに相談中
・妹は遠方に住んでいるため支援ができない</td><td>※変更・追加がなければ記入不要です
・母が退院し、在宅介護中。
・父のことを気にして無理しないように、父はショートステイで母が落ち着くまで過ごす予定。</td></tr>
<tr><td>両立するうえでの課題・希望</td><td colspan="2">勤務時間、曜日、休暇の必要性、出張の可否等を確認してください。
※転勤があり得る場合は、介護の状況を確認したり、本人の意向を確認してください。</td><td>・実母の退院後、公的介護サービスにてケアプランを策定して介護の体制が整うまでは休業希望</td><td>・デイサービスの送迎時間に対応するため、午前９時30分から午後４時30分の勤務希望
・定時退社したい</td></tr>
<tr><td rowspan="5">利用したい制度・働き方の希望</td><td rowspan="5">該当するものに、○をつけてください。
また、取得・利用の希望時間・時期等を確認してください。</td><td>自社で利用できる措置・制度</td><td colspan="2">希望期間・時期</td></tr>
<tr><td>介護休業</td><td>●●年　8月21日　～　●●年　9月30日</td><td>年　月　日　～　年　月　日</td></tr>
<tr><td>所定外労働の免除</td><td>年　月　日　～　年　月　日</td><td>●●年10月　1日　～　●●年9月30日</td></tr>
<tr><td>その他</td><td rowspan="2"></td><td></td></tr>
<tr><td>短時間勤務</td><td>●●年10月　1日　～　●●年9月30日</td></tr>
<tr><td>業務面で周囲に配慮してほしいこと（業務の引き継ぎなど）</td><td colspan="2">業務面で配慮してほしいことがあるか確認してください。
業務の引き継ぎが必要であれば、本人と「誰に」「いつ」「どうやって」引き継ぎを行うか相談してください。</td><td>・担当顧客があるため、休んだときのこと、今後のことを考えると誰に引き継いだらよいかわからない
①顧客リストをつくり、顧客の特性などをまとめる
②現在依頼を受けている業務の内容をまとめる
③業務内容において、引継者を決める</td><td>・朝礼内容を出勤後に共有してほしい
・始業前、終業後のフォローと引継ぎをAさんにお願いしたい</td></tr>
<tr><td>業務以外で周囲に配慮してほしいこと</td><td colspan="2">職場への周知など、何か気になることがあるか確認してください。</td><td>・忙しい時期と休業が重なりそうで申し訳ない気持ち
・自分なりに作成したマニュアルを、他の人が読んでわかるよう早急に作り直す
・休業中の緊急連絡先は、どうしたらよいか確認したい</td><td>・短時間勤務について、職場の同僚と関係部署への周知をお願いしたい</td></tr>
<tr><td colspan="3" rowspan="2">面談日</td><td>●●年　7月25日</td><td>●●年　9月10日</td></tr>
<tr><td>人事・総務担当者確認　総務人事部　高橋
上司確認　画像処理課長▲▲
本人確認　鹿児島</td><td>人事・総務担当者確認　総務人事部　高橋
上司確認　画像処理課長▲▲
本人確認　鹿児島</td></tr>
</table>

介護休業の取得予定、利用する介護制度についての種別、利用期間についての予定の記載が必要です。

介護休業又は介護制度の利用開始日の前日までに、面談を１回以上行い、面談結果を踏まえて「介護支援プラン」を策定することが必要です。

対象従業員の両立支援に向けたプラン			
プラン策定日	取組期間	取組内容	取組状況確認日
【当面のプラン】			
●●年 7月26日	●●年 7月27日	・管理職から職場のメンバーに対して、鹿児島さんのご両親の現状と、お母さんの入院・退院後の支援として介護休業を取得する旨を周知する	●●年 8月1日
	7月28日～ 7月31日	・プロセス展開表と職務基準表を確認。業務分析、業務量調査を行う	
	8月●●日～ 8月●●日	・鹿児島さんの顧客の特性や業務棚卸しを行い、引継者決定。顧客挨拶	
	8月●●日～ 8月●●日	・鹿児島さんが利用していた自分用のマニュアルを、引継者にも共有できるよう改訂する	
		・職場内、関係部署との連携を検討し、引継者へ引き継ぎを行う	●●年 8月10日
【介護支援プラン】			
●●年 9月12日	●●年 9月14日	・鹿児島さんが午前9時30分～午後4時30分の在宅勤務になることを職場に周知する	●月●日
	●月●日	・鹿児島さんが不在となる時間帯の対応をフォローする担当者を決める　＝Aさん	
	●月●日	・不在時間帯のフォロー担当者と業務引継書を作成し、業務の状況をフォロー担当者と共有する方法を検討する	●月●日
	●月●日	・フォロー担当者に不在時間帯の対応方法を説明し、必要な引継ぎを行う	●月●日

助成金の対象となるためには、このような記載が必要です。
介護休業の取得　→　休業取得者の業務の整理、引継ぎに関する事項

利用した制度・働き方の実績	【当面のプラン】 ・8月21日から9月30日まで、介護休業を取得した

介護休業の取得実績、利用期間についての実績の記載が必要です。

フォロー面談	・母の症状が安定しているため、当面はデイサービスの利用を継続していきたい。引き続き、始業時刻を午前9時30分、終業時刻を午後4時30分という短時間勤務を利用したい（デイサービスの利用が無い日は、父が見守り可能）						
面談日	●●年　10月25日	人事・総務担当者確認	総務人事部　高橋	上司確認	画像処理課長▲▲	本人確認	鹿児島

介護休業終了後1カ月以内にフォロー面談を実施し、記録してください。

※　この面談シート兼介護支援プランは、事例（フィクション）を落とし込んでいますが、助成金の支給申請する場合は各労働局に確認してください。

●図表4－16　介護離職防止支援コース（介護休業）詳細【休業取得時】

<【介】様式第1号②(R5.4.1 改正)>　（2023年4月1日以降に介護休業が開始している場合はこの様式で申請してください。）

> 最初に規定した年月日を記入してください。ただし、最初の規定後、見直し等により改正を行った場合には最新の施行日を記載してください。

ス（介護休業）詳細【休業取得時】

申請事業主：東西プロセス株式会社

Ⅰ．

① 介護休業関係制度（※1）の規定年月日・種類（該当する番号を○で囲む）	2022 年 10 月 1 日	1 労働協約	② 就業規則
② 介護支援プラン関係			
労働者の介護休業の取得及び職場復帰又は介護休業関係制度の利用について、介護支援プランにより支援する措置を実施する方針を労働者へ周知したこと及びその年月日が確認できる書類（該当する番号を○で囲む）	2022 年 4 月 1 日	1 実施要領　② 通達　3 マニュアル ④ 介護休業規程（●●条）　5 社内報　6 イントラネット 7 その他（　　）	

※1「介護休業関係制度」は、介護休業及び所定労働時間の短縮等の措置をいいます。

Ⅱ．対象労　い。

> 雇用契約開始日を記入してください。加えて、有期雇用の場合は任期満了日も入力してください。

③ 労働者

氏名	鹿児島 ○子	被保険者番号	1111-22222-3	雇用保険被保険者となった年月日	2013 年 4 月 1 日
雇用契約期間	2013 年 4 月 1 日～　年　月　日	雇用契約期間の確認書類（該当する番号を○で囲む） ① 労働条件通知書または雇用契約書　2 その他（　　）			
対象となる要介護家族	氏名：鹿児島 ○○代 労働者との続柄：実母	要介護状態の確認書類（該当する番号を○で囲む） ① 介護保険の被保険者証（※）　2 医師等が交付する証明書類　3 その他（　　） ※要介護認定結果の記載のある部分			
介護休業取得の直前において在宅勤務している	□ はい ■ いいえ				

> 面談実施以降に作成されていること。

④ 介護休業取得者との面談、介護支援プランの作成

初回面談の実施日	●●●● 年 7 月 25 日	介護支援プランの作成日	●●●● 年 7 月 26 日
対象介護休業取得者の上司又は人事労務担当者と対象介護休業取得者が面談を実施した上で結果について記録しているか。（【介】様式第4号「仕事と介護の両立支援面談シート兼介護支援プラン」）	■ はい □ いいえ	面談結果を踏まえて介護支援プランを作成しているか。（【介】様式第4号「仕事と介護の両立支援面談シート兼介護支援プラン」）	■ はい □ いいえ
		同プランに、当該労働者の業務の整理、引き継ぎに関する措置が定められている。	■ はい □ いいえ
面談者確認欄	上記については、記載のとおりです。（連絡先電話番号）082 － 0000 － 1111 （所属）本社 総務人事課　（氏名）高橋 ○○		

> 業務を引き継いだ労働者ではなく引継ぎを確認した者

⑤ 業務の整理、引き継ぎの実施

引継を行った日	●●●● 年 8 月 10 日	引継確認者確認欄	左記については、記載のとおりです。（連絡先電話番号）089 － 00 － 1111 （所属）愛媛工場 製造部画像処理課　（氏名）○○ 花子

⑥ 介護休業期間（※合計5日以上であることが条件）

介護休業期間	① ●●●● 年 8 月 21 日 ～ ●●●● 年 9 月 30 日 ② 年 月 日 ～ 年 月 日 ③ 年 月 日 ～ 年 月 日 ④ 年 月 日 ～ 年 月 日 ⑤ 年 月 日 ～ 年 月 日	※書き切れない場合は、余白に記載してください。 ※法定通りの制度である場合、分割して休業を取得できるのは3回までです。4回以上の分割については、就業規則等に規定している場合のみ対象となります。	取得日数 合計 41 日

休業申出に関する書類の添付	■ はい □ いいえ	取得実績の確認書類	該当する番号を○で囲む ① 出勤簿またはタイムカード ② 賃金台帳 3 その他（　　）	所定労働日の確認書類	該当する番号を○で囲む ① 労働条件通知書（雇用契約書）　2 就業規則 ③ 企業カレンダー　4 シフト表 5 その他（　　）
⑦本人確認欄	上記については、記載のとおりです。 （氏名）鹿児島 ○子			連絡先電話番号	090 － 0000 － 1111

⑧	介護休業制度について、労働協約又は就業規則に基づき運用しており、その対象となる労働者本人の申出に基づき運用しているか。※「いいえ」の場合、本助成金の支給を受けることができません。偽りその他不正の手段により助成金の支給を受けた場合は、支給した助成金の全部または一部を返還していただきます。	■ はい □ いいえ

<支給申請額>

企業規模	■ 中小企業である	個別周知・環境整備加算の申請	■ 有　□ 無　※「有」の場合は【介】様式第7号と必要書類も添付すること。

対象労働者			支給単価		うち個別周知・環境整備加算の対象労働者			支給単価		支給申請額	
1	人	×	中小企業 300,000 円	＋	1	人	×	中小企業 150,000 円	＝	450,000	円

※1事業主当たり、1年度に支給要件を満たした労働者5人までが対象。

介護支援プランに基づき、鹿児島さんが介護休業に入るまでに引継ぎなどが行われ、休業１週間前、休業後の働き方について再度面談が行われました。製造部長は、「画像編集の仕事はセキュリティや作業環境の問題はあるが、パソコンがあれば家でもできるので、正社員のままで時間を短くして在宅で働くというのはどうだろうか？　少し前に、広島工場で在宅勤務のトライアルが行われていて、先日、製造本部長と社長にも相談しました」と言いました。鹿児島さんは、両親の今の状況を考えると両立できるか自信がなく、短時間勤務の社員が在宅で働いてよいのかイメージがわきませんでしたが、「退職せずに介護との両立ができる可能性があるとすれば、とても嬉しいです」と製造部長に伝えました。

鹿児島さんの母親は、入院中や父親が**ショートステイ**を利用している間は自分の体調だけに集中でき、外出は控えているものの、家の中で日常生活ができるくらいに回復してきました。さらに、申請の結果、要介護１と認定され、ケアプランにより介護サービスを利用できるようになりました。父親についても「１日に薬を飲む回数が多いので管理は大変ですが、薬が効いている時間は安定しているため、四六時中介護が必要なわけではない」そうです。これらを踏まえて鹿児島さんは、「予定どおり介護休業を終了します」と画像処理課長に報告しました。

ショートステイ

短期入所生活介護ともいい、施設（介護老人福祉施設など）に入所して、日常生活および機能訓練を行うことで利用者の心身の機能の維持を図るとともに、居宅介護者である利用者の家族の身体的および精神的負担を軽減するサービスです。

社長が「介護短時間勤務＋在宅勤務」に理解を示し始める

総務人事部は、介護で短時間勤務を選択した人が在宅勤務をしたケースがないため、広島工場の鳥取さんのケースにおいて課題がないか、あればどのような課題かを確認することにしました。

すると「色々課題はあれども一つひとつ解決し、実績も出ているらしい」「信頼のおける社員に限定する必要はあるが、募集をすればすぐに良い人材に巡り合えるというものでもない。育児と異なり、介護休業の代替要員としての期間雇用の条件では一層採用も難しいだろうから、前向きに取り組んでいきたい」といった、よい報告を現場から受けました。

これを聞いた社長は「もし在宅勤務にした場合、業務を遂行させるにはどのような方法があるか検討するように」と製造部長に指示しました。

「介護短時間勤務＋在宅勤務」へ向けて

今回の鹿児島さんの場合、自宅が愛媛工場から近いこともあり、出社を要する場合でも、そう困難なことではなく、自宅のインターネット回線を使用することさえできれば会社のノートパソコンを自宅に持ち帰ることで、在宅勤務の環境が整います。

鹿児島さんの希望としては、「すぐに親と同居という気持ちになれないため、両親が住んでいる実家も自宅とみなしてほしい」というものでした。

総務人事部は、これからの超高齢社会を考えると、社員が自宅以外の場所で介護などを行っている場合は、介護している親の住まいも「自宅扱い」を認めないと、在宅勤務の制度があっても利用できる人が減るのではないか、という話になりました。労働組合も他社の事例を調べ、介護離職防止のために必要と合意しました。

顧問社労士からのアドバイス

当然ですが、介護両立者が在宅勤務で仕事に集中することは至難の業です。通勤にかかっていた時間や休憩時間を有効に利用することはできますが、被介護者にも理解を求め、仕事中は介護の専門家に任せる体制を整備しましょう。

東西プロセス（株）「在宅勤務規程」から抜粋

【在宅勤務の定義】
第●条　在宅勤務とは、従業員の自宅、その他自宅に準ずる場所（会社指定の場所に限る）において、情報通信機器を利用して行う業務をいう。

鹿児島さんは短時間勤務となるため、業務量を減らすことになります。製造部長は、まず鹿児島さんの現在の仕事の状況を調査するように画像処理課長に命じました。

「介護短時間勤務＋在宅勤務」が始まる

在宅勤務を開始するにあたり、労働条件を決定することになりました。育児介護休業等規程の介護短時間勤務によると、東西プロセス（株）は、所定労働時間を1日6時間まで短縮することができます。

まずは、午前9時30分から正午まで業務を行い、1時間休憩し、午後1時から午後4時30分までの1日6時間勤務から始めるのが妥当だろうと、鹿児島さんと製造部長の意向が固まり、1年間、介護短時間勤務制度を申請することに決めました。

鹿児島さんの在宅勤務は順調に始まりました。顧客からの問合せにも、電話を受けた社員から鹿児島さんに連絡し、鹿児島さんから先方に電話をするという対応で、なんとかスムーズな対応を維持していたつもりでした。しかし、ある時顧客から「最近、鹿児島さんは会社にいないのですか？　折り返しの電話も、携帯電話の番号からかかってきますが」と何気なく質問されました。顧客に対して、自発的に在宅勤務を行っていると伝えることはしなかったため、当然社内にいるのだろうと思われていたようです。また、短時間勤務であるため、会社の営業時間内であっても本人はすでに業務を終えてしまっていることもあり、顧客への対応について課題が見つかりました。

これらのことから、製造部、総務人事部は、顧客に対して、担当者が在宅勤務を行っていること、それに伴うセキュリティ対策などについての説明が必要だと気がつきました。

顧問社労士からのアドバイス

取引先・顧客との関係のなかで、仕事の請け方、リスク管理などにも工夫が必要です。最近では、働き方改革の影響もあり、ワーク・ライフ・バランスの取組みを進めている企業も多いはずです。在宅勤務をしていることを隠すのではなく、取引先が不安に感じることを聞き取り、迅速に対処していきましょう。

また、突然休まなければならない事態を想定して、主の担当の他にサブ担当をつけることで、進行状況などをすぐに説明できるよう把握しておくことが大切です。

介護休業復帰で助成金申請

鹿児島さんが介護休業復帰してから3カ月が経ちました。両立支援等助成金（介護離職防止支援コース）には、介護休業を取得した社員が職場復帰した場合にも申請できる助成金があります。

【支給要件：職場復帰時】

◆ 「休業取得時」の受給対象である労働者に対し、介護休業終了後にその上司または人事労務担当者が面談を実施して結果を記録すること

◆ 対象労働者を、面談結果を踏まえ原則として原職等に復帰させ、原職等復帰後も申請日までの間、雇用保険被保険者として3カ月以上継続雇用していること

◆ 当該3カ月の間に雇用形態や給与形態の不合理な変更を行っていないこと

●図表 4 － 17　介護離職防止支援コース（介護休業）詳細【職場復帰時】

<【介】様式第1号③(R5.4.1 改正)>　　(2023 年 4 月 1 日以降に介護休業が開始している場合はこの様式で申請してください。)

中小企業事業主のみ対象

介護離職防止支援コース（介護休業）詳細【職場復帰時】

申請事業主：東西プロセス株式会社

職場復帰時の支給を受けるには、休業取得時の支給を受けた事業主が、同一の対象介護休業取得者について、所定の要件を満たす必要があります。

○支給申請に係る労働者　※複数人となる場合は、本欄を人数分追加してください。

① 労働者の属性、休業期間

氏名	鹿児島　○子	雇用保険被保険者番号	1111-

介護休業期間	① ●●●● 年 8 月 21 日～ ●●●● 年 9 月 30 日	※書き切	
	② 年 月 日～ 年 月 日	※法定通	
	③ 年 月 日～ 年 月 日	できるの は、就業	合計 41 日
	④ 年 月 日～ 年 月 日	ます。	
	⑤ 年 月 日～ 年 月 日		
介護休業取得の直前又は職場復帰時において在宅勤務している	■ はい □ いいえ	(在宅勤務をしている場合) 本人の希望によるものである	■ はい □ いいえ

② 原職等復帰

復帰日	●●●● 年 10 月 1 日	介護休業終了後、引き続き雇用保険の被保険者として3か月以上雇用しており、さらに支給申請日において雇用している。	■ はい □ いいえ	労働者の希望（該当する番号を○で囲む）	1 原職等復帰 ② それ以外
				面談の結果（該当する番号を○で囲む）	1 原職等復帰 ② それ以外
休業終了後のフォロー面談を行った日	●●●● 年 10 月 25 日	面談者確認欄	左記については、記載のとおりです。（所属）総務人事課	（連絡先電話番号）082 - 0000 - 1111 （氏名）	

介護休業前後の部署・職務・労働条件について、休業前後の異動が分かるように記載してください。

休業前後の状況	介護休業前	職場復帰後
事業所	愛媛工場	愛媛工場
部署・係	製造部・画像処理課	製造部・画像処理課
職務	画像編集職	画像編集職
役職	なし	なし
所定労働日数	1カ月平均所定労働日数 21日	1カ月平均所定労働日数
所定労働時間	8時間（8時30分～17時30分、休憩1時間）	6時間（9時30分～16時30分、
賃金（基本給、手当、賞与等）	月給 基本給（基礎給 130,200 円＋職務給 88,700 円）＝218,900 円、交通費（実費）、賞与（7月、12 月 前年実績 計●．●ケ月）	月給 基本給（基礎給 130,200 円＋職務給 88,700 円 交通費（実費）、賞与（7月、12 月 前年実績 計●．●ケ月）
その他の労働条件等	賞与は人事考課による査定あり	賞与は人事考課による査定あり、在宅勤務

休業前と職場復帰後で労働条件等が異なっている場合はその理由	労使協定により、限定正社員の基本給は、職務等級制度規程および賃金規程に基づく賃金の 90%を基準とする
介護休業終了日の翌日から起算して3か月の間の就労割合が5割以上である.※詳細の算定方法については支給要領 0301a ロ (ロ) を参照	■ はい □ いいえ

③本人確認欄	上記については、記載のとおりです。（氏名）鹿児島　○子	連絡先電話番号	090 － 0000 － 1111

本人と連絡が取れる電話番号を記載してください。

④ 介護休業制度について、労働協約又は就業規則に基づき運用しており、その対象となる労働者本人の申出に基づき運用しているか。※「いいえ」の場合、本助成金の支給を受けることができません。偽りその他不正の手段により助成金の支給を受けた場合は、支給した助成金の全部または一部を返還していただきます。	■ はい □ いいえ

<支給申請額>

企業規模	■ 中小企業である	業務代替支援加算の申請	□ 有（新 ■ 無 ※「有」の場合は【介】様式第6号①又は②と必要書類も添付すること。

対象労働者 1 人 × 支給単価 中小企業 300,000 円

※休業取得時と同一の対象介護休業取得者である場合のみ。

＋ うち業務代替支援加算（新規雇用）の対象労働者 0 人 × 支給単価 中小企業 200,000 円

＋ うち業務代替支援加算（手当支給等）の対象労働者 0 人 × 支給単価 中小企業 50,000 円 ＝ 支給申請額 300,000

顧問社労士からのアドバイス

復帰時の助成金申請は、介護休業終了日の翌日から起算して３カ月を経過する日の翌日から２カ月以内に行わなければなりません。職場復帰後に在宅勤務をしている場合は、業務日報などにより勤務実態（勤務日・始業終業時刻）が確認できる日に限り就業したものと判断されるので、日頃から勤務実態が示せるようしておきましょう。

参照

P.278　Chapter 6 「Ⅱ　両立支援等助成金（介護離職防止支援コース）」

鹿児島さんの賃金

◆ 鹿児島さんの正社員としての賃金（30歳　J2級12号）
　基礎給＋職務給＝
　130,200円＋88,700円＝218,900円

◆ 在宅勤務制度の適用を受け、限定正社員としての賃金
　218,900円×0.9（※）×6時間／8時間＝147,758円

◆ 通勤手当
　会社に出勤した日は実費支給

※　限定正社員の基本給は、職務等級制度規程、および賃金規程に基づく賃金の90％を基準とします。

参　照

P.296　規程集　「賃金規程」第２章 第10条 第８項

両立事例４

親の介護で「課長を辞めます」
～フレックスタイム制導入で役割を全う～

社員本人	名前／年齢／性別／未婚 or 既婚	岩手さん／55 歳／男性／既婚
	就業形態／等級	正社員／M3 級
	所属／職種／役職	本社／営業企画職／課長
対象家族	年齢／性別／社員との続柄	85 歳／女性／実母
	傷病／既往症歴／要介護度／介護方法等	腰：打撲、右腕骨折／要支援２ 退院後もリハビリ必要 もしかしたら認知症かもしれない（検査等はまだ）
	同居／別居	別居（同じ敷地内）一人暮らし
家族構成		父【他界】／母／弟（海外勤務） 岩手さん／妻
両立の内容等		介護短時間勤務制度＋フレックスタイム制利用 ◆　課長職のまま

家族介護のために「課長を辞めたい」と申し出る

営業部営業企画課の岩手課長（55 歳男性）は、ある日突然、一人暮らしの母親（85 歳）から SOS の電話を受けました。自宅の段差を踏み外して転倒し、少しの間動けず、時間をおいて隣室のリビングに置いてあった電話からかけているとのこと。急いで救急車を呼ぶように母親に伝え、岩手課長も病院に向かいました。

母親は転倒したときの体勢が悪く、右腕を骨折しており、全治２カ月と診断されました。来週自宅に戻って来るものの、入院中にベッドにいる時間が増えた影響もあるのか、同じ話を繰り返すことが増えました。検査などはまだ行っていませんが、もしかしたら認知症なのかもしれません。気力の回復ができていない現状や退院後も通院してリハビリが必要なことから、自宅に戻ってきた後も誰かが介護しなければならないとわかりました。

岩手課長の妻は高校の教師をしており、介護休業を取得することは難しい状況です。家族で話し合った結果、岩手課長が介護者となり、介護休業もしくは短時間勤務など何かしら会社の制度を利用して時間を捻出することにしました。しかし、管理職の立場にありながら個人的な事情で会社を休ませてほしい、働く時間を短くしてほしいという申出は許されることではないと、課長の職は辞するつもりで総務人事部に申し出ました。

総務人事部では、ひとまず育児介護休業等規程の範囲で介護休業もしくは介護短時間勤務を選択して、その後も必要であれば短時間正社員制度の導入を検討することとなりました。

その過程において、育児介護休業等規程の制度を利用することはともかく、短時間正社員になると「管理職が短時間正社員ということは、部下に対して示しがつかないのではないか」「愛媛工場や営業所との関係でも、課長不在では支障がでないか」などの意見が出され、岩手課長の辞意は受けざるを得ないとの結論に達しようとしていました。

介護休業への備えは制度整備と同時に人材育成も重要

営業部営業企画課は、10 年後に 65 歳の定年を迎える岩手課長の後任候補はいるものの、すぐに課長職が務まる人材は育っていませんでした。そのため岩手課長は課長のまま、短時間勤務を検討せざるを得なくなりました。

幸い、営業企画課は、現業部門や営業課と違って、職責を果たせさえすれば常時社内に滞在していなくても支障がないだろうということで、部長が課長業務をフォローすることになりました。そして同時に次期課長の有力候補だった山本さんを早期に育成する方向で話がまとまり、課全体で岩手課長を支えていくことになりました。

介護休業等に関するハラスメント防止措置

社長は管理職の男性社員まで介護で働き方を変えなくてはならない現実に、家庭の形や価値観の変化を感じて驚いています。「昔なら女性が……」と、つい脳裏によぎる言葉もありましたが、1カ月前に顧問社労士から経営者と管理職向けの「ハラスメント防止研修」を受け、ハラスメントにつながらないための注意事項を学んだばかりでした。

「ハラスメント防止研修」ではセクシュアルハラスメントとパワーハラスメントと並び、妊娠・出産・育児・介護などに関するハラスメントに対して事業主に防止措置を講じることを義務づけています。

1）両立に関するハラスメント

① マタハラ（マタニティハラスメント）

妊娠、出産、育児などを理由とする解雇、雇止め、降格、減給などの不利益な取扱いのことを指します。妊娠中の人材に対する配慮を示さず、肉体的または精神的に苦痛を与えることもマタハラに該当します。

【マタハラとなる言動の例】

- ◆ 妊娠を報告した女性社員に「体調も心配だし辞めてもいいんだよ」「(契約社員の場合) 次の契約更新はしない」と言う
- ◆ 正社員の女性へ妊娠をきっかけに「パートになれ」と言う
- ◆ 心無い言葉を投げかける（「妊娠していると早く帰れていいなぁ」「いい迷惑だよ」と言う）

② パタハラ（パタニティハラスメント）

育児をしている男性社員へのハラスメントのことを指します。

【パタハラとなる言動の例】

- ◆ 男性社員の育児休暇取得を否定するような発言をする
- ◆ 「男は仕事、女は家事」という価値観を押しつける

③　ケアハラ（ケアハラスメント）

働きながら介護を行う労働者に対して、制度利用（介護休業や介護時短制度等）を不当に妨害する行為のことを指します。また、介護を行うことを理由に人事評価を下げる行為（パートへの降格や解雇を含みます）もケアハラです。

【ケアハラとなる言動の例】

- ◆　介護を理由に降格処分を下す
- ◆　介護のために定時で帰る社員に対して「定時で帰れていいよな」と発言する

その後、社長自身が過ごしてきた環境から性別役割分担の罠に陥ることを予防するために、「ハラスメントは許しません！」というトップメッセージを全社員に向けて通達しました（図表４－18）。また総務人事部に対し、柔軟な発想で岩手課長が職責を果たせて、なおかつ家族介護ができるようサポートできる方法を検討するよう命じました。

2）ハラスメント防止措置（一部抜粋）

1. 事業主は、介護休業始め介護に関する制度、または措置の利用に関する言動により、従業員の就業環境が害されることがないよう、労働者からの相談に応じ、適切に対応するための必要な体制の整備等の措置を講じなければなりません。
2. 事業主は、労働者が相談を行ったことまたは事業主による相談への対応に協力した際に事実を述べたことを理由として、労働者に対して解雇その他不利益な取扱いをしてはなりません。

参　照

P.255　Chapter 5　Ⅲ「8　介護休業等に関するハラスメントの防止措置」

●図表4－18　ハラスメント防止ポスター

年　　月　　日　　　　（事業所の名称）

（代表者職・氏名）

ハラスメントは許しません!!

STOP

妊娠・出産・育児・介護休業等に関する否定的な言動はマタハラ、性別役割分担意識に基づく言動はセクハラの発生の原因や背景となり得ます。このような言動を行わないよう注意しましょう。自社の社員以外の者に対してもハラスメントを行ってはなりません。

また、パワハラの発生原因や背景には、コミュニケーションの希薄化などの職場環境の問題があると考えられるので、職場環境の改善に努めましょう。

セクハラとは？
（セクシュアルハラスメント）

例えば…
■性的な冗談、からかい質問
■わいせつ画面の閲覧、配付、掲示
■性的な内容の噂を意図的に流す
■体への不必要な接触
■食事やデートにしつこく誘う
■交際、性的な関係な強要
■性的な言動を拒否した社員を辞めさせる
＊被害者の性的指向又は性自認にかかわらず、性的な言動であればセクハラに該当します。

マタハラとは？
（妊娠・出産・育児・介護休業等に関するハラスメント）

例えば…
■上司に妊娠を報告したら「他の人を雇うので辞めてもらう」と言われた
■育児（介護）休業の取得について上司に相談したら「男のくせにありえない」と言われた
■育児短時間勤務をしていたら、同僚から「まわりは迷惑している」と何度も言われ、精神的に非常に苦痛を感じている

パワハラとは？
（パワーハラスメント）

例えば…
■物を投げつけられ、身体に当たった
■同僚の前で、上司から無能扱いする言葉を受けた
■先輩・上司に挨拶しても、無視され、挨拶してくれない
■一人ではできない量の仕事を押しつけられる
■他の部署に異動させられ、仕事を何も与えられない

ハラスメントをしたことが確認された場合は、就業規則に基づき、懲戒処分の対象となることがあります。行為の具体的態様、当事者同士の関係や被害の程度・心情等を総合的に判断して、処分を決定します。

ハラスメントで悩んでいませんか？

ハラスメントに対して、はっきりと「嫌だ」、「やめてください」という意思を相手に示しましょう。一人で悩まず、深刻な事態にならないよう、早めに相談してください。

相談窓口

＊あなたが、正社員でなくても、また、派遣社員であっても当社において働いているすべての方は、相談をすることができます。もちろんあなたが男性であっても同様です。
＊ハラスメントに当たるかどうか微妙な場合も相談してください。
＊相談には公平に、相談者だけでなく行為者についても、プライバシーを守って対応しますので、安心してご相談ください。相談者はもちろん、事実関係の確認に協力した方に不利益な取扱いは行いません。
＊相談を受けた場合、必要に応じて関係者から事情を聞くなどして事実関係を確認し、事案に応じた適切な対応をします。また、再発防止策を講じる等適切に対処します。
＊妊娠・出産、育児や介護を行う労働者が利用できる様々な制度があります。派遣社員については、派遣元企業においても利用できる制度が整備されています。就業規則等により確認しましょう。
＊制度や措置を利用する場合には、必要に応じて業務配分の見直しなどを行います。
＊気持ちよく制度を利用するためにも、日頃から業務に関わる方々とのコミュニケーションを図ることを大切にしましょう。

おすすめツール・サイト

栃木労働局　ハラスメント防止ポスター「ハラスメントは許しません！！」
相談窓口を記載することができます（図表4－18）。

育児・介護休業法が定める措置は色々

岩手課長は育児介護休業等規程に沿った介護短時間勤務制度の適用を受けることになりました。しかし、通院は毎日決まった時間にするわけではなく、始業終業時刻の繰上げ・繰下げだけでは、対応が難しい面が出てきました。

総務人事部の検討チームの中で、ベテランの高橋さんが「フレックスタイム制は無理でしょうか？」という案を出しました。育児・介護休業法が定める労働者が就業しつつ要介護状態にある対象家族を介護することを容易にする措置の中で、東西プロセス（株）では「介護短時間勤務制度」を導入していますが、「**フレックスタイム制**」という選択肢もあったことを思い出したのです。

労働者が就業しつつ要介護状態にある対象家族を介護することを容易にする措置

① 短時間勤務の制度
　a 1日の所定労働時間を短縮する制度
　b 週または月の所定労働時間を短縮する制度
　c 週または月の所定労働日数を短縮する制度（隔日勤務や、特定の曜日のみの勤務等の制度をいいます。）
　d 労働者が個々に勤務しない日または時間を請求することを認める制度
② フレックスタイムの制度
③ 始業または終業の時刻を繰り上げまたは繰り下げる制度（時差出勤の制度）
④ 労働者が利用する介護サービスの費用の助成その他これに準ずる制度

フレックスタイム制の導入

社長は岩手課長を呼んで話をしました。「お母さんの介護の事情はよくわかったけど、課長の仕事は引き続き君にやってほしい。うちの営業は新規開拓がほとんどできていないのが実情なのはよくわかっているね。だからこそ、まだ若い社員に任せてしまうのは心配だ。勤務時間や給料のことは、総務人事部が検討し、介護をサポートしたいと考えているし、無理を言って悪いが、引き続きよろしく頼むよ。部長や山本さんには私から言っておくよ。」

岩手課長は、課長職どころか会社を退職しないといけないのではないかとの不安も感じていたので、社長に対して感謝の言葉を述べ、深々と頭を下げて、社長室を後にしました。

総務人事部は、顧問社労士とフレックスタイム制導入のために労使協定に定める事項を確認しました。そのなかで、平成31年4月の働き方改革関連法の施行により、清算期間（自由に労働を調整できる期間）の上限3カ月に延長され、月をまたいだ労働時間の調整が可能になったことが話題になりました(図表4－19)。1カ月単位と3カ月単位のメリット・デメリットを話し合いながら、両立者のためにより柔軟な働き方である3カ月にトライすることを決定し、これらの取決めについて労働組合との協議を重ねた後､就業規則の改訂案と労使協定案を作成しました。

●図表4－19　フレックスタイム制の清算期間延長のイメージ

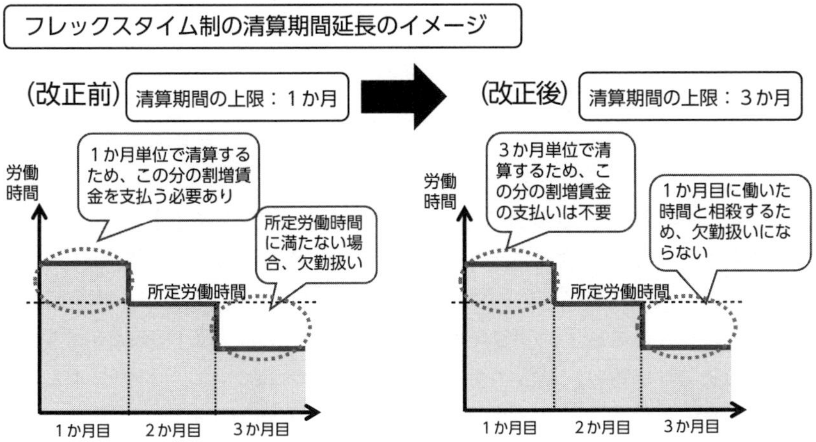

厚生労働省　「フレックスタイム制のわかりやすい解説＆導入の手引き」より

東西プロセス（株）「就業規則」改訂例

【フレックスタイム制】
第●条　会社は、東西プロセス労働組合と労働基準法第32条の3に基づき、次の事項を定めた労使協定を締結し、その従業員に係る始業終業の時刻をその従業員の決定に委ねることがある。
一　対象となる従業員の範囲
二　清算期間
三　清算期間における総労働時間
四　標準となる1日の労働時間
五　**コアタイム**を定める場合には、その開始・終了時刻
六　**フレキシブルタイム**を定める場合には、その開始・終了時刻
2　前項の労使協定が締結された場合は本規則に添付し、当該協定に定める内容が就業規則の規定となる。

（注）東西プロセス株式会社はユニオンショップ制である。

東西プロセス（株）「フレックスタイム制に関する協定書」例

東西プロセス株式会社と東西プロセス労働組合の過半数代表者は、フレックスタイム制について、次の通り協定する。

【適用労働者の範囲】
第1条　営業部に所属する社員にフレックスタイム制を適用する。

【始業・終業時刻、フレキシブルタイム及びコアタイム】
第2条　フレックスタイム制が適用される社員の始業及び終業の時刻については、社員の自主的決定に委ねるものとする。ただし、始業時刻につき社員の自主的決定に委ねるフレキシブルタイム、及び所属長の承認のない限り、所定の労働に従事しなければならないコアタイムはそれぞれ以下の通りとし、フレックスタイム制の詳細は労使協定の定めに従う。①始業フレキシブルタイム：6：00～10：00　②コアタイム：10：00～15：00　③終業フレキシブルタイム：15：00～19：00

【清算期間】

第３条　清算期間は１月、４月、７月、10月の１日を起算日とした①～④の３カ月間毎とする。①１月１日～３月31日　②４月１日～６月30日　③７月１日～９月30日　④10月１日～12月31日

【標準労働時間】

第４条　標準となる１日の労働時間は、８時間とする。

【清算期間における総労働時間】

第５条　清算期間中に労働すべき総労働時間は、１日８時間に清算期間中の所定労働日数を乗じて算出した時間とする。

総労働時間＝８時間×清算期間中の所定労働日数

【時間外労働、割増賃金の取扱い】

第６条　清算期間中の実労働時間が総労働時間を超過したときは、会社は超過した時間に対して時間外割増賃金を支払う。

法定労働時間の総枠＝40時間×清算期間の暦日数÷７日

２　前項に関わらず、清算期間を１カ月毎に区分した期間において以下の通り１週平均の労働時間が50時間を超えた場合には、その超過した時間については清算期間の途中であっても時間外労働として扱い割増賃金を支払う。①暦日数31日……221時間　②暦日数30日……214時間　③暦日数29日……207時間　④暦日数28日……200時間

３　前項の定めの通り、清算期間の途中で支払った分の時間外労働時間については、清算期間全体における時間外労働時間の算定においては控除して計算を行う。

【不足時間の取扱い】

第７条　清算期間中の実労働時間が総労働時間に不足したときは、不足時間を控除する。

【有効期間】

第８条　本協定の有効期間は、●●年●●月●●日から１年とする。ただし、有効期間満了の１カ月前までに、当事者いずれからも申出が

ないときには、さらに１年間有効期間を延長するものとし、以降も同様とする。

フレックスタイム制（労働基準法32条の3）

一定の期間について、あらかじめ定めた総労働時間の範囲内で、労働者が日々の始業・終業時刻、労働時間を自ら定めることができる制度です。平成31年4月以降は、労働時間の調整を行うことのできる期間が延長され、より柔軟な働き方の選択が可能となりました。

コアタイム・フレキシブルタイム

コアタイムとは、労働者が必ず労働しなければならない時間帯を指します。コアタイムを設ける場合は、フレキシブルタイムの設定も必要になります。

フレキシブルタイムとは、労働者が自ら働く時刻を自由に選択できる時間帯のことを指し、いつ出勤しても退勤してもよい時間帯ということになります。始業時刻と終業時刻を本人に委ねるということです。

介護の仕方も色々

岩手課長はケアマネジャーに、主に自分が介護することと、フレックス制という働き方を伝え、公的介護サービスの見直しをしました。岩手課長が住んでいる市には市独自の介護サービスもあることをケアマネジャーが教えてくれました。

そこで岩手課長の母親は、要介護状態へならないよう予防するため、公的介護保険で要支援2との認定を受け、生活機能の維持・向上させる介護予防サービスを利用することになりました。

妻が早く帰宅できる毎週火・木曜日は、母親宅の家事も行ってもらうことになりましたが、毎食の用意ができるか不安があったため、配食サービスの活用も検討しています。

時間短縮とフレックスタイム制によって管理職業務も

岩手課長は新たに導入されたフレックスタイム制による勤務を始めました。月の総労働時間はフルタイム勤務が平均168時間のところ、1日あたり1時間短縮することをイメージして、1カ月の所定労働時間を147時間としました。コアタイムを設けたため、岩手課長の会議出席には支障はありませんでした。

また部下の山本さんは、部長が課長の管理職業務のフォローをしているのを見て、課長が不在のときには他部署との折衝も積極的に行ったり、後輩を指導したりするようになりました。

結果的に人材育成面で功を奏したのか、岩手課長がフレックスタイム制による勤務を始めた後も営業企画課は目標を達成し続けました。

参　照

P.101　Chapter 3　Ⅶ 5「2）ホワイトカラーの短時間正社員の職務設計」

岩手課長の賃金

◆ 正社員としての賃金（管理職　M3　Ⅱランク）
　職務給＝月額440,000円

◆ 月の所定労働時間を1カ月平均168時間（1年単位の変形労働時間制）から、月147時間に短縮したフレックスタイム制の適用を受け限定正社員となった時の賃金
　440,000円× 0.9（※）× 147時間 /168時間＝ 346,500円

※　限定正社員の基本給は、職務等級制度規程、および賃金規程に基づく賃金の90％を基準とします。

参　照

P.296　規程集　「賃金規程」第２章 第10条 第８項

両立事例5
妻の看護（介護）と育児のダブルケア
～短時間正社員＋上司と同僚のフォロー～

社員本人	名前 / 年齢 / 性別 / 未婚 or 既婚	宮城さん /38 歳 / 男性 / 既婚
	就業形態 / 等級	正社員 /J2 級
	所属 / 職種 / 役職	本社 / 営業職 / 役職なし
対象家族	年齢 / 性別 / 社員との続柄	35 歳 / 女性 / 妻
	傷病 / 既往症歴 / 要介護度 / 介護方法等	血液がん / 介護認定無 / 入院
	同居 / 別居	同居
家族構成		宮城さん / 妻 / 長女6歳（保育園の送り迎え必要）/ 実母（遠方に住む）来年4月より育児支援
両立の内容等		①短時間正社員制度利用（6カ月） ◆　始業・終業時刻の変更 ②子の看護休暇・妻の介護休暇利用 ◆　時間単位 ③実母の支援によりフルタイム勤務に復帰

妻の病気で看護（介護）と育児のダブルケアに悩む営業社員

営業部営業1課の宮城さん（38歳男性）は、妻（35歳）と子供（6歳）と3人で暮らしています。子供は現在、自宅近くの保育所に通っており、入園時から妻が送り迎えをしています。妻は専業主婦のため、延長保育の時間を気にすることなく選んだ保育所です。

ところが、このところ体調が優れなかった妻が、翌年入院して手術することになり、術後も入退院を繰り返しながらの治療が必要だとわかりました。主治医の説明によると、妻は退院して自宅にいるときも寝たきりの可能性もあり、宮城さんが家事や育児を行うことになりそうです。

妻と相談して延長保育を申し込んだところ、宮城さんの子供が通う保育所は午後6時までしか預かってもらえないことがわかりました。

通常、宮城さんは通勤に1時間30分あまりかかるため、朝の時間外保育が始まる午前7時30分に子供を預けてから出勤したとしても、始業時刻の午前8時30分に間に合いそうもありません。また、残業せずに終業時刻の午後5時30分に退社できたとしても、お迎えの午後6時に間に合いません。

遠方に住む宮城さんの母親は子供の面倒を見てくれそうですが、翌年3月の定年まで現在の仕事を続けたいと聞いていたため、頼めませんでした。つまり母親が定年退職して来てくれるまでの半年間は、宮城さん1人で子供の面倒を見ながら妻の看護をすることになります。

妻の容態を考えながら子育てをするために、自宅近くに転職するしかないのかと悩みながら、上司である営業1課長に電話で相談しました。

それを聞いた営業1課長は、「残業ができないという程度のことなら、私が君の担当先をなんとかカバーして助けてあげられると思うけど、定刻よりも早く帰るとなると、私の一存では決められないので、営業部長や総務人事部に相談してみるよ。大変なときだろうけど、早まって転職しようとか考えるなよ」と、励ましました。

宮城さんの希望は、始業・終業時刻の繰上げ・繰下げをし、所定労働時間を2時間ほど短縮して働きたいという内容です。

育児短時間勤務の対象ではない！？

1）ダブルケアとは

翌日、営業1課長は営業部長の了承を得た上で、総務人事部に宮城さんのことについて相談に行きました。

総務人事部の高橋さんは育児介護休業等規程を見ながら、「3歳未満の子供の場合、育児短時間勤務というのがあるのですが、宮城さんのお子さんは6歳のため、わが社の育児介護休業等規程に沿った対処方法は見つかりません。奥様が自宅で療養されている期間、奥様の介護という事由で短時間勤務とできるかもしれませんが……。部長が戻りましたらすぐに相談します。こちらでも前向きに検討できるよう努めます」と答え、続けて、「ところで職場での仕事のフォロー体制はいかがでしょうか？」と尋ねました。営業1課長は「以前、私が担当していた得意先も多くあるので、フォローはできます。宮城さんは得意先でも評判が良く、よくやってくれるので、何とか力になりたいと考えています。業務のほうは自分や他の営業課の社員で責任を持って対応しますので、よろしくお願いします」と検討を依頼して総務人事部を後にしました。

高橋さんから報告を受けた総務人事部長は、宮城さんの出来事を聞きながら、**ダブルケア**を行う者（ダブルケアラー）が推定で約25万人いるとテレビ番組の特集で見たことを思い出しました。宮城さんはまさにダブルケアラーで、東西プロセス（株）では初めてのケースです。

ダブルケア

広義では家族や親族等、親密な関係における複数のケア関係、そこにおける複合的課題のこと、狭義では育児と介護の同時進行の状況のことをいいます。育児と介護、介護と孫支援など、少子化・高齢化におけるケアの複合化・多重化の問題に焦点をあてる概念で、研究者である横浜国立大学の相馬直子氏、英国ブリストル大学の山下順子氏が共同研究を進めるなかで生まれた造語です。

平成28年4月に発表された内閣府男女共同参画局の「育児と介護のダブルケアの実態に関する調査報告書」をまとめると以下のとおりです。

◆ ダブルケアを行う者は約25万人(男性85,400人　女性167,500人)
◆ ダブルケアを行っている人の多くは、40歳前後の男女
◆ ダブルケアを行っている女性の半数は有業者
◆ ダブルケアを行っている男性の90%は有業者、うち仕事を主とする人が約半数

おすすめツール・サイト

内閣府男女共同参画局「育児と介護のダブルケアの実態に関する調査報告書」

総務人事部長は、「人員の補充がなくても課長が業務のフォローができると言っているなら大きな問題はないだろう。勤務時間を短縮したいとのことなので、どの制度に基づいて認めるか、始業・終業の時刻を具体的にどうするかが問題になる。育児の短時間勤務制度を現行の３歳未満から対象年齢を小学校就学前と変えることも考えられるが、検討を進めてきた短時間正社員制度の導入を目指したい」とし、総務人事部で協議することになりました。

2　両立支援ハンドブックの作成

高橋さんは、先日実施した介護に関する実態把握調査で社内の両立制度を知らない社員が多かったという結果を見て、「育児や介護の両立支援ハンドブック」をつくり、社員に配付したらどうかと思いつきました。

そこで、総務人事部の協議の冒頭、「宮城さんにも文字ばかりの育児介護休業等規程ではなくて、わかりやすいハンドブックで説明してあげたかった。いつ両立者がまた出てくるかわからないので、早めの作成を心がけたいのです」と、熱のこもった提案を行いました。

すると、「いいね。介護と仕事の両立を支援する方針を社長の言葉として掲載して、今回のアンケート結果を載せたいです」「総務人事部としても、同じ資料で説明をしたほうが、トラブルがないのでは」「管理職の人が相談されたときに早めに教えてあげることで、退職しかないという思い込みが払拭されるかも」といった肯定的な意見が次々出てきました。早速、来年度に取りかかれるよう、他社のハンドブックなどの情報を収集しようということになりました。

おすすめツール・サイト

人事院「両立支援ハンドブック」

3）営業職の短時間正社員の検討

総務人事部長は、「家庭の事情に配慮するという面だけではなく、営業職として育ってきている社員の流出を防ぐことが大きな目的です。優秀な社員の能力をいかに社内で活かしていくか、人材育成と同時に、能力を発揮できる環境を整えること考えなければならない時期にきています」と、議論の本質について説明しました。

営業1課長に直接話を聞いた高橋さんから、次の報告がありました。

◆ 課長が宮城さんの担当得意先をいくつか引き受ける
◆ 朝はお子さんを保育所に預けてから出勤する
◆ 始業時刻を午前9時30分、終業時刻を午後4時30分とする

「報告から今はっきりしていることは、正社員の所定労働時間を勤務することは無理ということだけです。営業1課や宮城さん本人とよく話し合わなければなりません」との発言を受け、総務人事部長は「営業職で勤務時間を短縮するのは初めてのケースで、社長の決済が下りる確約はありません。ともかくこの協議内容を、早急に社長に相談してみます」と、締めくくりました。

離職防止と顧客満足への不安

総務人事部長は、宮城さんの担当する得意先の多くは以前課長が担当しており、現在課長が宮城さんの担当をフォローできる状態にあること、さらに、会社と宮城さんの自宅の間に得意先があり、直帰が可能であることなど、短時間勤務を行う上での条件が整っていることを社長に説明しました。何より、宮城さんの取引先での評判が上々で、営業1課

長は退職せずに残ってもらいたいと強く思っていることを伝え、フルタイム勤務に戻れる見通しである来年4月まで、短時間正社員としての勤務を承認してもらえないかと掛け合いました。ですが、社長は得意先の信用を失うことになるのではと不安が残り、即決はできませんでした。

数日後、社長から総務人事部長に短時間正社員制度の導入と宮城さんへの適用を認めるとの連絡が入り、総務人事部より営業1課長、宮城さんに伝えられました。

宮城さんは帰宅後、妻に希望した働き方が認められたことを報告しました。育児と看護（介護）の同時進行は大変ですが、受け入れてくれた会社に感謝の気持ちでいっぱいになりました。

職務分析と時間短縮による役割変更、目標管理
～数値目標を設定し、短時間正社員に～

営業1課長は、現在の宮城さんの現状分析を実施しました（図表4－20）。担当得意先は重要得意先4社とそれ以外が2社、月の目標売上高は1,000万円です。所定労働時間が6時間になるということで、営業効率を考慮し、営業部全体での担当を検討することにしました。

営業1課では、宮城さんの担当を午前中または午後の早い時間帯に訪問可能な得意先（重要得意先3社）とし、遠方の重要得意先1社は営業1課長が、他の2社を同僚の山田さんが担当することに決まりました。

問題は、現在の重要得意先3社の目標売上高を合計すると625万円となり、J2級として相応しい目標数値ではなくなることです。そのため担当得意先3社の取引シェアを拡大することを使命とし、目標売上額を月の労働時間に比例させた750万円（1,000万円の75％）と設定し直すことにし、宮城さんとも話し合った上で合意しました。この合意を受けて、総務人事部は短時間正社員制度の適用を決定し、宮城さんの短時間勤務が始まりました。

●図表4－20　営業職　業務分析・業務量調査表（J2級）

課業	職務行動
情報収集業務	営業日報を分析、受注製品の傾向を顧客担当営業ごとに確認する
	新聞、業界紙から関連情報を確認し、顧客が持つ担当業界に関する情報を引き出せるような質問項目を準備する。
	競合他社の営業の動きと販売単価を記録、分析する
	新規開拓先に関する情報（得意先、競合先、競合製版会社など）を入手、分析する
訪問計画業務	下位者のフォローを含め月間訪問計画および週間訪問計画の確認をする
	すでに受注し、生産している製品の進捗状況を確認する
	直近の質問、苦情などを確認し、回答書を用意する
訪問前準備業務	先行管理表から受注製品を確認する
	営業会議、部門ミーティングでの決定事項を確認する
	接待（飲食・ゴルフ他）等の日常営業外の条件とタイミングを設定する
	顧客からの複雑な要望に対する報告・提案書を作成する
	生産部や他の営業と連携した営業活動を企画提案できる
	入稿および生産状況と生産余力を確認する
	画像処理部の出稿物について内容確認をする
訪問打合せ（商談）業務	出稿物に関する説明を顧客にわかりやすく伝える
	案件について、基本的製版知識に基づき、技術的対応が可能か否かの判断をする
	母材サイズ・仕様について対応可否相談の必要性を判断する
	原稿内容を理解し、適切な製版方法の選択判断または相談する
	原稿処理難易度や一週間の生産予定数を理解して納期スケジュールを判断する
	顧客と営業的各種（原稿処理の方法・価格・納期等）を交渉する
	製版知識をもって顧客とデザインの打ち合わせをする
製版・加工指示業務	顧客別・原稿別に重要度について判断し、要点を的確に捉え、わかりやすい指示をする
	作業時確認を要する部分（ケイ・薄い調子等）を判断し指示する
	掛け合わせ％の指示ができる
	複雑な原稿でもニゲの取り方を上司・ＭＰと相談しながら指示する
	特殊なＣＬ加工（円周加工・穴加工・厚メッキ等）の可否を判断する
	製版的に難しいデザインの打合せ内容に基づいた指示をする
調整業務	業務や生産部からの問合せに対し、適切な指示をする
	全工場の営業と営業活動上必要な各種対話・依頼・交渉をする
母材手配業務	顧客の納期、生産予定に確実に間に合わせるよう母材を発注する
帰校確認業務	色目校正判断やある程度ニゲ処理も含めた校正をする
納品手配業務	納期（時刻）を確認し、効率よい配送の手配をする
仕掛品管理業務	製版代総額、中止・保留品の確認をし、請求処理する
実績管理業務	目標売上高の差異分析を日々実施し、対策を検討する
	訪問計画と訪問実績との差異分析を定期的に実施し、行動計画を見直す
クレーム処理業務	クレームに対し、顧客に原因を説明し、納得させる
指導監督業務	下位者の原稿処理・顧客対応状況を評価し、指導する
	自部署起因の不適合の原因を追及、対策案を立案、上申する
改善業務	担当得意先の受注向上のために自ら営業手法を改善し個別適応する
	営業グループ内の作業改善（ミス・効率）を提案できる
	部署内の5S（3S＋清潔・躾）を徹底する

業務知識	担当顧客の主要得意先に関する知識を有している
	担当得意先の保有設備を把握している
	担当外の得意先の代行営業ができる（難度原稿対応）知識・技能
	画像処理部門が使用しているソフトや基本的な機能に関するある程度の知識
	製版方式の違いによる印刷状態に関する基礎的知識
	顧客の意図を反映したカラー色目の調整指示ができる知識・技能
	製版方式の違いによる印刷時の長所・短所に関する知識
	各工場の保有機材とその役割とある程度の処理能力を把握している
	市場分析、エンドユーザー業界に関する知識

遂行要件	専門学校卒業および同じ程度の教育水準
	営業業務経験10年以上
	印刷・製版の専門的知識を有していること

結果責任	職務行動分析	発生区分	発生サイクル	業務区分	処理時間帯	単位時間（分）	1日あたりの件数	1日あたりの時間
① 需要予測精度が向上すること ② 新規提案件数が増加、提案の質もあがること	A	定期	週	管理	8：30〜 8：45			0
	O	定期	日	管理		10	1	10
	A	不定期		管理				0
	A	不定期		管理				0
① 顧客訪問が確実にできること	A	不定期		管理	8：45〜 9：00			0
	O	定期	日	固定		10	1	10
	O	不定期		管理				0
① リピート受注が確実におこなわれていること ② 納期確認が得意先で即答でき、信頼感が醸成されること	O	定期	週	管理	9：00〜 9：30	15	1	15
	O	定期	週	管理		5	1	5
	O	不定期		管理				0
	A	不定期		管理				0
	A	不定期		管理				0
	O	定期	日	固定		10	1	10
	A	定期	日	管理		30	1	30
① 会社に持帰り確認することが減少し、即答できることで信頼感が醸成されること ② 単価が維持、向上していること	O	定期	日	変動	9：30〜 16：00	30	4	120
	A	定期	日	管理				0
	O	定期	日	管理				0
	A	定期	日	管理				0
	O	定期	日	管理				0
	A	定期	日	変動				0
	O	定期	日	変動				0
① 指示ミスがないこと ② 社内、顧客との確認が減少すること ③ 製版予定（計画）の変更が減少すること	O	定期	日	変動	16：00 〜 19：00	15	10	150
	A	定期	日	管理				0
	A	定期	日	管理				0
	A	定期	日	管理				0
	A	定期	日	管理				0
	A	不定期		管理				0
① 営業責任の不適合を削減すること	A	不定期		管理				0
② 全体最適の視点で効率を高めること	A	不定期		管理				0
① 製版予定（計画）の変更がないこと ② クレームが削減できること	O	定期	日	変動	17：00 〜 18：00	5	4	20
	A	定期	日	変動		3	20	60
	O	定期	日	固定		10	1	10
① 仕掛品が減少すること	O	定期	月	管理	18：00 〜 19：00			0
① 予実差異分析によって、次の対策がとれていること	O	定期	日	固定		5	1	5
	O	定期	日	固定		10	1	10
① 顧客満足度が向上すること	A	不定期		固定				0
① 下位者の能力開発ができていること	A	不定期		管理				0
② 自部署起因の不適合が再発しないこと	A	不定期		管理				0
① 不適合、クレームが削減できていること ② 営業生産性が向上していること	A	不定期		管理				0
	A	不定期		管理				0
	A	定期	週	管理	8：30	10	1	10
							合計	465

参　照

P.100　Chapter 3　Ⅶ 5「1）職務分析と短時間正社員の職務設計」

P.109　Chapter 3　Ⅹ「3　目標管理制度の運用」

宮城さんが短時間勤務を始めてから、営業１課長は管理業務に十分な時間を確保できず、滞り気味になり、営業企画課や製造部との連携に支障が生じ始めました。そこで、営業１課のある社員から、「引き継いだ業務を他の社員と手分けして手伝いたい」との申出がありました。

時間単位の子の看護休暇・介護休暇

宮城さんの妻が入院し、子供と２人の生活が始まりました。仕事は営業部全体の応援や担当得意先の理解もあり、時間いっぱい集中できていますが、慣れない家事と子供の世話は思った以上に大変です。妻が専業主婦とはいえ、日頃協力していなかったことに気づきます。

昨日は、昼過ぎに保育所から「子供が発熱した」と連絡が入りました。得意先に行く予定を代わってもらい、急いで保育所に迎えに行き、子供を病院に連れて行きました。すぐ熱は下がり、翌日子供は保育所に、自身も出社できたのでよかったものの、職場に申し訳ない気持ちがあり、「今後もこのような時があるかもしれない」と営業１課長に話しました。営業１課長は、「誰にでもあることなのでお互い様、気にしないでほしい」と言葉をかけました。

営業１課長は、宮城さんが午後２時に退社したことを総務人事部に報告し、手続きの相談をしました。対応した高橋さんは、休暇一覧表（図表４－21）を営業１課長に示しながら、「会社の制度にある子の看護休暇は、小学校に入る前のお子さんが病気にかかって世話が必要な場合に、時間単位で１年度に５日まで取得することができます。査定には響かないのですが、残念ながらうちの会社は給料が支払われないので、年次有給休暇とは異なります」と説明しました。営業１課長は「給料が支払われない？」と驚き、「年次有給休暇の届出は３日前までに申請し、上長が承認するというルールですよね。子の看護が急に必要となる場合、年次有給休暇は使えない。子の看護休暇は使えても、給料が支払われない。ただでさえ短時間勤務で給与が減額されているのに、さらに減額とは説明しづらいです……」と、困惑した表情で部屋を出ていきました。

●図表 4 − 21　改訂後の休暇一覧表

	年次有給休暇	子の看護休暇	介護休暇
対象者	勤続 6 カ月以上の社員	小学校就学前の子を養育する社員	要介護状態にある対象家族の介護や世話をする社員
取得理由	問わない	負傷または疾病にかかった子の世話または疾病の予防	要介護状態にある対象家族の介護や世話を行う
申出	原則 3 日前、ただし、子の看護休暇や介護休暇の場合は事後申請可	当日の電話等の口頭の申出も可 (以後書面提出)	当日の電話等の口頭の申出も可 (以後書面提出)
付与日数	各人の勤続年数に応じる	1 年度 1 人 5 日 (2 人以上 10 日)	1 年度に 1 人 5 日 (2 人以上 10 日)
取得単位	1 日、半日、 時間（24 時間分）	1 日、時間	1 日、時間
賃金	通常の賃金	支給なし	支給なし

報告を受けた総務人事部長は、「何のための子の看護休暇、介護休暇なのか。年次有給休暇も家族の急な傷病などに利用できないし、一度検討する必要があるかもしれない」と言い、総務人事部で協議することになりました。

「お子さんの病気の世話や家族の介護で休暇を取得する人が、有休も認められず給料を減額されるのはおかしいです。理想は、子の看護休暇や介護休暇にも給料が支払われると安心なのではないでしょうか」という意見がある一方で、「気持ちはわかりますが、急な欠勤や遅刻早退で、他の社員に影響があるのも事実ではないでしょうか」「現在無給の子の看護休暇や介護休暇に給料を支払うとすると、どれだけの人件費を追加計上するか予測して議論しなければならないので、私たちだけでは決められませんよ」と、現実味のある意見もあがりました。

これらを踏まえ、「年次有給休暇の 3 日前申請を、子の看護休暇や介護のための休暇をした場合に限り、事後申請してもよいというルールはいかがですか？」「現在、年次有給休暇は 1 日か半日単位ですが、時間単位でも OK というのはいかがですか？」といった前向きな案が出されました。

会議の最後、高橋さんは「以前、他社との人事交流会で、病気になったお子さんを預かってくれる病児保育があることを社員に情報提供しているという話を聞きました。社内で両立者をサポートするために私たちも知っておきたいですね」と言いました。

病児保育

主に保育所に通っている子供が病気にかかった場合に、家庭での保育が困難な保護者に代わって、保育士や看護師が保育または看護することをいいます。

宮城さんの妻は退院しましたが、術後の経過を診るため通院しなければなりません。家では寝ている時間も多く、1人で行ける状態ではないため、体力が回復するまでは付き添いたいと思っています。宮城さんは子の看護休暇の説明を受けたときに、妻が介護休暇の対象なることも聞いていましたが、「介護休暇の対象だとしても休暇中の給料は支払われないので、有休の半日申請をしたいです。本当は半日も休む必要はないのですが……」と営業1課長に話しました。

顧問社労士からのアドバイス

「介護休業や介護休暇を取得するためには、公的介護保険の認定がないとだめですか？」と尋ねられることが多々あります。対象家族は祖父母や親だけではなく、配偶者、子や孫などもあるように、公的介護保険の認定とは別ですので間違わないようにしましょう。

1）時間単位の年次有給休暇の導入

議論を重ねた結果、一定の事由の場合、年次有給休暇の事後申請と、時間単位で有休取得ができるよう就業規則を改訂することに決まりました。

時間単位の有給休暇を導入するときは、過半数組合、ない場合は過半数代表者との間で労使協定を締結することによって、年に5日を限度として時間単位年次有給を与えることができます。東西プロセス（株）では、年３日（24時間）時間単位で取得できることに決まりました。就業規則と共通する部分も多いですが、改めて書面にして協定を締結しました。

【労使協定で定める事項】

1. 時間単位年休の対象労働者の範囲
2. 時間単位年休の日数
3. 時間単位年休１日の時間数
4. １時間以外の時間を単位とする場合はその時間数

東西プロセス（株）「就業規則」改訂例

【年次有給休暇の時間単位での付与】

第●条　労働者代表との書面による協定に基づき、前条の年次有給休暇の日数のうち、１年について３日（24時間）の範囲で次により時間単位の年次有給休暇（以下「時間単位年休」という）を付与する。

一　時間単位年休付与の対象者は、すべての労働者とする。

二　時間単位年休を取得する場合の、１日の年次有給休暇に相当する時間数は、以下のとおりとする。

（ア）所定労働時間が５時間を超え６時間以下の者……６時間

（イ）所定労働時間が６時間を超え７時間以下の者……７時間

（ウ）所定労働時間が７時間を超え８時間以下の者……８時間

三　時間単位年休は、１時間単位で付与する。

四　本条の時間単位年休に支払われる賃金額は、所定労働時間労働した場合に支払われる通常の賃金の１時間当たりの額に、取得した時間単位年休の時間数を乗じた額とする。

五　上記以外の事項については、前条の年次有給休暇と同様とする。

東西プロセス（株）「時間単位の年次有給休暇に関する協定書」例

東西プロセス株式会社（以下「会社」という）と東西プロセス労働組合の過半数代表者は、時間単位の年次有給休暇に関し、次の通り協定する。

【対象者】

第１条　時間単位の年次有給休暇（以下「時間単位年休」という）は、すべての従業員を対象とする。

【日数の上限】

第２条　時間単位年休を取得することができる日数は、１年につき３日以内とする。この３日には前年の時間単位年休の繰越し分を含めることとする。

時間単位年休を３日取得したために、前年から繰り越した１日未満の時間が取得できなかった場合は、この時間分は翌年度に繰り越す。

【１日分の年次有給休暇に相当する時間単位年休】

第３条　時間単位年休を取得する場合は、１日の年次有給休暇に相当する時間数は、以下の通りとする。

一　所定労働時間が５時間を超え６時間以下の者……６時間

二　所定労働時間が６時間を超え７時間以下の者……７時間

三　所定労働時間が７時間を超え８時間以下の者……８時間

【時間単位年休の取得単位】

第４条　時間単位年休を取得する場合は、１時間単位で取得するものとする。

【時間単位年休の取得手続】

第５条　時間単位年休の請求は、遅くとも前労働日の終業時刻までに「時間単位年休取得届」に必要事項を記載して、所属長に届け出るものとする。

【時間単位年休に支払われる賃金額】
第６条　時間単位年休に支払われる賃金額は、所定労働時間労働した場合に支払われる通常の賃金の１時間当たりの額に、取得した時間単位年休の時間数を乗じた額とする。

【その他】
第７条　上記以外の事項については、就業規則第●条に定める事項と同様とする。

【有効期間】
第８条　本協定の有効期間は、●●年●●月●●日から１年とする。ただし、有効期間満了の１カ月前までに、当事者いずれからも申出がないときには、さらに１年間有効期間を延長するものとし、以降も同様とする。

事由解消でフルタイム勤務に復帰

同僚の助けを借りながら半年の短時間正社員としての勤務期間は無事経過し、宮城さんの母親が上京して子供の面倒をみてくれるようになったので、宮城さんは短時間正社員の働き方からフルタイム勤務に復帰しました。

結局、宮城さんは半年間の売上目標を到達できず、人事考課はＣ評価と不本意な結果に終わってしまいました。しかし、人生のピンチを助けてくれた営業課長や営業課の仲間、体制を整備してくれた総務人事部、認めてくれた社長に心から感謝し、この会社で一生、精一杯頑張ろうと心に誓いました。

宮城さんの賃金

◆　宮城さんの正社員としての賃金（38 歳　J2 級 29 号）

基礎給＋職務給＋営業手当＋営業業績手当

＝ 144,400 円＋ 100,600 円＋ 50,000 円＋ 50,000 円＝ 345,000 円

◆　短時間正社員として 1 日の所定労働時間 8 時間を 6 時間に短縮した場合の賃金

（144,400 円＋ 100,600 円＋ 50,000 円＋ 50,000 円）× 0.9（※）× 6 時間 /8 時間＝ 232,875 円

※　限定正社員の基本給は、職務等級制度規程、および賃金規程に基づく賃金の 90％を基準とします。

※　宮城さんの人事考課（C 評価）は規程に従い短時間正社員適用前の等級のままとします。

※　上記の説明に家族手当等は含まれていませんが、これは職務の価値、困難度、重要度等に対して支給されるものでないため、労働組合との協議を経て、労働時間が短縮されたことを理由に減額しないことで合意しています。

参　照

P.296　規程集「賃金規程」第 2 章 第 10 条 第 8 項

両立事例６

仕事と介護の両立はしんどい

～職種変更と短日勤務で職場環境を整えて迎える～

社員本人	名前 / 年齢 / 性別 / 未婚 or 既婚	千葉さん /47 歳 / 男性 / 既婚
	就業形態 / 等級	正社員 /J2 級
	所属 / 職種 / 役職	本社 / 営業職 / 役職なし
対象家族	年齢 / 性別 / 社員との続柄	80 歳 / 男性 / 実父
	傷病 / 既往症歴 / 要介護度 / 介護方法等	身体機能低下 / 要介護 1/ デイサービス利用、市サービス利用
	同居 / 別居	別居一人暮らし
家族構成		父 / 母【他界】/ 姉（父と同市内在住）/ 千葉さん
両立の内容等		①介護短日勤務制度利用（1 年） ◆　営業職から営業事務に移る ②フルタイム勤務に復帰 ◆　営業事務から営業職へ

父親の変化に心がついていけない介護者

営業部営業２課の千葉さん（47 歳男性）は、半年前から毎週金曜日に自宅から車で２時間離れた実家に向かいます。理由は、１人で暮らす父親（80 歳）が、身体機能の低下が理由か、ふらつきやめまいを起こすことが続いているからです。父親の状況がよくなるまで、ということで営業２課長に定時退社の了承を得、同じ市内に住む姉が平日、千葉さんが週末、父親の見守りをしています。

毎週金曜日定時で退社し、一度自宅に戻り、妻が用意してくれた食材等を車に積み込み実家に向かい、月曜日の早朝に実家を出て自宅に戻る生活には慣れてきたものの、千葉さん自身が疲労を感じることも増えてきました。小さい頃から父親のようになりたいと憧れを抱いていただけに、毎週会うたびに父親の老いを感じ、話しかけても応答がない現状に、千葉さんの気持ちは沈むばかりです。

先日、仕事中、車を運転している時にぼうっとしていたのか、ブレーキを踏む瞬間が遅くなり前方の車にぶつかる事故を起こしてしまいました。

千葉さんは社内に戻り、営業２課長に事故の報告をした際、「本当に申し訳ありません。父親の見守りと仕事の両立をできる自信がありましたが、もしかしたら無理なのかもしれません。父親がこの先、元気になるかどうかわかりませんし、長男は私なので姉ばかりに負担もかけられません。これからのことを考えると辞めるしかないのかな……」と、消えるような声で言いました。営業２課長は「１人で決めないで、早まらないように。一緒に考えましょう」と声掛けしました。千葉さんは「よろしくお願いします。どんな形でもよいので、この会社で働き続けたいです。土日はどうしても実家で父親を支えなければならないため、金曜日か月曜日にお休みさせてもらえたらとても助かります」と言いました。

職種変更を伴う短日勤務

千葉さんの今後について営業２課長と営業部長は、一時的に営業のサポートをする営業事務をさせるのはどうかと検討し始めました。その間は営業職の給料ではなくなるので、千葉さんは希望しないかもしれません。

また、毎週金曜日か月曜日にお休みを取るのは、本人の有給休暇で対応してもらえばよいことですが、１年は52週あるので、毎週１日ずつ取得すると付与されている日数だけでは足りません。何か案はないかと総務人事部に聞きに行きました。

総務人事部の高橋さんは、他社の介護支援制度を調べていた時に、１日の所定労働時間を短くするのではなく、１カ月の所定労働日数を減らす「短日勤務」の方法を取っている企業のことを思い出しました。

これを総務人事部の検討チームに報告すると、「確かに介護の場合、育児とは異なり、複数人で分担しやすいと聞きます。担当でない日は残業もできるわけですから、短時間勤務というのは合いませんね」「しかし、わが社の育児介護休業等規程に短日勤務のルールがありませんから、新たに導入することになりますね」「介護に限り、被介護者の状況に合わせて、短時間や短日に変更できるようにしたらよいのではないでしょうか」と、短日勤務について活発な意見が出ました。

総務人事部では、これらの取決めについて労働組合との協議を重ねた後、短日勤務案を作成し、幹部会議の承認を得て、施行にいたりました。

介護短日勤務

週の中であらかじめ設定した1日を不就労日とし、当該曜日は勤務しないことを認める制度をいいます。

東西プロセス（株）「育児介護休業等規程」から短日勤務に関する条文抜粋

【介護短時間勤務・短日勤務】

第●条

2　勤務時間等の短縮については、以下の通りとする。

一　勤務時間等を次のいずれか1つを選択して勤務することができる。

（ア）1日の所定労働時間を短縮する制度

（イ）週または月の所定労働日数を短縮する制度

二　所定労働時間を短縮する場合は、就業規則に規定する1日の所定労働時間を①6時間　②6時間30分　③7時間のいずれかから選択し、所定労働日数を短縮する場合は、申出前の週又は月の所定労働日数の75％までの日数とする（契約社員、パートタイマー社員の場合は、労働条件通知書又は労働契約書に基づく契約期間による）。

三　前項の所定労働時間の始業・終業時刻は、本人の希望及び業務の都合を勘案して、労使の話合いの上で決定する。

フルタイム勤務に復帰

千葉さんの短日勤務が始まり約7カ月が過ぎた頃、父親の生活にも変化がありました。父の同級生（80歳）から「私は週に3日、これ以上介護が必要にならないために天然温泉の風呂があるデイサービスに行っているよ。一緒に行ってみませんか？」と誘われたのです。

「予防レベルでデイサービスが使えるのだろうか？」と疑問を感じ、地域包括支援センターで利用の条件を尋ねると、介護保険制度における認定が必要だとわかりました。「食事や排せつなど身の回りのことは大抵できますが、運動能力の低下がみられます」と父親の現状を伝え、介護保険の申請をして調査を受けた結果、千葉さんの父親は要介護1と認定されました。

結果を受け、父親はデイサービスに通うことになりました。知り合いができたことや大きな風呂に入ること、選べる手作りランチが楽しみになったようで笑顔が増え、ふらつきやめまいが少なくなってきました。

千葉さんは姉や妻と相談し、父親の状況を見ながら同居の準備を進めることを決め、それまでは介護サービスや千葉さんの父親が住んでいる市のサービスにお世話になろうということになりました。父親の住む市には、65歳以上の一人暮らし高齢者に貸出される緊急通報装置サービスや1日1食の昼食または夕食の配食サービスがあります。また、新聞配達員が一人暮らし高齢者宅を把握し、新聞受けにそのままになっている場合など「異変」を教えてくれる安否確認サービスがあるというのです。

千葉さんは父親の見守りや身の回りの世話を家族だけでどうにかするのではなく、介護のプロの力や、自治体・民間のサービスや民間サービスを活用しながら、「姉の平日の介護時間を減らし、自身の毎週末の帰省を減らすためにはどうするか？」という思考でスケジュールを考えるようになりました（図表4－22）。

おすすめツール・サイト

安否確認ができる民間サービスには、以下のようなものがあります。

新聞販売店による見守りサービス、ヤマト運輸見守りサービス、セコム見守りサービス、つばめタクシー見守りサービス　など

●**図表４－22**

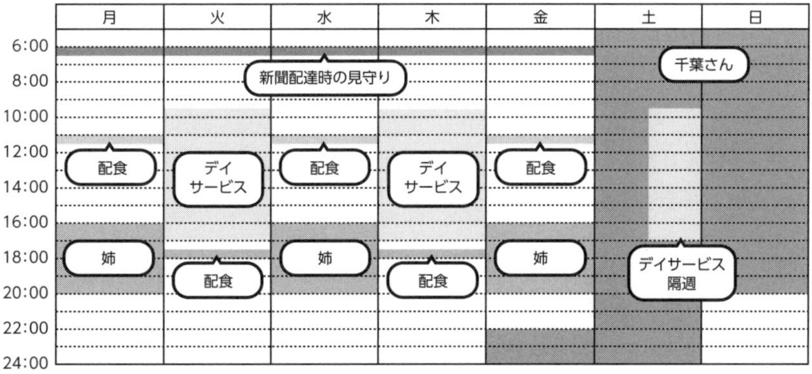

愛知県「仕事と介護の両立支援策導入マニュアル」より一部改変

父親を見守る体制が整った千葉さんは、父親の現状と自分の心身の状態を確認し、課長に短日勤務からフルタイム勤務へ、そして営業２課に戻りたいことを伝えました。総務人事部は営業部長の意見も聞いた上で、千葉さんを元の職務（等級）に戻すことにしました。

千葉さんの賃金

◆　千葉さんの正社員としての賃金（47歳　営業職　J2級31号）

基礎給＋職務給＋営業手当＋営業業績手当＝

150,000円＋ 102,000円＋ 65,000円＋ 60,000円＝ 377,000円

◆　営業事務職に職種変更

短日正社員として週5日勤務から週4日勤務に短縮した場合の賃金

(150,000円＋ 102,000円)× 0.9（※）× 4日/5日

＝ 181,440円

※　限定正社員の基本給は、職務等級制度規程、および賃金規程に基づく賃金の90%を基準とします。

◆　営業職に戻る（復帰時（4月1日時点）の満年齢：48歳　J2級31号）に戻る

150,000円＋ 102,000円＋ 65,000円＋ 60,000円＝ 377,000円

※　基礎給は、46歳以降定期昇給がないため、以前の職務時の給与と同額とします。

参　照

P.296　規程集　「賃金規程」第2章 第10条 第3、8項

両立事例 7

親の通院の付き添いが日常
〜介護休暇を有休扱いに〜

社員本人	名前 / 年齢 / 性別 / 未婚 or 既婚	大阪さん /42 歳 / 女性 / 未婚
	就業形態 / 等級	正社員 /J3 級
	所属 / 職種 / 役職	広島工場 / 校正検査職 / 役職なし
対象家族	年齢 / 性別 / 社員との続柄	87 歳 / 女性 / 実母
	傷病 / 既往症歴 / 要介護度 / 介護方法等	身体機能低下 / 要介護 4/ 居宅サービス + 母親の友人や近所の応援あり
	同居 / 別居	同居
家族構成		父【他界】/ 母 / 妹 / 大阪さん
両立の内容等		介護休暇 ◆　無給が有給に

年次有給休暇が足りない

広島工場の校正検査課で働いている大阪さん（42 歳女性）には、要介護 4 で、自力で歩行やベッドからの起き上がりができず、車いす生活が中心となっている母親（87 歳）がいます。その介護をしてきた父も高齢となり、いずれ自分が両親の面倒を見ることになるだろうと思った大阪さんは、大学卒業後就職した東京の会社を辞めて地元に戻り、東西プロセス（株）広島工場に中途入社しました。

しばらくは近隣に一人暮らしをしていましたが、父が急に体調を崩して亡くなった 3 年前を機に、母親と同居しての介護が始まりました。

大阪さんが介護をするのは、主に出勤前の朝食の時間、工場から帰ってくる 18 時以降から 22 時ごろの就寝まで、そして週末です。父親が介護している時から利用している介護保険や、母親の友人とご近所さんの応援があったおかげで、大阪さんは午前 8 時 30 分から午後 5 時 30 分のフルタイム勤務を続けています。週末も妹や叔母が交代してくれることがあり、月に1度の習い事や日中の買い物といった気晴らしの時間を何とか確保できていました。

母親の通院に付き添う時は年次有給休暇を充てていましたが、新たにもう1カ所通院することになり、月2回休まなければならないことになりました。妹や叔母もそれぞれの事情で平日に休むのは難しいようです。大阪さんは家庭の事情も含め、母親の通院で月2日休みたいことを校正検査課長に伝えました。

校正検査課長は、「たしか通院のために休める介護休暇というものがあるので、有給休暇を全日使用した場合は介護休暇をとってもらうことになりますね」と伝えましたが、大阪さんは「自分でも調べましたが、介護休暇は給料が支払われないとわかりました。友人の会社では、介護休暇も慶弔休暇のように給料が支払われると聞きましたし、大手企業に勤務している友人は、過去取得できず消えた自分の有給休暇を繰り越して利用しているそうです。わが社のルールは変わらないのでしょうか？」と、質問しました。

●図表4－23　年次有給休暇の付与日数

通常の労働者の付与日数

継続勤続年数	0.5年	1.5年	2.5年	3.5年	4.5年	5.5年	6.5年以上
付与日数	10日	11日	12日	14日	16日	18日	20日

週所定労働日数が4日以下かつ週所定労働時間が30時間未満の労働者の付与日数

	週所定労働日数	1年間の所定労働日数（※）	継続勤続年数						
			0.5年	1.5年	2.5年	3.5年	4.5年	5.5年	6.5年以上
付与日数	4日	169日～216日	7日	8日	9日	10日	12日	13日	15日
	3日	121日～168日	5日	6日	6日	8日	9日	10日	11日
	2日	73日～120日	3日	4日	4日	5日	6日	6日	7日
	1日	48日～72日	1日	2日	2日	2日	3日	3日	3日

※　週以外の期間によって労働日数が定められている場合

厚生労働省「年次有給休暇取得促進特設サイト」より作成

校正検査課長は製造部長との打合せで、大阪さんのことと、課内で「誰にでも親はいるから介護休暇を使う可能性は高いです。1人あたり年5日の介護休暇にも、給与が支払われるといいですね」との意見があったことを伝えました。

介護休暇を有休扱いに

以前総務人事部は、ダブルケアをしていた営業部営業1課の宮城さんへの対応として、年次有給休暇の事後申請と、年3日分（フルタイム勤務者は24時間分）時間単位で有休取得ができるよう改定しました。その反面、「子の看護休暇や介護休暇について給料を支払うことは、どれだけの人件費を追加計上するか予測して議論しなければならないので、私たちだけでは決められない」として、子の看護休暇と介護休暇を有給扱いすることは見送っていました。

その後総務人事部は、技術や経験ある社員が退職し、採用募集の広告や面接時間、新たに入社した社員への教育時間にかかる経費をシミュレーションし、家族の看護や介護のために休む休暇を福利厚生として支払う経費と比較する資料を作成しました。それを元に、現社員の退職が大きな損失になることを社長に説明すると、「人材確保が難しいなかで優秀な人材を流出させないためには、まだまだ改定するべきことがあるとがわかった」と言い、子の看護休暇と介護休暇について給料を支払うことに納得してくれました。

しかし、大阪さんが触れた**失効した年次有給休暇**の利用については、総務人事部では時期尚早と判断し、まずは年次有給休暇の取得率を上げるための促進に努めることにしました。

失効した年次有給休暇

積立有休ともいい、失効した年次有給休暇を積み立てて、介護や病気で長期療養する場合などで引き続き取得を可能とする失効年休積立制度（失効した年次有給休暇積立制度）という仕組みに基づく休暇です。

失効年休積立制度に法的な定めはなく、実施は任意ですが、その性質上、有休扱いとして利用できます。大企業を中心に、社員の福利厚生の一つとして活用されています。

両立事例８

介護のためパート勤務だった優秀な事務職

～介護の時間減を機に短時間正社員に～

社員本人	名前／年齢／性別／未婚 or 既婚	宮崎さん／38 歳／女性／既婚
	就業形態／等級	パート／等級なし
	所属／職種／役職	本社／財務職／役職なし
対象家族	年齢／性別／社員との続柄	83 歳／男性／義父
	傷病／既往症歴／要介護度／介護方法等	生活全般で多少介助が必要／要支援 2/ デイサービス
	同居／別居	同居
家族構成		義父／義母【他界】／義姉／夫／宮崎さん
両立の内容等		①パート勤務 ②正社員登用制度により短時間正社員に

正社員並みの職務遂行能力を持つパートタイマー

本社財務部に採用されて３年になるパートタイマーの宮崎さん（38 歳女性）は、仕事が早く正確で、財務部長にとって「心強い存在」となっています。

宮崎さんはもともと他社で子育てをしながら正社員として頑張っていましたが、生活全般で少しずつ介助が必要になっていた義父（83 歳）を呼び寄せて同居するにあたって、その会社で勤務し続けることは難しいと判断して退社。東西プロセス（株）のパートタイマーとして働くことになりました。

前職でも財務担当だったと聞いていたものの、パートタイマーの時給を決める方法がなかったため、正社員の職務基準書に照らし合わせてみました。社会保険料申告業務や年末調整業務、試算表作成などの作業能力が中級に値するとし、それに基づいた時給を設定しました。

宮崎さんは午前9時30分に出勤し、午後3時30分に退勤する1日5時間勤務をしていました。雇用契約は、1年契約を更新する有期雇用契約となっていて、もうすぐ次の更新時期を迎えます。宮崎さんが短時間労働者であることは間違いないのですが、財務部長は、宮崎さんが“パート”であることと、その仕事ぶりにギャップを感じていました。

次期の雇用契約書の書面が財務部に届いたので、財務部長は宮崎さんを呼んで、次期の雇用契約について契約書に記載されているとおりに説明しました。内容に宮崎さんも同意し、契約更新が決まりました。

面談中、私生活については「義父は生活全般に少しずつ介助が必要ですが、平日は利用しているデイサービスで友人ができたようで元気に暮らしています。そこで、『人生会議』をしたという話を聞いたらしく、自分もどこで、どのような医療・ケアを受けたいかを話しておきたいと言ってきました。そこで義父、義姉夫婦、私たち夫婦で、人生会議を行ってみた結果、義父は義姉の子供の受験が終わる来年4月から、義姉と同居することになりました」と報告しました。

おすすめツール・サイト

厚生労働省「人生会議」

もしものときのために、望む医療やケアについて前もって考え、家族等や医療・ケアチームと繰り返し話し合い、共有する取組みのことです。

パートタイマーを評価する仕組みがない

財務部長は、総務人事部長と話をするなかで「よく頑張っているパートの時給をもう少し上げることはできないのでしょうか？　うちの事務職のパートの時給は、入社時から少し上がるとそのままみんな同じですね。パートでも社員並みの仕事ができる人を、社員のように評価する仕組みがあってもいいのでは？」と尋ねてみました。

続けて「そもそも正社員だった宮崎さんは、お義父さんの介助のために前職を辞め、わが社でパートとして働くようになりました。半年後にお義父さんの介護もお義姉さんに移るようなので、勤務時間だけでパートと一括りの賃金で雇用しているわが社を辞め、他社に転職されるかもしれません。職務遂行能力は正社員に見劣りしないどころかむしろ優秀なので、しっかり定着してもらえる仕組みがあるといいなと思うのです。以前、短時間正社員が誕生したと聞きましたが、宮崎さんにとってもわが社にとっても、評価の見直しはメリットがあるのではないでしょうか」と伝えました。

●図表４－24　短時間正社員制度を導入するメリット

「企業（組織）」に対するメリット	「労働者」に対するメリット	「社会」に対するメリット
① 意欲・能力の高い人材の確保	① ワーク・ライフ・バランスの実現	① 仕事と子育ての両立の実現を通じた、少子化への対応
② 生産性の向上 職場マネジメントの改善や業務効率化	② 正社員登用を通じたキャリア形成の実現	② 仕事と介護の両立の実現を通じた、高齢化への対応
③ 満足度の向上による定着	③ 処遇の改善	③ 労働力人口の減少への対応 女性、高齢者等の「全員参加の社会」の実現
④ 労働関係法令等の改正への円滑な対応 ※高年齢者雇用安定法、労働契約法	④ 職場全体の長時間労働の解消 職場マネジメントの改善や業務効率化	④ 企業競争力の向上を通じた経済環境の改善

厚生労働省　「短時間正社員制度導入支援マニュアル」より

パートタイマーを正社員化する動き

育児、介護、健康上の理由等で、フルタイム正社員が短時間正社員になる場合はありますが、パートタイマーが短時間正社員になる制度はありません。採用募集に苦戦している総務人事部は、正社員とほぼ同じ待遇で働けるようにしたらどうかという財務部長の提案を受け、パートタイマーへの「短時間正社員制度」適用を検討し始めました。

総務人事部長の指示で高橋さんは、正社員・短時間正社員・パート社員の比較表（図表４－25）を作成しました。また、パートタイマー15名のうちで社内該当候補者を洗い出すことから始めました。

●図表4－25　身分別比較表

	正社員	短時間正社員	パート社員
契約期間	期間の定めなし	期間の定めなし	原則、有期雇用
1日の所定労働時間	1日8時間	1日6～8時間までの間で契約	1日3～7時間までの間で契約
1カ月の所定労働日数	平均月21日	17日まで短縮可	週3～5日の間で契約
人事評価等級制度	あり	あり	なし
給与	日給月給制	日給月給制	時給制
賞与	あり	あり	あっても寸志
退職金	あり	あり	なし
教育訓練	あり	あり	内容による
社会保険や雇用保険	加入	加入	条件により加入
転勤や配置転換	転勤を伴う異動あり	配置転換あり	原則、なし

パートタイマーを短時間正社員に登用するにあたっては、総務人事部において、下記のおおまかな案を出し、それを総務人事部長が幹部会議において説明するということで進めました。

【短時間正社員制度のルール】

1. 短時間正社員の勤務場所
   短時間正社員となったときに所属する事業所に限定する。
2. 短時間正社員は、1日の所定労働時間（8時間）を6時間まで短縮、または1日の所定労働時間（8時間）のままで、月の所定労働日数を17日までに短縮する。
3. 許可基準
   短時間勤務を希望する従業員の職務基準、役職、責任度、勤務態度、家庭の事情を総合的に判断する。
4. 短時間勤務適用期間
   本人の希望と業務上の都合を元に協議の上、決定する。

5. 短時間正社員は、人事異動による転勤の対象としないが、職種変更の対象とする。

パートタイマーから第１号の短時間正社員誕生

正社員転換制度規程が整備され、介護から手が離れたことを機に受験した登用試験に合格した宮崎さんは、短時間正社員となりました。自身の仕事ぶりが認められたこと、また給料も上がったことでモチベーションも高まり、財務部長には生き生きと働いているように見受けられました。

翌年、本社に隣接する広島工場で欠員が出ると、宮崎さんの臨機応変な処理能力が買われ、広島工場営業部の営業事務職に異動が命じられました。東西プロセス（株）の短時間正社員は、転勤はないものの転勤を伴わない職種変更は行うことになっています。今まで財務部の仕事が性に合うと感じていた宮崎さんにとって、未経験の職務に対する不安に加えて、営業社員との連携や、得意先とのやり取りなど、新しい業務を覚えることを考えると憂鬱な気持ちになり、難色を示しました。

しかし、「正社員」である以上、配置転換に応じなければなりません。不安な気持ちもありましたが、パートタイマーから短時間正社員の第１号者として何事もチャレンジとしていこうと異動を受けました。

宮崎さんの賃金

◆ パートタイマーとしての賃金　時間給 1,030 円

◆ 短時間正社員に登用時、職務分析、評価の結果、J2 級 1 号に格付けされた時の賃金

基礎給＋職務給 ＝ 144,400 円＋ 81,000 円
＝ 225,400 円（月給 / フルタイムの場合）

1 時間あたりの賃金は、

225,400 円÷ 168 時間＝ 1,341.66 円≒ 1,342 円

1 日 5 時間勤務のため、基本給（月給）は

225,400 円× 0.9（※）× 5 時間 / 8 時間
＝ 126,788 円

※　限定正社員の基本給は、職務等級制度規程、および賃金規程に基づく賃金の 90％を基準とします。

労使交渉によって、正社員や限定正社員が、パートタイマーに雇用形態を変更した場合、賃金は職務等級制度による正社員の賃金の 80％とすると決定されています。これに従うと、

1,342 円× 80％＝ 1,074 円

となり、当初のパートタイマーとしての時間給に比べ昇給となりました。

なお、パートタイマーの人事制度がある場合は、その制度に基づいて格付けすることになります。

参　照

P.296　規程集　「賃金規程」第 2 章 第 10 条 第 8、9 項

両立事例９

介護者の退職
～ジョブ・リターン制度の利用で復職～

社員本人	名前／年齢／性別／未婚 or 既婚	奈良さん／38歳／男性／未婚
	就業形態／等級	正社員／L1級
	所属／職種／役職	本社／デザイン職／リーダー
対象家族	年齢／性別／社員との続柄	68歳／男性／実父
	傷病／既往症歴／要介護度／介護方法等	がん（余命半年と宣告）
	同居／別居	別居
家族構成		父／母【他界】／奈良さん（一人っ子）
両立の内容等		①介護離職 ②ジョブ・リターン制度

遠方に住む父親と最期を過ごすために介護離職を決断

営業本部デザイン部L1級の奈良さん（38歳男性）には、母の他界後、遠方で一人暮らしをしている父（68歳）がいます。

ある年の10月下旬、父の熱が下がらず、病院で精密検査したところがんが見つかり、主治医から余命半年と宣告されました。奈良さんは、母が亡くなる前に何もできなかったことを後悔しており、父親には何かしてあげたいと漠然と思っていましたが、こんなに早くその日が訪れるとは予想しておらず、動揺しました。

会社の介護支援制度や休職制度について調べましたが、①介護休業制度は通算93日まで、②終日介護が必要と予測されるため在宅勤務は不可能、③休職制度の期間は4カ月となっており、利用しても満了日から復職できる見込みはありません。何より中途半端な状況で職場に迷惑をかけるのは申し訳ないという気持ちで、デザイン部長に「突然ですが、年内いっぱいで退職させてほしいです」と申し出ました。

デザイン部長は総務人事部に「どうにか退職させない方法がないか」と尋ねました。高橋さんは社内の制度等を一つひとつ確認しましたが、奈良さんの希望を支援できる制度はありません。デザイン部長はそれでも何とかできないかと「他の家族や親族の協力は？」などと面談を重ねましたが、奈良さんの気持ちは変わりませんでした。

奈良さんが退職してから半年が経った頃に、広島工場の画像処理課では三重さん（27 歳女性）が、出産を機に退職することになりました。女性社員の比率が高い画像処理課では、納期が迫ると残業が多くなるため、結婚を機に退職するケースが少なくありません。三重さんは、身につけた技術を失いたくないと家庭と仕事の両立を頑張っていましたが、子供を預けて仕事をしているイメージはできず、一区切りつけようという決意は固いものでした。

介護離職防止・仕事と介護の両立支援研修開催

総務人事部の高橋さんは総務人事部長に「介護に関する実態把握調査で、[社内の両立支援制度を知っている] と回答した人が 5 割弱でした。全社員が [知っている] にならなければ、介護離職防止につながりません。実態調査の結果も全社員に伝えたいですし、仕事と介護の両立支援研修を行ってはいかがでしょうか？」と提案しました。総務人事部長は「確かに新たな支援制度もできてタイミングがいいかもしれないね。何を伝えていくべきか社労士の先生に相談し、講師を頼んでみます」といい、早速、本社を皮切りに介護離職防止・仕事と介護の両立支援研修を開催することになりました。

顧問社労士は「参加者が一方的に話を聞くだけではなく、ワークショップ（参加者が主体となる体験型研修）の時間も設けたいですね。高橋さんが社内の両立制度を伝え、可能であれば両立体験者に話をしてもらえると、介護をしながら仕事を続けるイメージがわくのではないでしょうか？　心配事を抱えている人も後日相談しやすいでしょう」と言いました。高橋さんも有効な時間になりそうだと想像できました。

【受講後の感想】

- ◆ 両立支援していくことが本人だけではなく会社や社会にとっても重要であることが理解できた
- ◆ 介護に対する対応は決して他人事ではないことを理解できたのでチーム内で一度シミュレーションをしておきたいと感じた
- ◆ 自身も親の介護について考えることを避けてきたが、改めて他人事ではないことに気づいた
- ◆ 介護は、どちらかといえばネガティブな内容だけに当事者としても１人で悩みがちであるため、日頃よりメンバーの表情の変化には注意を配りながら声かけを行ったり、気軽に言い出せる雰囲気づくりをしていきたい

育児カフェ・介護カフェの実現

研修の効果を感じた総務人事部の高橋さんは、育児や介護の両立経験者と気軽に話せる場をつくっている他社事例に興味を持ちました。総務人事部長も提案に前向きで、「協力してくれる社員がいるとよいのですが……」などと話していたところ、「それっ、体験者として私、話してもいいですよ」と傍で聞いていた山梨さんが手を挙げました。山梨さんは新卒で東西プロセス（株）に入社、現在４歳の娘を育てるママです。

総務人事部長から「トライアルとして１回やってみよう」と背中を押され、名称は「育児カフェ」、責任者は山梨さんと決まりました。さらに協力者が２人見つかり、山梨さんを入れて育児体験者は計３人。社員が参加しやすいように昼休みのランチタイムにオンライン会議システムを利用しました。

山梨さんの頑張りもあって、参加した社員からは大好評でした。そもそも部署が違う社員同士が話せる機会がないので、男性の育児休業体験者や介護に関する話もやってほしいというリクエストが出たほどです。以降、育児と介護を交互に３カ月に１回開催しています。

参　照

P.36　Chapter 2　Ⅲ「3）仕事と介護の両立支援研修の開催」

ジョブ・リターン制度の導入を検討

2回目の育児カフェで、「退職した社員を再雇用する制度があればいいのに」との声が挙がりました。「働き続けたい気持ちはあるのですが、初めての出産や育児、または介護で仕事と両立できるかわからない、また仕事で迷惑かけてはいけないという気持ちもあり、一旦退職することを選択する社員もいます。在籍中から『ジョブ・リターン制度』があることを知っていたら、家庭の案件に目途が立ち、在籍中に培った能力や知識を活かして再び活躍したいという人もいるのではないでしょうか？」

この話を聞いた山梨さんは、早速総務人事部長に報告しました。総務人事部長は、「今後の労働力人口の減少を考えると、このような制度があってもいいと思います。しかし、活躍したいと考えている人が応募してもタイミング的に人員が足りている状態かもしれない。そこについて他社はどうしているのだろう？　検討の余地はありますが、前向きに考えていきましょう」と言いました。

以前、退職した画像編集オペレーター数名に連絡してみたもののよい回答がもらえなかった記憶がある総務人事部の高橋さんは、自主的にジョブ・リターン制度を調べていました。企業によっては「再雇用制度」や「キャリアリターン制度」、「カムバック制度」などと呼ばれており、導入しているのは大企業が中心であるとわかりましたが、中小企業こそ、会社での経験をつなげてもらうために必要ではないかと強く思うようになっていました。その思いに応えるようなタイミングで、総務人事部でジョブ・リターン制度を協議することになりました。

ジョブ・リターン制度の導入

東西プロセス（株）では、高橋さんが調べた以下の他社事例を元に、制度の良い点と悪い点を出しながら協議しました。

【ジョブ・リターン制度の例】

1. 制度概要

退職日以降、一定の条件を満たす従業員を対象に再入社希望の登録を受け付け、当社の人材ニーズに応じ条件等に適合した場合に選考する。

2. 対象者

本人の結婚、出産、育児もしくは介護等または配偶者の転勤を理由として退職した従業員。

3. 資格要件

次の条件に該当する退職した従業員が登録できるものとする。

- 当社で勤続年数が３年以上あること
- 退職日から７年以内であること
- 心身ともに健康であること

4. 再入社の決定

当社に要員補充等の必要が生じた場合、諸条件に適合する登録者を対象として、選考審査を実施の上、決定する。

5. 再入社時の処遇

- 再入社後の雇用形態は、当初の６カ月以内は有期雇用契約で雇用形態は契約社員する
- 処遇条件（給与）等については、当初の６カ月以内の有期雇用契約期間中は、時給を適用し、社員登録時の給与は、離職時の給与を勘案し有期雇用契約期間中の評価をもとに決定する
- 勤務地および職務について

原則として退職時の勤務地および職務、登録内容を勘案の上決定する。退職時の勤務地、職務に必ず復帰できるとは限らない。

1年後、東西プロセス（株）にジョブ・リターン制度が導入されました。介護を理由に退職した奈良さんや出産を理由に退職した三重さんにも案内を送ったところ、奈良さんから「余命半年と言われていた父ですが、自宅に戻り、ヘルパーさんや近所の人にも助けられて、先日無事に見送ることができました。会社のタイミングがあるかと思いますが、是非ジョブ・リターン制度に登録したいです」と総務人事部に連絡が入りました。求人難のデザイン部にとっては朗報で、総務人事部長が社長に奈良さんの件を伝えたところ、すぐに再入社の検討を始めるよう指示されました。

参　照

P.317　規程集 「ジョブ・リターン制度規程」

奈良さんの賃金

◆ 奈良さんの正社員としての賃金（38歳　デザイン職　L1級）退職時点の賃金

基礎給＋職務給＝144,400円＋180,000円＝324,400円

◆ 復職後の賃金（復帰時（4月1日時点）の満年齢：39歳　等級は退職時と同じ）

契約社員として6カ月の雇用契約をした後、正社員登用する

基礎給＋職務給＝145,800円＋180,000円＝325,800円

参　照

P.296　規程集 「賃金規程」第2章 第10条 第3、8項

Ⅲ　東西プロセス（株）の姿勢から学ぶ

いかがでしたか？

両立事例１で長崎さん（独身男性）がメッキ課長に相談した時、育児介護休業等規程を含む就業規則ファイルが誰でもすぐに確認できる休憩室に置かれていたこと、親身になって話を聞きながら「総務人事部に尋ねてみるよ」と励ましたことから、両立の道が開けました。

もしメッキ課長が「介護？！　そんなの家庭のことだろ。仕事場に家庭の話を持ってこないで」という対応をしていたら、長崎さんは東西プロセス（株）で働き続けることを諦めていたかもしれません。どの企業でもそういう対応をされるのではないかと長崎さんが悪いイメージを持てば、再就職もトライしなかったかもしれません。

また、社長が初めてのケースに困惑した場面で、総務人事部長が「介護に直面しても、働き方を変えてでも就業継続してもらいたいというトップメッセージが建前でなく、本音・本気であることを発信し続けることが、全社員の意識改革の上でとても重要です」と進言できたことも大きいでしょう。これによって介護離職防止に対する姿勢（あり方）が決まり、介護をすることになった社員としっかり向き合い、方法を探ることができました。

様々なケースを通して、年次有給休暇の時間単位の取得やフレックスタイム制、正社員転換制度など、育児や介護に関係しない社員も利用できる制度が出来上がり、誰もがメリハリのある働き方を目指そうというムードが全社で育っていくことになりました。

1　多様性と多様な働き方を実現する管理職の姿勢と役割

多くの管理職は、業務に忙殺され、部下との会話や人事施策に時間をとる余裕がありません。まして、権限を委譲されず曖昧な地位にいるのであれば尚更です。しかし、部下の様々な事情を考慮しつつ多様な働き方を推進していくためには、これまで以上にリーダーシップを発揮してもらわなければなりません。

ここでいうリーダーシップは、多様性がもたらす多様な働き方のなかで生じる様々なストレスや葛藤から目を背けたまま発揮されることはありません。管理職自らがロールモデルとして、組織のありたい姿（理念）を念頭に、積極的に部下に関与（コミュニケーションやサポート）をし、人事部を中心とする他部門や部内メンバー間との調整役を担うことが求められます。

両立事例で示されている管理職は、介護のための短時間勤務や在宅勤務、休業によって抜けた部下の穴を前向きに捉えています。部下を巻き込んで職務再設計を実施することで、結果としてパフォーマンス（生産性など）を維持・向上できた上、組織文化を醸成する良い機会となりました。また、部下からの信頼の獲得にもつながっています。

このほかに重要なことは、多様な働き方を選択せざるを得ない状態になった部下が、目指していたキャリア形成を否応なしに崩される場合への支援です。これに対して管理職は、部下の今後のキャリアについて確認し、キャリア計画の見直しをする必要があります。同時に、職務再設計の影響にあった他のメンバーにもこれを実施することで、職場メンバーは成長への道筋を確認でき、職場の一体感が生まれることになります。

多様性とこれによる多様な働き方への取組みは、職場内のコミュニケーションや相互理解を難しくし、管理職のマネジメントも複雑化させることは間違いありません。

しかし、誰しも避けて通ることが難しい介護を、組織としてサポートしていくんだという管理職の明確な姿勢は、従業員同士の助け合い、相互理解する組織風土を醸成し、従業員エンゲージメントを高めることになります。これからの人的資本経営の実現には欠かせない考え方であるといえるでしょう。

2 職務再設計をした際の職務評価

東西プロセス（株）のケースでは、労使交渉の結果、正社員が限定正社員になる場合の基本給は90%とし、また、正社員や短時間正社員がパートタイマーとなる場合の時間給は80%を基準とするよう合意しており、これに基づき制度が運用される限りにおいては問題ありません。

しかし、限定社員となった際に職務が再設計され、従来の職務の難易度が変更される場合、これで賃金の公正さを保たれるのか疑問が残ります。

東西プロセス（株）のケースでは、常に職務分析が実施され、普段から作業標準書（職務基準書の元）に基づき、作業が遂行されています。また、生産性の観点から課業分担もされています。

ところが、限定正社員になって課業分担が変更、つまり職務において遂行される課業を絞り込むことで、その数が減少したり、課業そのものを下位レベルの業務にせざるを得ない場合があります。

この場合、職務の難易度は変更されていることから、本来は再設計された職務を職務評価することが必要です。結果として等級が異動するのであれば、その該当等級に応じた賃金を支給するという考え方が大前提でなくてはならないのです。

昨今、IT 技術の発展によって、場所を限定せず仕事ができるようになり、転勤や出張が不要となってきています。加えて、プライベートを重視する社員の多くが、転勤を避ける傾向にあります。

このように働き方や場所を自分で選択できる時代において、職務内容の明確化ができる職務分析の役割は重要です。なぜなら、組織における個々の社会的ストレスを軽減できるだけでなく、企業としても社員の働き方の変更に左右されずに生産性を維持、向上させることが可能となるからです。

両立事例	東西プロセス（株）		介護中、社員本人が行ったこと
	職場の現状・出来事	人事労務管理のポイント	
1 (P.135)	男性社員が社内初の介護休業者になる	面談シート兼介護支援プランの活用	公的介護保険の申請
		介護休業給付金の申請	福祉用具のレンタル・住宅改修・デイサービスなどの利用
		業務分析、業務量調査の実施。介護短時間勤務制度の利用	グループホームの見学・入居
	短時間正社員制度の導入を検討（見送り）	正社員が限定正社員またはパートになる場合の賃金ルールを明確にする	
	全社員の実態を知る	介護に関する実態把握調査を行う	
2 (P.158)	在宅勤務に良い印象がなかった社長が了承	在宅勤務ルール作成→在宅勤務制度導入（在宅勤務規程の作成など）	義父の通院の付き添い
			認知症対応デイサービスの見学・利用
	在宅勤務の課題色々	仕事の割り当てや社員の孤立感、通信環境の不安定さの解消に努める	認知症サポーター養成講座の受講
3 (P.172)	両親の介護をすることになった社員、1カ月悩む	上司の対応と、面談シート兼支援プランの活用	ショートステイの利用
	介護休業→介護短時間＋在宅勤務が認められる	在宅勤務の定義を改定：介護している親の住まいも自宅扱い	公的介護保険の申請
		両立支援等助成金（介護離職防止支援コース　取得時・復帰時）を申請	デイサービスの利用
4 (P.187)	管理職の男性社員が介護をすることに。家庭の形や価値観の変化に戸惑いながら、前向きに対応する社長	ハラスメント防止研修、ハラスメント防止のトップメッセージやポスター掲示	公的介護保険の申請
	要介護状態にある対象家族を介護することを容易にする措置として、フレックスタイム制を検討	フレックスタイム制導入（就業規則の改訂や労使協定作成など）	市独自の介護サービス（配食サービス）利用
5 (P.198)	ダブルケアに悩む営業社員		妻の看護（介護）と育児
	育児介護短時間勤務制度に当てはまらない	短時間正社員制度導入	
	子の看護休暇や介護休暇があるけれども無給	有休の時間単位での取得を可能に（24時間分）（就業規則の改訂や労使協定作成など）	
		両立支援ハンドブックの作成検討	
6 (P.213)	遠方にいる実父の様子を毎週末見に行く社員。社員本人が疲労を感じている	職種変更、短日勤務の導入（育児介護休業等規程の改訂など）と運用	公的介護保険の申請
			デイサービス、緊急通報装置サービス、一人暮らし見守りサービスの利用
7 (P.219)	親の通院の付き添いで有休が足りなくなる		
	失効した有休の利用を検討（見送り）	子の看護休暇と介護休暇を無給から有給に	
8 (P.223)	パートを評価する仕組みがない	正社員転換制度規程を整備、運用。職務分析、評価の結果、等級を格付け	家族で「人生会議」を実施
	実態調査で［社内両立制度を知っている］のは5割弱	両立支援ハンドブック完成	
9 (P.229)	実父の余命宣告を受け、男性社員が離職	全社員に向けて、介護離職防止・仕事と介護の両立支援研修開催	
		両立経験者を招いて気軽に話せる育児カフェ・介護カフェ開催	
		ジョブ・リターン制度の検討→導入	ジョブ・リターン制度を利用して再就職

Chapter 5

介護に関する制度と基礎知識

I 介護休業等の法改正の変遷

家族の介護を行う労働者の「仕事と介護の両立」を支援する法律として、「育児・介護休業法」があります。介護休業は、わが国の高齢化率が14%を超え、高齢社会となった翌年の平成7年、育児休業と並べてこの法律に盛り込まれました。それから約25年が経過し、実態に合わせて法律改正が行われています（図表5－1）。

●図表5－1　介護休業等の法改正の変遷

令和3年 1月1日	**介護休暇の1時間単位の取得を可能にする**
平成29年 1月1日	**介護離職を防止し、仕事と介護の両立を可能とするための制度の整備** ◆対象家族1人につき、3回を上限として、通算93日まで、介護休業を分割取得することができることとする ◆介護休暇の半日単位の取得を可能とする ◆介護のための所定労働時間の短縮措置等を介護休業とは別に、利用開始から3年の間で2回以上の利用可能とする ◆所定外労働の免除を介護終了までの期間について請求することのできる権利として新設する ◆有期契約労働者の介護休業取得要件を緩和する **妊娠・出産・育児休業・介護休業をしながら継続就業しようとする男女労働者の就業環境の整備** 妊娠・出産・育児休業・介護休業等を理由とする、上司・同僚による就業環境を害する行為を防止するため、雇用管理上必要な措置を事業主に義務づける。 **介護休業等の対象家族の範囲の拡大【省令事項】** 同居・扶養していない祖父母、兄弟姉妹および孫も追加（現行：配偶者、父母、子、配偶者の父母、同居かつ扶養している祖父母、兄弟姉妹および孫）。
平成28年 8月1日 平成22年 6月30日 (100人以下 3年猶予)	**介護休業給付金の支給率変更**（介護休業給付金の支給率が40%から67%に増額） **介護のための短期の休暇制度を創設する** 要介護状態にある家族の通院の付き添い等に対応するため、介護のための短期の休暇制度を設ける（年5日、対象者が2人以上であれば年10日）。
平成7年 10月1日	**育児・介護休業法改正**（介護休業を育児休業と並んで法律に盛り込む改正が行われ、平成11年4月1日から施行）

Ⅱ 法定制度の確認（介護休業）

介護休業は、労働者が要介護状態（負傷、疾病または身体上もしくは精神上の障害により、2週間以上の期間にわたり常時介護を必要とする状態）にある対象家族を介護するための休業です。

育児・介護休業法では、労働者が介護休業等を取得する権利を定めるとともに、事業主に両立支援の措置を講じるよう義務づけています。介護休業、介護休暇、法定時間外労働・深夜業の制限の制度は、勤務先の業種や規模にかかわらず、就業規則に記載がなくても申出により利用できます。

1 介護休業の対象となる労働者

◆ 対象家族を介護する男女の労働者（日々雇用される者を除く）

◆ パートやアルバイトなど期間を定めて雇用されている人は、次の要件を満たすこと

- 申出時点において取得予定日から起算して93日を経過する日から6カ月を経過する日までの間に、労働契約（更新される場合には、更新後の契約）の期間が満了することが明らかでない場合（図表5－2）

◆ 労使協定を締結している場合に対象外となる労働者

- 入社1年未満の労働者
- 申出の日から93日以内に雇用関係が終了することが明らかな労働者
- 1週間の所定労働日数が2日以下の労働者

●図表５－２　要件を満たす例・満たさない例

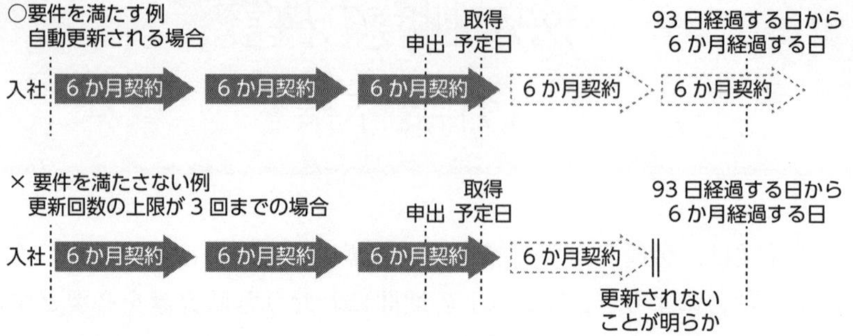

厚生労働省HP「介護休業について」より

◇　法を上回る事例：有期契約労働者すべてを介護休業の対象とする、労使協定で除外できる「入社１年未満の従業員」を対象とする

法に基づく介護休業は、期間を定めて雇用される者（有期契約労働者）には要件を課して適用されます。しかし、形式上期間を定めて雇用されていても、実質的にその契約が期間の定めのない契約と異ならない状態の場合には、要件にかかわらず、介護休業の対象となります。

2　要介護状態にある対象家族

1）対象家族とは

対象家族の範囲は、配偶者（事実婚を含みます）、父母、子、配偶者の父母、祖父母、兄弟姉妹、孫です。介護関係の「子」の範囲は、法律上の親子関係がある子（養子含みます）です。

◇　法を上回る事例：会社が認めた者（例えば、同居するおじおば）

2）要介護状態（常時介護を必要とする状態）とは

以下の1. または2. のいずれかに該当する場合であることです。

1. 介護保険制度の要介護状態区分において要介護２以上であること。

2. 下表（図表５－３）①～⑫のうち、２が２つ以上または３が１つ以上該当し、かつ、その状態が継続すると認められること。

●図表５－３　常時介護を必要とする状態に関する判断基準

状態 項目	1 （注 1）	2 （注 2）	3
①座位保持（10 分間一人で座っていることができる）	自分で可	支えてもらえればできる（注 3）	できない
②歩行（立ち止まらず、座り込まずに 5m程度歩くことができる）	つかまらないでできる	何かにつかまればできる	できない
③移乗（ベッドと車いす、車いすと便座の間を移るなどの乗り移りの動作）	自分で可	一部介助、見守り等が必要	全面的介助が必要
④水分・食事摂取（注 4）	自分で可	一部介助、見守り等が必要	全面的介助が必要
⑤排泄	自分で可	一部介助、見守り等が必要	全面的介助が必要
⑥衣類の着脱	自分で可	一部介助、見守り等が必要	全面的介助が必要
⑦意思の伝達	できる	ときどきできない	できない
⑧外出すると戻れない	ない	ときどきある	ほとんど毎回ある
⑨物を壊したり衣類を破くことがある	ない	ときどきある	ほとんど毎日ある（注 5）
⑩周囲の者が何らかの対応をとらなければならないほどの物忘れがある	ない	ときどきある	ほとんど毎日ある
⑪薬の内服	自分で可	一部介助、見守り等が必要	全面的介助が必要
⑫日常の意思決定（注 6）	できる	本人に関する貴重な意思決定はできない（注 7）	ほとんどできない

（注 1）各項目の１の状態中、「自分で可」には、福祉用具を使ったり、自分の手で支えて自分でできる場合も含む。

（注 2）各項目の２の状態中、「見守り等」とは、常時の付き添いの必要がある「見守り」や、認知症高齢者等の場合に必要な行為の「確認」、「指示」、「声かけ」等のことである。

（注 3）「①座位保持」の「支えてもらえればできる」には背もたれがあれば一人で座っていることができる場合も含む。

（注 4）「④水分・食事摂取」の「見守り等」には動作を見守ることや、摂取する量の過小・過多の判断を支援する声かけを含む。

（注 5）⑨３の状態（「物を壊したり衣類を破くことがほとんど毎日ある」）には「自分や他人を傷つけることがときどきある」状態を含む。

（注 6）「⑫日常の意思決定」とは毎日の暮らしにおける活動に関して意思決定ができる能力をいう。

（注 7）慣れ親しんだ日常生活に関する事項（見たいテレビ番組やその日の献立等）に関する意思決定はできるが、本人に関する重要な決定への合意等（ケアプランの作成への参加、治療方針への合意等）には、指示や支援を必要とすることをいう。

厚生労働省「育児・介護休業法のあらまし」より

事業主は労働者に対して、申出に係る対象家族が要介護状態にあること等を証明する書類の提出を求めることができます。ただし、介護保険制度の要介護・要支援認定を受けていない場合でも取得できるため、介護保険の要介護認定の結果通知書や医師の診断書の提出を制度利用の条件とすることはできません。介護認定や診断書がないからといって、制度利用を制限することがないようにしましょう。

基準に厳密に従うことにとらわれて、労働者の介護休業の取得が制限されてしまわないよう、介護をしている労働者の個々の事情にあわせて、事業主は柔軟に運用することが望まれます。

3 介護休業の申出に関すること

法律上、介護休業は労働者の事業主に対する申出を要件とし、一定期間労働者の労務提供義務を消滅させる効果のある意思表示となります。

1）介護休業の期間

介護休業をすることができるのは、対象家族１人につき３回まで、通算して93日を限度とする、原則として労働者が申し出た期間です。

たった93日で介護ができるわけないと思われがちですが、自分が介護を行う期間というよりも、「仕事と介護を両立させるための体制を整えるための期間」として位置づけられています。大切なことは、「長期の介護休業取得に追い込まない」という点です。

◇　法を上回る事例：対象家族１人につき、５回まで、通算して180日を限度とする

2）介護休業の申出

労働者が希望どおりの日から休業するためには、介護休業を開始しようとする日の２週間前までに申し出ることが必要です。これより遅れた場合、事業主は一定の範囲で休業を開始する日を指定することができます。

申出は対象家族１人につき３回までであり、申し出ることのできる休

業は連続したひとまとまりの期間の休業です。当該対象家族について、介護休業をした日数の合計が93日に達している場合は、その対象家族について介護休業をすることはできません。

3）事業主の義務

事業主は、要件を満たした労働者の介護休業の申出を拒むことはできません。介護休業申出がなされたときは、介護休業開始予定日および介護休業終了予定日等を労働者に速やかに通知しなければなりません。

4）介護休業終了日の繰下げ変更の申出

労働者は、事由を問わず、1回の申出ごとの休業につき1回に限り休業を終了する日を繰下げ変更し、介護休業の期間の延長を申し出ることができます。ただし、申出は当初、介護休業を終了しようとしていた日の2週間前までに行う必要があります。

5）介護休業開始日の繰上げ・繰下げ変更、終了日の繰上げ変更

介護休業を開始する日の繰上げ・繰下げ変更や介護休業を終了する日の繰上げ変更は、労働者の申出だけでは当然できません。このような場合は、変更を希望する労働者と事業主との間でよく話し合い、どうするかを決めることになります。

6）介護休業の終了・申出の撤回等

介護休業の期間は、労働者の意思にかかわらず以下に該当した場合は終了します。

◆ 労働者が介護休業の申出に係る対象家族を介護しないこととなった場合
◆ 介護休業をしている労働者について産前・産後休業、育児休業または新たな介護休業が始まった場合

介護休業の開始前に対象家族を介護しないこととなった場合には、介

護休業の申出はされなかったことになります。介護休業の開始の前日までであれば、労働者は介護休業の申出ごとに、申出の撤回をすることができます。ただし、同じ対象家族について２回連続して介護休業の申出を撤回した場合には、それ以降の介護休業の申出について、事業主は拒むことができます。

【対象家族を介護しないこととなった場合の具体例】

- ◆ 対象家族の死亡
- ◆ 離婚、婚姻の取消、離縁等による対象家族との親族関係の消滅
- ◆ 労働者が負傷、疾病等により対象家族を介護できない状態になったこと

参　照

P.328　書式・ツール集　介護社内書式「介護休業申出書」
P.329　書式・ツール集　介護社内書式「介護休業取扱通知書」
P.330　書式・ツール集　介護社内書式「介護休業期間変更申出書」

※　事業主が適当と認める場合には、ファックスまたは電子メール等（イントラネット（企業内LAN）、webメール（Gmail等）、SNS（LINE、Facebook等））による申出も可能です。

Ⅲ　法定制度の確認（介護休業以外・措置など）

1　介護休暇制度

労働者が要介護状態（負傷、疾病または身体上もしくは精神上の障害により、２週間以上の期間にわたり常時介護を必要とする状態）にある対象家族の介護や世話をするための休暇です。他に対象家族を介護できる家族がいる労働者についても介護休暇の取得を拒むことはできません。

労働基準法の年次有給休暇とは別に取得できますが、有給か無給かは、会社の規程によります。取得した休暇は、通院の付き添いや介護サービスの手続代行、ケアマネジャーなどとの打合せに利用できます。

※　「要介護状態」および「対象家族」の定義は、介護休業と同じです。

1）介護休暇の対象となる労働者

◆　対象家族を介護する男女の労働者（日々雇用される者を除く）

◆　労使協定を締結している場合に対象外となる労働者

- 入社６カ月未満の労働者
- １週間の所定労働日数が２日以下の労働者

◇　法を上回る事例：労使協定により除外される「入社６カ月未満の従業員」を対象とする

2）利用日数と取得単位

①　休暇の日数

１年度において５日（介護、世話をする対象家族が二人以上の場合は10日）を限度として、介護休暇を取得することができます。１年度の期間を事業主が特に定めていない場合には、毎年４月１日から翌年３月31日です。

② 取得の単位

介護休暇は、1日単位または時間単位で取得できます。時間単位での取得は始業の時刻から連続する、または終業の時刻まで連続するものとされ、就業時間中に休暇を取得して就業時間中に戻る、いわゆる「中抜け」を認めることまでは求めていません。

また、時間単位での取得が困難と認められる業務に従事する労働者について、時間単位での取得を除外する労使協定を締結している場合、対象の労働者は1日単位でのみ取得可能です。

◇ 法を上回る事例：時間単位での取得が困難と認められる業務に従事する労働者に、半日単位での取得を可能とする

時間単位で取得する介護休暇1日の時間数は、1日の所定労働時間数とし、1時間に満たない端数がある場合は端数を切り上げます。

（例：1日の所定労働時間数は7時間30分→
1日分の介護休暇は8時間）

3）申出

書面に限定されてはおらず、口頭での申出も可能ですが、年次有給休暇や欠勤と区別がつくように書式を利用することをおすすめします。

参 照

P.331　書式・ツール集　介護社内書式「介護休暇申出書」

2 所定労働時間の短縮等の措置

労働者が要介護状態（負傷、疾病または身体上もしくは精神上の障害により、2週間以上の期間にわたり常時介護を必要とする状態）にある対象家族を介護するための、所定労働時間の短縮等の措置です。

※ 「要介護状態」および「対象家族」の定義は、介護休業と同じです。

法律上、次に挙げるうち、いずれか１つ以上の措置を講じる必要があります。措置を講じたとされるには、就業規則等に規定されている等、制度化された状態になっている必要があります。運用されているだけでは不十分です。

少なくとも１つを講じればよく、労働者の求めに応じて都度措置を講じることまで義務づけられているわけではありませんが、可能な限り労働者の選択肢を広げるよう工夫することが望まれます。

◆　短時間勤務制度
- ●　１日の所定労働時間を短縮する制度
- ●　週または月の所定労働時間を短縮する制度
- ●　週または月の所定労働日数を短縮する制度
（隔日勤務や特定の曜日のみの勤務等の制度、短日勤務制度）
- ●　労働者が個々に勤務しない日または時間を請求することを認める制度

◆　フレックスタイム制
◆　時差出勤の制度
◆　介護費用の助成措置

1）所定労働時間の短縮等の措置の対象となる労働者

◆　対象家族を介護する男女の労働者（日々雇用を除く）
◆　労使協定を締結している場合に対象外となる労働者
- ●　入社１年未満の労働者
- ●　１週間の所定労働日数が２日以下の労働者

◇　法を上回る事例：有期契約労働者全てを所定労働時間の短縮等の措置の対象とする、労使協定で除外される「入社１年未満の従業員」を対象とする

2）利用期間と回数

対象家族１人につき、利用開始の日から連続する３年以上の期間で２

回以上利用できます。連続する３年以上の期間とは、労働者が短時間勤務制度等の利用を開始する日として申し出た日から起算します（図表５－４）。

●図表５－４　取得例

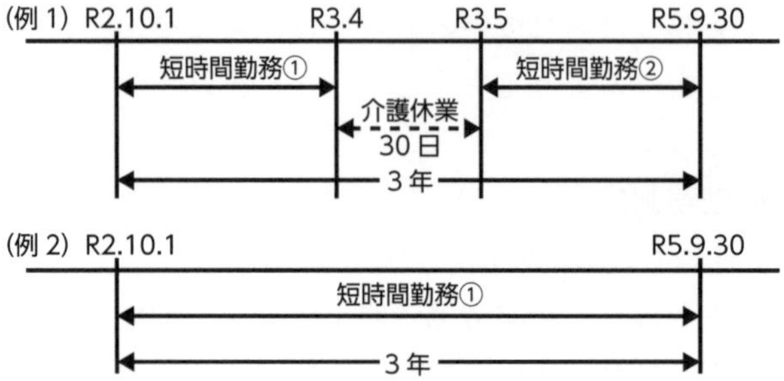

厚生労働省 HP「短時間勤務等の措置について」より

3）申出

労働者が希望どおりの日から短時間勤務するためには、短時間勤務を開始しようとする日の２週間前までに申し出ることが必要です。これより遅れた場合、事業主は一定の範囲で短時間勤務を開始する日を指定することができます。

事業主は介護短時間勤務の申出がなされたとき、介護短時間勤務開始予定日および介護短時間勤務終了予定日等を労働者に速やかに通知しなければなりません。

参　照

P.332　書式・ツール集　介護社内書式　「介護短時間勤務申出書」
P.333　書式・ツール集　介護社内書式　「介護短時間勤務取扱通知書」

3　所定外労働の制限

労働者が要介護状態（負傷、疾病または身体上もしくは精神上の障害により、2週間以上の期間にわたり常時介護を必要とする状態）にある対象家族を介護するために申請した場合、会社は所定外労働を免除しなければならないという制度です。所定外労働とは、就業規則などで定められている勤務時間を超える労働、いわゆる残業のことをいいます。

※　「要介護状態」および「対象家族」の定義は、介護休業と同じです。

1）所定外労働の制限の対象となる労働者

- ◆　対象家族を介護する男女の労働者（日々雇用される者を除く）
- ◆　労使協定を締結している場合に対象外となる労働者
  - ●　入社1年未満の労働者
  - ●　1週間の所定労働日数が2日以下の労働者

2）利用期間と回数

1回につき、1カ月以上1年以内の期間。回数の制限はありません。

3）申出

所定外労働時間の制限の開始を希望する日の1カ月前までに、開始しようとする日（以下「制限開始予定日」といいます）および制限を終了しようとする日を明らかにして、原則として、制限開始予定日の1カ月前までに書面等で請求します。万が一、事業の正常な運営を妨げる場合は、事業主は労働者からの請求を拒むことができます。

参　照

P.334　書式・ツール集　介護社内書式「介護のための所定外労働制限請求書」

4　時間外労働の制限

労働者が要介護状態（負傷、疾病または身体上もしくは精神上の障害により、2週間以上の期間にわたり常時介護を必要とする状態）にある対象家族を介護するために申請した場合、会社は、1カ月について24

時間、1年について150時間を超える時間外労働をさせてはいけないという制度です。時間外労働とは、法定労働時間（原則1日8時間、1週間で40時間）を超える労働のことをいいます。

※ 「要介護状態」および「対象家族」の定義は、介護休業と同じです。

1）時間外労働の制限の対象となる労働者

◆ 対象家族を介護する男女の労働者（下記の労働者を除く）

- 入社1年未満の労働者
- 1週間の所定労働日数が2日以下の労働者

2）利用期間と回数

1回につき、1カ月以上1年以内の期間。回数の制限はありません。

3）申出

時間外労働の制限の開始を希望する日の1カ月前までに、開始しようとする日（以下「制限開始予定日」といいます）および制限を終了しようとする日を明らかにして、原則として、制限開始予定日の1カ月前までに書面等で請求します。万が一、事業の正常な運営を妨げる場合は、事業主は労働者からの請求を拒むことができます。

参　照

P.335　書式・ツール集　介護社内書式「介護のための時間外労働制限請求書」

5　深夜業の制限

労働者が要介護状態（負傷、疾病または身体上もしくは精神上の障害により、2週間以上の期間にわたり常時介護を必要とする状態）にある対象家族を介護するために申請した場合、会社は深夜に働かせてはいけないという制度です。深夜業とは、午後10時から午前5時までの労働のことをいいます。

※　「要介護状態」および「対象家族」の定義は、介護休業と同じです。

1）深夜業の制限の対象となる労働者

◆　対象家族を介護する男女の労働者（下記の労働者を除く）

- 日々雇用される労働者
- 入社１年未満の労働者
- １週間の所定労働日数が２日以下の労働者
- 所定労働時間の全部が深夜にある労働者
- 次の1～3に該当する、介護ができる16歳以上の同居家族がいる労働者

1. 深夜に就労していないこと（深夜の就労日数が１カ月につき３日以下の者を含む）
2. 負傷、疾病または心身の障害により介護が困難でないこと
3. 産前６週間（多胎妊娠の場合は14週間）、産後８週間以内の者でないこと

2）利用期間と回数

１回につき、１カ月以上６カ月以内の期間。回数の制限はありません。

3）申出

深夜業の制限の開始を希望する日の開始予定日の１カ月前までに、制限を開始しようとする日（以下「制限開始予定日」といいます）および制限を終了しようとする日を明らかにして、原則として、制限開始予定日の１カ月前までに書面等で請求します。万が一、事業の正常な運営を妨げる場合は、事業主は労働者からの請求を拒むことができます。

参　照

P.336　書式・ツール集　介護社内書式「介護のための深夜業制限請求書」

6　事業主が講ずべき措置

事業主は、次の事項についてあらかじめ定め、これを周知するための措置を講ずるよう努力しなければなりません。

1. 介護休業中の待遇に関する事項
   介護休業期間についての賃金その他の経済的給付、教育訓練の実施等が含まれます。
2. 介護休業後の賃金、配置その他の労働条件に関する事項
   昇進、昇格および年次有給休暇等に関することが含まれます。
3. その他の事項

また事業主が、労働者が対象家族を介護していることを知った場合は、関連する制度について、個別に周知するための措置を講ずるよう努力する必要があります。加えて、介護休業を申し出た労働者にあてはめた具体的な取扱いを明示するよう努力しなければなりません。

個別に制度を周知するための措置は、労働者のプライバシーを保護する観点から、労働者が自発的に介護者であると知らせたことを前提としたものである必要があります。そのために、労働者が自発的に知らせやすい職場環境が重要であり、介護休業等に関するハラスメントの防止措置を事業主が講じている必要があります。

7　家族の介護を行う労働者に対する措置

介護休業や所定労働時間の短縮等の措置に関しては、休業期間、取得回数、対象となる家族の範囲、介護を要する状態など考慮すべき様々な事項があります。これらの事項に関して、法で定められた最低基準を上回る制度を労使の努力によって決定していくことが望ましいです。

8　介護休業等に関するハラスメントの防止措置

1. 事業主は、介護休業その他家族の介護に関する制度または措置の利用に関する言動により、労働者の就業環境が害されることがないよう、労働者からの相談に応じ、適切に対応するために必要な体制の整備その他の雇用管理上必要な措置を講じなければなりません。
2. 事業主は、上記について労働者が事業主に対して相談を行ったことまたは事業主による相談への対応に協力した際に述べたことを理由として、労働者に対して解雇その他不利益な取扱いをしてはなりません。
3. 事業主は、職場における介護休業等に関するハラスメントに起因する問題に対する労働者への関心と理解を深めるとともに、労働者が他の労働者に対する言動に必要な注意を払うよう、研修の実施その他の必要な配慮をするほか、自らも職場における介護休業等に関するハラスメントに起因する問題に対する関心と理解を深め、労働者に対する言動に必要な注意を払うよう努めなければなりません。
4. 労働者は、職場における介護休業等に関するハラスメントに起因する問題に対する関心と理解を深め、他の労働者に対する言動に必要な注意を払うとともに、事業主の講ずる措置に協力するよう努めなければなりません。

1）事業主の方針の明確化およびその周知・啓発

① 方針の内容

◆ 職場における介護休業等に関するハラスメントの内容

◆ 介護休業等に関する否定的な言動が、職場における育児休業等に関するハラスメントの発生の原因や背景等になり得る旨

◆ 介護休業等に関するハラスメントがあってはならない旨

◆ 制度等の利用ができる旨

② 周知・啓発

①に加え、職場における介護休業等に関するハラスメントの行為者について厳正に対処する旨の方針・対処の内容を就業規則等の文書に規定し、管理・監督者を含む労働者に周知・啓発すること

2）相談（苦情を含む）に応じた適切な対応に必要な体制の整備

- ◆ 相談窓口をあらかじめ定め、労働者に周知すること
- ◆ 相談窓口担当者が、相談に対し、その内容や状況に応じ適切に対応できるようにすること。また、職場における介護休業等に関するハラスメントが現実に生じている場合だけでなく、その発生のおそれがある場合や、職場における介護休業等に関するハラスメントに該当するか否か微妙な場合等であっても、広く相談に対応し、適切な対応を行うようにすること
- ◆ その他のハラスメントの相談窓口と一体的に相談窓口を設置し、相談も一元的に受け付ける体制を整備することが望ましいこと

9 労働者の配置に関する配慮

事業主が労働者を転勤させようとする場合には、その介護の状況に配慮しなければなりません。配慮する内容としては、「①家族の介護の状況を把握すること。②労働者本人の意向を斟酌すること。③就業場所の変更を行う場合は、家族の介護の代替手段の有無の確認を行うこと。」等が考えられます（指針第215）。

10 再雇用特別措置等

事業主は、介護を理由として退職した者に対して、必要に応じ、再雇用特別措置その他これに準ずる措置を実施するよう努力しなければなりません。

「再雇用特別措置」とは、退職の際に、将来その就業が可能になったときに退職前の事業主に再び雇用されることの希望を有する旨の申出を

していた者について、事業主が労働者の募集または採用にあたって特別の配慮をする措置をいいます。

11 不利益取扱いの禁止

事業主は、介護休業、介護休暇、所定外労働の制限、所定労働時間の短縮措置等、時間外労働の制限および深夜業の制限について、その申し出たことまたは取得等を理由として、労働者に対して解雇その他不利益な取扱いをしてはいけません。介護の申出または取得を契機として不利益取扱いが行われた場合、原則として法律違反となります。

なお「契機として」とは、基本的に介護の申出または取得したことと時間的に接近（１年以内）して、当該不利益取扱いが行われたか否かをもって判断します。ただし、事由の終了から１年を超えても、実施時期が事前に決まっている、または、ある程度定期的になされる措置（人事異動、人事考課・昇給、雇止め等）については、事由終了後の最初のタイミングまでを含み、不利益取扱いがなされた場合は「契機としている」と判断されます。

ただし、以下に該当する場合は除きます。

例外①：業務上の必要性から不利益取扱いをせざるを得ず、その業務上の必要性が、当該不利益取扱いにより受ける影響を上回ると認められる特段の事情が存在するとき

例外②：労働者が当該取扱いに同意している場合において、介護休業および当該取扱いにより受ける有利な影響の内容や程度が、当該取扱いにより受ける不利な影響の内容や程度を上回っており、当該取扱いについて、事業主から労働者に対して適切に説明がなされる等、一般的な労働者であれば同意するような合理的な理由が客観的に存在するとき

Ⅳ 介護サービスの基礎知識

突然介護が必要になっても慌てないためには、基礎知識を備えておくことが大切です。介護保険サービスや地方自治体独自のサービス、民間サービス等を活用し、チーム戦として臨むことで、仕事と介護の両立が叶えられます。この章では、介護者が利用できるサービスを紹介します。

1 地域包括支援センター

地域包括支援センターは、地域住民の健康の保持および生活の安定のために必要な援助を行うことにより、その保健医療の向上および福祉の増進を包括的に支援することを目的として、平成 17 年の介護保険制度改定をきっかけに誕生しました。

2025 年には、団塊の世代全員が後期高齢者である 75 歳以上になります。医療や介護のニーズは今後さらに高まると予想されており、厚生労働省はそれに向けて高齢者の自立支援を目的とした「地域包括ケアシステム」の構築を開始しました（図表 5 － 5)。地域包括支援センターの設置は、その目玉であるといえ、高齢者の暮らしを地域でサポートする施設（拠点）となっています。

設置主体は、行政の直営約 2 割、社会福祉法人や社会福祉協議会などへの委託が約 8 割で、令和 4 年 4 月末時点で全国に 5,404 カ所が存在しています（厚生労働省老健局認知症施策・地域介護推進課調べ)。

1）役割

地域包括支援センターは、「地域包括ケアシステム」構築のなかで核的な役割が求められる施設であり、主に 4 つの業務を行っています。

◆　総合的な相談の支援業務
◆　権利擁護のための業務
◆　ケアマネジメント支援の業務
◆　介護予防ケアマネジメントの業務

地域包括支援センターは、医療や福祉、介護保険サービスにかかわる相談に加え、実際に申請するためのサポートも行っています。

施設利用の場合はもちろん、居宅において介護する人にとって、地域包括支援センターのサポートが果たす役割は大きいです。日頃の介護で心身が疲弊し、知らぬ間に追い詰められた状態は、被介護者への虐待につながりかねません。地域包括支援センターを上手に利用しましょう。

自治体によっては呼び名を変えているところがあります。名古屋市「いきいき支援センター」、豊川市「福祉相談センター」、習志野市「高齢者相談センター」、市川市「高齢者サポートセンター」など様々です。

2）複数の専門家が在籍

地域包括支援センターには、保健師・社会福祉士・主任介護支援専門員など、医療・保健・福祉・介護それぞれの専門知識を持った職員が在籍しており、様々な外部機関とも連携しながら機能しています。

健康・福祉・介護などに関する日常生活での困り事の相談や、介護保険の申請についての質問も可能です。

【相談内容の事例】
◆　「介護保険ってどう申請するの？」
◆　「介護保険でどんなサービスが受けられるの？」
◆　「介護予防のために、どこか運動できるところに通いたい」
◆　「近所に高齢者が集まるサロンはありますか」
◆　「最近、親の物忘れが気になって……」
◆　「隣の家から怒鳴り声が聞こえる。もしかしたら高齢者虐待かもしれない」

NAGOYA　かいごネットより

●図表5－5　地域包括ケアシステム

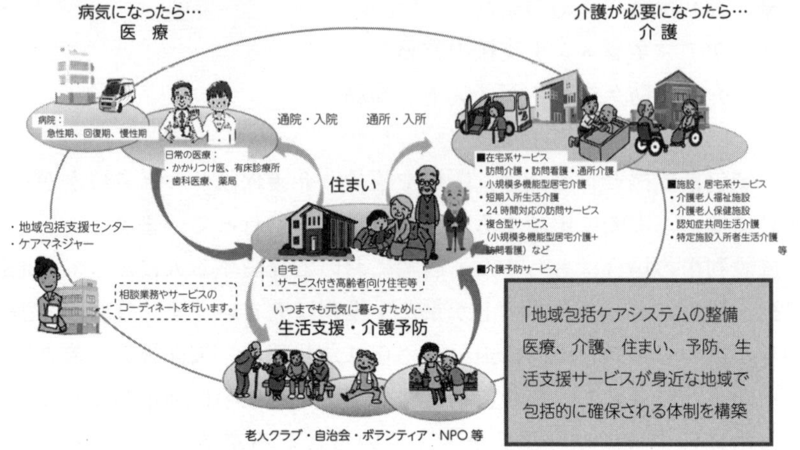

「平成28年度版厚生労働白書」より

2　介護保険制度

介護保険制度は、高齢化や核家族化の進行、介護離職問題などを背景に、社会全体で介護を支えることを目的として平成12年に創設されました。令和4年6月現在では、要介護（要支援）認定者数は、694.8万人（うち男性が220.9万人、女性が474.0万人）が利用し、介護を必要とする高齢者を支える制度として定着しています。

1）介護保険加入者（被保険者）

介護保険の加入者（被保険者）は、65歳以上の人（第1号被保険者）と、40歳から64歳までの医療保険加入者（第2号被保険者）に分けられます。

◆　第1号被保険者
　原因を問わずに要介護認定または要支援認定を受けたときに介護サービスを受けることができます。

◆　第2号被保険者
　加齢に伴う疾病（**16種類の特定疾病**）が原因で要介護（要支援）認定を受けたときに介護サービスを受けることができます。

16種類の特定疾病

加齢と関係があり、要介護・要支援状態の原因である心身の障害を生じさせると認められている、以下の疾病のことです。

①がん（医師が一般に認めている医学的知見に基づき回復の見込みがない状態に至ったと判断したものに限る）
②関節リウマチ
③筋委縮性側索硬化症
④後縦靭帯骨化症
⑤骨折を伴う骨粗しょう症
⑥初老期における認知症
⑦進行性核上性麻痺、大脳皮質基底核変性症およびパーキンソン病
⑧脊髄小脳変形症
⑨脊柱管狭窄症
⑩早老症
⑪多系統萎縮症
⑫糖尿病性神経障害、糖尿病性腎症および糖尿病性網膜症
⑬脳血管疾患
⑭閉塞性動脈硬化症
⑮慢性閉塞性肺疾患
⑯両側の膝関節または股関節に著しい変形を伴う変形性関節症

65歳以上の人でも介護保険証を持っているだけでは介護保険サービスは利用できません。利用には、市区町村の窓口で「要介護（要支援）認定」の申請をして要介護認定を受ける必要があります。

2）介護保険料

①　65歳以上

65歳以上の人の保険料は、市区町村ごとに介護保険のサービスに必要な費用と65歳以上の人数から求められる介護保険料の「基準額」をもとに設定され、3年ごとに見直されます。納付方法は原則として年金の受給額に応じて決まっており、年額18万円以上を受給している場合は年金から天引き、年額18万円に満たない人等は納付書による納付となります。

②　40歳以上から65歳未満

国民健康保険の加入者は、世帯ごとに国民健康保険料が決められ、世帯主が納付します。職場の健康保険などに加入している人は、介護保険料率と給与および賞与に応じて金額が決められ、給与および賞与から徴収されます。

3）サービス利用の流れ

介護や支援が必要だと思ったら、地域包括支援センターや市区町村窓口に相談しましょう。要介護認定の申請から、介護保険サービスを開始するまでの流れは以下のとおりです。

●図表５－６　要介護（要支援）認定までの流れ

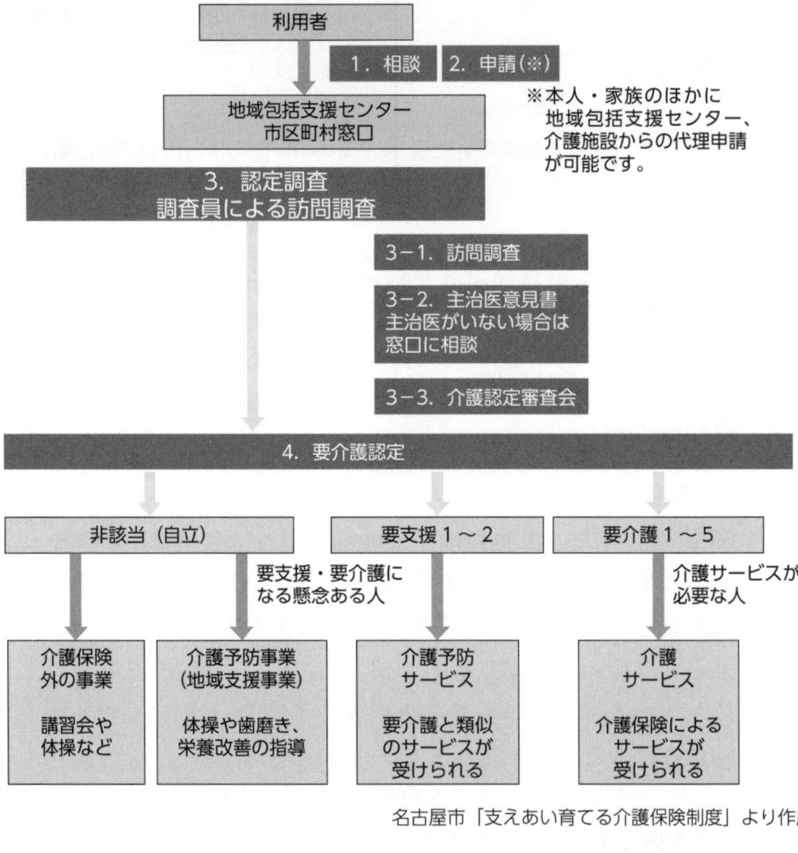

名古屋市「支えあい育てる介護保険制度」より作成

1. 相談
2. 要介護・要支援認定の申請
3. 認定調査を受ける
    3 － 1. 介護認定調査員が自宅を訪問し、心身の状態について調査
    3 － 2. 主治医意見書
    3 － 3. 介護認定審査会で申請者の介護の必要性を多方面から審査
4. 認定結果が届く
    原則として申請から30日以内に、以下の結果からいずれかが通知
    - 非　該　当：要介護や要支援に認定されなかった人
    - 要支援1・2：介護予防サービスや介護予防・生活支援サービス事業を利用することで、生活機能が改善する可能性が高い人
    - 要介護1～5：介護サービスを利用することで生活機能の維持や改善をはかることが適切な人

申請者は本人や家族だけではなく、地域包括支援センターや居宅介護支援事業者などが代行してくれます。遠方に住む親の近くに身内がいない場合は、帰省時に地域包括支援センターがどこにあるか確認し、心配事があれば顔を出しておくことをおすすめします。

4）ケアプランの作成

介護保険サービスを使うためには、ケアマネジャーと相談して、ケアプランを作成します。ケアプランを作成する際には、日常の習慣や介護にかけられるお金、本人や家族が最優先してほしいこと、また勤務先の両立支援制度も伝えられるとよいでしょう。

5）自己負担割合

ケアプランに基づいてサービスを利用し、実際にかかるサービス費用の一部を支払います。介護保険が施行された当初の自己負担割合は1割でしたが、高齢化に伴う給付の増加により、現在は被介護者の合計所得金額に合わせて2割、3割を負担する場合もあります（図表5－7）。

●図表５－７　負担割合の基準

負担割合	基準　(以下 (1) (2) のいずれにも該当する場合)
３割	(1)　本人の合計所得金額が　**220 万円以上** (2)　同一世帯の 65 歳以上の方の年金収入と合計所得金額（年金収入に係る所得分を除く）の合計が ・同一世帯に本人以外に 65 歳以上の方がいない場合　**340 万円以上** ・同一世帯に本人以外に 65 歳以上の方がいる場合　**463 万円以上**
２割	上記に該当しない方で、 (1)　本人の合計所得金額が　**160 万円以上** (2)　同一世帯の 65 歳以上の方の年金収入と合計所得金額（年金収入に係る所得分を除く）の合計が ・同一世帯に本人以外に 65 歳以上の方がいない場合　**280 万円以上** ・同一世帯に本人以外に 65 歳以上の方がいる場合　**346 万円以上**
１割	上記以外の方

※　上記の表にかかわらず、64 歳以下の方、市町村民税非課税の方や生活保護等を受けている方の負担割合は１割です。

NAGOYA　かいごネットより

6）支給限度額

主な在宅サービスなどでは、介護保険からの支給限度額が決められています（図表５－８)。限度額内でサービスを利用するときは、利用者負担の割合分を負担しますが、限度額を超える場合は超えた分が全額利用者の負担になります。

●図表５－８　主な在宅サービスなどの支給限度額

要介護状態区分	１カ月の支給限度額
要支援 1	50,320 円
要支援 2	105,310 円
要介護 1	167,650 円
要介護 2	197,050 円
要介護 3	270,480 円
要介護 4	309,380 円
要介護 5	362,170 円

7）利用者負担の軽減

同じ月に利用したサービスにおける利用者負担の合計額が、定められた限度額を超えたときは、申請により、超えた分が「高齢介護サービス費」として後から支給されます。

また、介護保険と医療保険の両方の自己負担が高額となり、高額介護サービス費（介護保険）・高額療養費（医療保険）を適用後の年間（8月から翌年7月）の自己負担額を合算して定められた限度額を超えたときは、申請により超えた分が後から支給されます。

どちらも申請が必要で、自動的に戻ってくることはありません。

3　主な介護保険サービス

居宅での生活を希望する場合の「在宅サービス」と、施設での生活を希望する場合の「施設サービス」の2つに大きく分かれます。

●図表5－9　利用できるサービス

居宅での生活を希望

在宅サービス

・訪問介護
（ホームヘルプ）
・訪問看護
・短期入所生活介護
（ショートステイ）
・福祉用具貸与
・小規模多機能型居宅介護　など

施設での生活を希望

施設サービス

・介護老人福祉施設
（特別養護老人ホーム）
・介護老人保健施設
・介護療養型医療施設
・認知症対応型共同生活介護
（グループホーム）
・有料老人ホーム
・ケアハウス　など

双方にメリット・デメリットがあり、どちらが良いとはいえませんが、被介護者や介護者の思い、状況などを踏まえて選択するために、サービスの内容について知識をつけておきましょう。

1）在宅サービス

自宅などで生活しながら利用できるサービスです。

①　訪問介護（ホームヘルプ）・訪問入浴・訪問リハビリテーション

ホームヘルパーなどに訪問してもらい、調理・洗濯などの「生活援助」や、食事・排せつ・入浴の世話等の「身体介護」を受けます。居宅の風呂場で入浴しにくい状態の場合は、移動入浴車による入浴介護を受けることができます。また、理学療法士や作業療法士、言語聴覚士に訪問してもらい、居宅での生活機能の維持向上のためにリハビリテーションを受けることもできます。

ペットの世話や庭掃除、留守番、預貯金の管理など日常生活上の家事の範囲を超えるものは対象になりません。

② 通所介護（デイサービス）・通所リハビリテーション（デイケア）

通所介護施設で、食事や入浴など日常生活上の支援や、機能訓練を日帰りで利用できます。介護老人保健施設や病院、診療所の場合は、これに加えリハビリテーションを受けることができます。

③ 短期入所生活介護・短期入所療養介護（ショートステイ）

介護老人福祉施設などに短期間入所して、日常生活上の支援や機能訓練などを受けられます。看護や医学的管理下での介護や支援が必要な場合は、医療型のショートステイがあります。

④ 福祉用具貸与・特定福祉用具販売

日常生活の自立を助けるため、手すり、スロープ、歩行器、歩行補助つえ、車いす、介護用ベッド、簡易トイレなどといった、入浴や排せつなどに使用する福祉用具の貸与を受けられます。在宅サービスを利用したときの費用負担の目安は、一般的なレンタル費用の1～3割です。また、同年度で10万円を上限に、福祉用具の購入も可能です。

⑤ 住宅改修費の支給

浴室やトイレ等への手すりの取り付けや、スロープ設置、洋式便器への取り替えなど、事前に申請して住宅改修をしたとき、住宅改修費を支給してくれます。介護保険給付の対象となる住宅改修費は20万円が上限で、自己負担額を除いた金額が払い戻されます。

2）施設サービス

在宅介護が選択できない場合、頼りになるのが介護施設です。一口に施設といってもいくつか種類があるため、親の状態に合った施設を選ぶのは簡単ではありません（図表5－10）。例えば特別養護老人ホームへの入居は原則として要介護3以上に限定されているため、被介護者が「自宅近くのここがいいわ」と希望しても認定がなければ入居できません。

また、入所する際の居住費や食費も多様化しているため、親の年金や預貯金などの情報が必要になってきますし、HPやパンフレットだけではなく、実際の見学や体験入居で確認しておくことが必要です。

3）自治体独自のサービス

一人暮らしの高齢者などが緊急を要するときに緊急通報端末装置やペンダント型発信機などのボタンを押すと、事業者の受信センターに通報が入り、事業者が状況に応じて消防署や緊急連絡先へ連絡するとともに、自宅に急行してくれるなど、適切な対処を受けられるサービスがあります。自治体によっては、定期的に安否確認を行ったり、相談に応じたりするなど緊急時以外も対応してくれます。

また、寝たきりの高齢者が心地よく暮らせるために、理容・美容業者が訪問してくれるサービス、寝具の洗濯や消毒、乾燥を行ってくれるサービス、歯科診療してくれるサービスもあります。

【自治体独自のサービスの具体例】

- ◆ 紙おむつの支給または現金の一部を助成
- ◆ ごみ戸別収集サービス
- ◆ タクシー利用券の支給、バスの乗車料金の助成
- ◆ 訪問理美容サービス
- ◆ 食事宅配サービス
- ◆ 成年後見制度利用支援事業
- ◆ 徘徊高齢者・障がい者等事前登録制度

●図表5－10　老人ホームの種類一覧表

種類		ホームのポイント	体制	費用相場		入居条件						
			介護サービス	入居費※1※2	月額利用料※1	自立	要支援1～2	要介護1～2	要介護3～5	認知症	認知症重度	看取り
民間施設	介護付有料老人ホーム	要介護度に応じた一定の費用で介護サービスを受けることができる。認知症や看取りなど幅広い対応が可能。	ホーム内の介護スタッフが行う	0～580万円	15.7～28.6万円	△	△	○	◎	◎	◎	◎
	住宅型有料老人ホーム	入居者に合った介護サービスを選択。比較的自立した人が対象。	個別にケアプランを作成して介護サービスを受ける	0～21万円	9.6～16.3万円	△	○	◎	○	○	△	○
	サービス付き高齢者向け住宅	高齢者向けの賃貸住宅。入居時の費用が安い。安否確認や食事提供サービス等ある。		0～20.4万円	11.8～19.5万円	○	◎	◎	○	○	△	△
	グループホーム	認知症の人専門の施設。入居者対象は同一市区町村に住民票がある人。	ホーム内の介護スタッフが行う	0～15.8万円	10～14.3万円	×	△※3	○	○	◎	◎	△
公的施設	ケアハウス	低所得で独居生活の高齢者を対象とした施設。		0～30万円	9.2～13.1万円	○	○	△	△	△	×	×
	特別養護老人ホーム	要介護3以上の人が入居対象。費用が安いため空き持ちが多い。		なし	8.8～12.9万円	×	×	×	◎	○	○	○
	介護老人保健施設	在宅復帰を目的としたリハビリを行う施設。		なし	7.6～13.4万円	×	×	○	○	○	○	○
	介護医療院（介護療養型医療施設）	長期的な医療サービスを必要とする方向けの施設。		なし	7.6～13万円	×	×	△	○	○	○	◎

※1　「最も安い価格帯、最も高い価格帯のそれぞれ2割を除外した残りの6割」を主な価格帯として算出

※2　敷金礼金を含む

※3　要支援2から

◎十分に受入れ可能　○受入れ可能　△場合によっては受入れ不可　×受入れ不可

老人ホーム検索サイト「みんなの介護」より一部抜粋、変更

4　認知症

65歳以上の要介護者において、介護が必要となった主な原因は、「認知症」が18.1％と最も多く、次いで、「脳血管疾患（脳卒中）」が

15.0％、「高齢による衰弱」が13.3％、「骨折・転倒」が13.0％となっています（図表５－11）。男女別に見ると、男性は「脳血管疾患（脳卒中）」が24.5％、女性は「認知症」が19.9％と最も多くなっています。

脳血管疾患（脳卒中）は、激しい頭痛、意識障害、麻痺、呂律不全などの症状が突然出現することが多く、予見することが困難ですが、認知症は誰にも起こり得る病気で、65歳以上の４人に１人は認知症またはその予備軍といわれています。急速な高齢化とそれに伴う認知症の増加を受けて、一人ひとりが認知症についての理解を深めることが必要になりました。

●図表５－11　65歳以上の要介護者等の性別に見た介護が必要となった主な原因

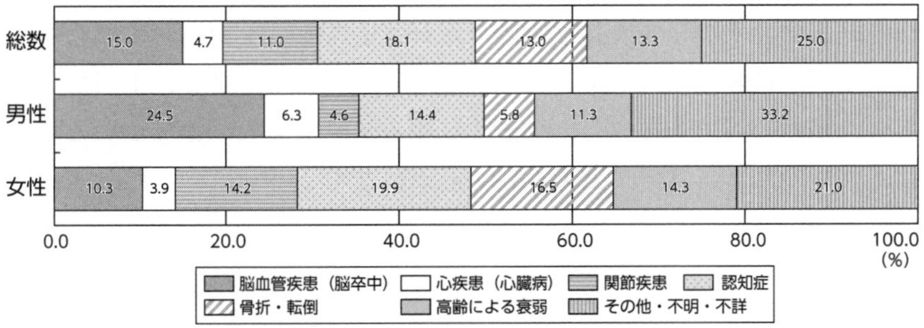

資料：厚生労働省「国民生活基礎調査」（令和元年）
（注）四捨五入の関係で、足し合わせても100.0％にならない場合がある。

「令和４年版高齢社会白書」より

１）認知症とはどんな病気

年をとれば誰でも、思い出したいことがすぐに思い出せなかったり、新しいことを覚えるのが困難になったりしますが、「認知症」は、このような「加齢による物忘れ」とは違います。

「認知症」は、認知機能（物事を記憶する、言葉を使う、計算する、問題を解決するために深く考えるなどの頭の働きを指します）の障害や、行動・心理症状（妄想・幻覚・興奮といった、性格や身体の状態などの要因が加わり、行動面や心理面に二次的に現れる症状をいいます）が次第に進行することによって、日常生活や社会生活が困難となる状態をいいます。例えば、体験したこと自体を忘れてしまったり、物忘れの自覚がなかったりする場合は、認知症の可能性があります。

2）早期発見・早期対応

親の認知症を心配して、企業で行う「仕事と介護の両立支援セミナー」に参加する人は少なくありません。認知症の症状を正しく学んでいないことで、発症に気づけず対応が遅れたり、知らぬ間に相手を傷つけたりしていることがあります。また、何となく感じていても親や近しい人が認知症だと認めたくないと診断を遅らせることは、本人だけでなく家族にとっても良いことはありません。

自治体のリーフレットやHPでは、認知症を知るツールなどが公開されています。そのうち、「認知症チェックリスト」を利用して該当する点がないか確認してみましょう。図表5－12では、3つ以上当てはまる人に早めの相談を推奨しています。中々耳を貸さない家族がいる場合は、プロの力も借りて早期の対応を心がけましょう。

【チェック項目】

1. 同じことを言ったり聞いたりする
2. 物の名前が出てこなくなった
3. 置き忘れやしまい忘れが目立ってきた
4. 以前はあった関心や興味が失われた
5. だらしなくなった
6. 日課をしなくなった
7. 時間や場所の感覚が不確かになった
8. 慣れたところで道に迷った
9. 財布などを盗まれたという
10. ささいなことで怒りっぽくなった
11. 蛇口・ガス栓の閉め忘れ、火の用心ができなくなった
12. 複雑なテレビドラマが理解できない
13. 夜中に急に起きだして騒いだ

●図表5－12　認知症チェックリスト

愛知県「認知症チェックリスト」より

3）認知症サポーター

厚生労働省は「認知症を知り　地域をつくるキャンペーン」の一環として「認知症サポーターキャラバン」事業を実施しています。「認知症サポーター」とは、「認知症について正しい知識を持ち、認知症の人やその家族を温かく見守る応援者」のことです。

認知症サポーターは年齢関係なく誰でもなることができます。スーパーマーケットや金融機関など、老若男女を問わず自由に行き来できる場所で勤務する人には必要な知識かもしれません。

ぜひ認知症サポーター養成講座で学んでみてください。

【認知症サポーター養成講座の内容】

- 認知症とは
- 認知症の人の気持ちと接し方
- 認知症の人の家族の気持ち
- 認知症の人を支える仕組みと相談窓口
- 認知症サポーターとしてできること　など

●図表5－13　認知症サポーターキャラバンマスコット「ロバ隊長」

特定非営利活動法人地域共生政策自治体連携機構より

Chapter 6

積極利用をおすすめする給付金や助成金等

I　介護休業給付金

要介護状態にある家族を介護するために雇用保険の被保険者が介護休業を取得した場合、一定要件を満たすと、原則として休業開始時の賃金月額の67%が支給されます。非課税のため所得税の控除はなく、次年度の住民税の算定基礎にもなりません。

1　支給対象となる介護休業

以下の1. から3. の全てを満たす介護休業について、支給対象となる同じ家族につき、93日を限度に3回までに限り支給されます。

1. 負傷、疾病または身体上もしくは精神上の障害により、2週間以上にわたり常時介護（歩行、排泄、食事等の日常生活に必要な便宜を供与すること）を必要とする状態にある家族（2. のいずれかに限る）を、介護するための休業であること
2. 対象家族が、被保険者の、「配偶者（事実上婚姻関係と同様の状況にある者を含む）」「父母（養父母を含む）」「子（養子を含む）」「配偶者の父母（養父母を含む）」「祖父母」「兄弟姉妹」「孫」であること
3. 被保険者が、その期間の初日および末日とする日を明らかにして事業主に申出を行い、これによって被保険者が実際に取得した休業であること

2　受給要件

介護休業給付の受給資格は、介護休業を開始した日前2年間に、被保

険者期間が12カ月（※）以上必要となります。

なお、介護休業を開始した日前2年間に被保険者期間が12カ月（※）ない場合であっても、当該期間中に本人の疾病等がある場合は、受給要件が緩和され、受給要件を満たす場合があります。

その上で、以下の要件を満たす場合に支給されます。

1. 介護休業期間中の各1カ月毎に休業開始前の1カ月あたりの賃金の8割以上の賃金が支払われていないこと
2. 就業している日数が各支給単位期間（1カ月ごとの期間）毎に10日以下であること（休業終了日が含まれる支給単位期間は、就業している日数が10日以下であるとともに、休業日が1日以上あること）

※　介護休業開始日の前日から1カ月毎に区切った期間に、賃金支払いの基礎となった日数が11日ある月を1カ月とします。

3　有期雇用労働者における受給要件

無期雇用労働者（契約期間の定めのない人）と受給要件が異なります。有期雇用労働者は、「2　受給要件」に加え、介護休業開始予定日から起算して93日を経過する日から6カ月を経過する日までに、その労働契約（労働契約が更新される場合にあっては、更新後のもの）が満了することが明らかでないことが必要です。

4　受給手続に必要な提出書類と申請期限

介護休業給付金を受給するには、「介護休業給付金支給申請書」を各介護休業終了日の翌日から起算して2カ月を経過する日の属する月の末日までに、事業所の管轄するハローワークへ提出します。この際、被保険者は、申請書を提出する日までに「休業開始時賃金月額証明書」を提出していなければなりません。ただし、事業者を経由する場合は申請書と証明書を同時に提出できます。

上記の他、添付が必要なものも含めた提出書類は次のとおりです。

【支給申請に必要な提出書類】

◆ 介護休業給付金支給申請書（マイナンバーの記載が必要）
◆ 被保険者が事業主に提出した介護休業申出書
◆ 住民票記載事項証明書等（介護対象家族の氏名、申請者本人との続柄（※)、性別、生年月日等が確認できる書類）
◆ 出勤簿、タイムカード等（介護休業の開始日・終了日、介護休業期間中の休業日数の実績が確認できる書類）
◆ 賃金台帳等（1. の申請書に記載した支給対象期間中に支払われた賃金の額および賃金の支払い状況、休業日数および就労日数を確認できる書類）
◆ 上記のほか、労働者名簿、雇用契約書など
◆ 対象介護休業期間中に対象家族が死亡した場合には、必要に応じて戸籍抄本、死亡診断書、医師の診断書など

※ 被保険者と介護対象家族の人が同一世帯にあり、申請時にマイナンバーを届け出た場合は続柄を確認できる書類は省略できます。

5 給付額

介護休業給付の1支給単位期間ごとの給付額（※1）は、［休業開始時賃金日額（※2）×支給日数（※3）×67%］により算出します。目安額は、以下のようになります。

◆ 平均月額15万円程度の場合、支給額は月額　10万円程度
◆ 平均月額20万円程度の場合、支給額は月額13.4万円程度
◆ 平均月額30万円程度の場合、支給額は月額20.1万円程度

※1　給付額には上限があります。また、介護休業期間中に賃金が支払われていると減額される場合があります。
※2　休業開始時賃金日額は、原則として、介護休業開始前6カ月間の総支給額（保険料等が控除される前の額。賞与は除きます。）を180で除した額です。
※3　1支給単位期間の支給日数は、原則として、30日（ただし、介護休業終了日を含む支給単位期間については、その介護休業終了日までの期間）となります。

1)　休業期間中に賃金が支払われていない場合

◆　支給単位期間が1カ月ある場合（最後の支給単位期間を除く）

　支給額＝休業開始時賃金日額×支給日数（30日(※1)）× 67%

◆　最後の支給単位期間（職場復帰等による休業終了日を含む）の場合

　支給額＝休業開始時賃金日額×支給日数(暦の日数(※2))× 67%

※1　休業終了日を含まない支給単位期間。
※2　休業終了日を含む支給単位期間。最後の支給単位期間の初日から休業終了日までの日数となります。

2)　休業期間中に賃金が支払われている場合

◆　支払われた賃金が、休業開始時賃金月額の13%以下の場合

　支給額＝休業開始時賃金日額×支給日数× 67%

◆　支払われた賃金が、休業開始時賃金月額の13%超～80%未満の場合

　支給額＝休業開始時賃金日額×支給日数の80%相当額
　　　　－賃金

◆　支払われた賃金が、休業開始時賃金月額の80%以上の場合

　支給額＝支給なし

Ⅱ 両立支援等助成金（介護離職防止支援コース）

介護離職防止のための介護支援プランの作成および同プランに基づく措置を実施し、介護休業の円滑な取得および職場復帰の取組みや仕事と介護との両立に資する制度の利用を円滑にするための取組みを行った中小企業事業主に支給される助成金です。

1 対象事業主

1. 中小企業事業主であること
2. 介護休業関係制度について、労働協約または就業規則に規定し、育児・介護休業法に添った制度を導入したこと
3. 介護休業の取得および職場復帰、ならびに介護休業関係制度の利用について、介護支援プランにより支援措置を実施する旨をあらかじめ規定し、労働者へ周知していること
4. 2. および3. の実施後、「**2 介護休業**」を取得する、または「**3 介護両立支援制度**」を利用する労働者が生じ、当該労働者に所定の措置を講じたこと

2 介護休業（取得時・復帰時）・業務代替支援加算

対象労働者が介護休業を合計5日以上取得し、復帰した場合に助成金が支給されます。その上、介護休業取得者の代替要員の新規雇用（派遣を含みます）または代替する労働者への手当支給等を行い、かつ、休業取得者を原職等に復帰させた場合は助成金が加算されます。

1）介護休業取得時の要件

◆ 介護休業の取得、職場復帰について、プランにより支援する措置を実施する旨を、あらかじめ労働者へ周知すること
◆ 介護に直面した労働者との面談を少なくとも１回以上実施して結果を記録、介護の状況や今後の働き方についての希望等を確認の上、プランを作成すること
◆ プランに基づき、対象介護休業者の業務の整理・引継ぎを実施し、対象労働者が合計５日（所定労働日）以上の介護休業を取得すること
◆ 休業開始日から申請日において、雇用保険被保険者として継続雇用していること

2）休業後の職場復帰時の要件

休業取得時と同一の対象介護休業取得者（休業取得時を受給していない場合は申請不可）が、取得時の要件かつ以下を満たすことが必要です。

◆ 「休業取得時」の受給対象である労働者に対し、介護休業終了後にその上司または人事労務担当者が面談を実施して結果を記録すること
◆ 対象労働者を、面談結果を踏まえ原則として原職等に復帰させ、原職等復帰後も申請日までの間、雇用保険被保険者として３カ月以上継続雇用していること
◆ 当該３カ月の間に雇用形態や給与形態の不合理な変更を行っていないこと

3）業務代替支援加算（新規採用）の要件

◆ 対象介護休業取得者の業務を代替する者であること
◆ 対象介護休業取得者と原則として同一の事業所および部署で勤務していること

- ◆ 所定労働時間が対象介護休業取得者の2分の1以上であること
- ◆ 新たな雇入れまたは新たな派遣により確保する者であること
- ◆ 確保の時期が、対象介護休業取得者の対象家族の要介護の事実について、事業主が知った日または介護休業開始日の6カ月前までのいずれか遅い日以降であること

4）業務代替支援加算（手当支給等）の要件

- ◆ 対象介護休業取得者の従事する業務を、雇用保険被保険者で、介護休業取得者の対象家族の要介護の事実について事業主が知った日以前の採用者であること
- ◆ 対象介護休業取得者または業務代替者の業務について、「業務の一部の休止・廃止」、「手順・工程の見直し等による効率化、業務量の減少」、「マニュアル等の作成による業務、作業手順の標準化」のいずれかの結果が確認でき、かつ対象介護休業取得者の介護休業中の業務分担を明確にし、業務代替者の上司または人事労務担当者が業務代替者に代替業務の内容、賃金について、面談により説明していること
- ◆ 代替業務に対応した賃金制度（例：業務代替手当、特別業務手当等）を労働協約または就業規則に規定していること
- ◆ 業務代替期間における業務代替者の賃金が1人につき1日あたり500円以上または1月あたり1万円以上のうち、いずれか低い方の額以上増額されていること

3 介護両立支援制度

介護両立支援制度の主の要件は、以下のとおりです。

- ◆ 介護両立支援制度の利用について、プランにより支援する措置を実施する旨を、あらかじめ労働者へ周知すること
- ◆ 介護に直面した労働者との面談を少なくとも1回以上実施して結果を記録、介護の状況や今後の働き方についての希望等を確認の

上、プランを作成すること

◆ プランに基づき業務体制の検討を行い、対象労働者が以下のいずれか1つ以上の制度（＊1・2を除く）を合計20日以上利用すること

【両立支援制度】

- 所定外労働の制限制度
- 時差出勤制度
- 深夜業の制限制度
- 短時間勤務制度
- 介護のための在宅勤務制度
- 法を上回る（時間単位・有給）介護休暇制度（＊1）
- 介護のためのフレックスタイム制
- 介護サービス費用補助制度（＊2）

※ ＊1・2の制度は利用期間が利用開始から6カ月を経過する日に一定の要件を満たすことが必要です。

4 個別周知・環境整備加算

介護休業を取得または介護両立支援制度を利用した対象労働者に対し、制度等の個別周知の取組みを行った上で、仕事と介護の両立がしやすい雇用環境整備の取組みを行った場合に、助成金が加算支給されます。主の要件は、以下の1）および2）の両方の取組みを実施していることです。

1）対象労働者への個別周知

◆ 介護休業、介護両立制度に関する自社の制度について

- 自社の制度内容、申出先
- 介護休業給付が支給される要件、給付額、手続き
- 介護休業期間中における社会保険料に関する取扱い

◆ 介護休業を取得した対象労働者の待遇等について
- 介護休業を取得した場合の賃金、教育訓練、福利厚生等の待遇
- 介護休業取得後の賃金、配置などの労働条件
- 介護休業終了した場合の勤務開始時期や休業中の社会保険料の支払方法

2）仕事と介護を両立しやすい雇用環境整備

◆ 社内の労働者向けに、以下のうち２つ以上の措置を講じていること
- 社内の労働者に対する介護休業、介護両立制度に係る研修の実施
- 介護休業、介護両立支援制度に関する相談体制の整備
- 介護休業の取得、介護両立支援制度の利用に関する事例の収集、当該事例の提供
- 社内の労働者に対する介護休業、介護両立制度の内容や取組み、利用の促進に関する方針の周知

介護支援プランは、原則として対象労働者の介護休業開始前または介護両立支援制度利用開始前に作成する必要がありますが、介護休業開始後または介護両立支援制度の利用期間中に作成しても構いません。介護休業終了後または介護両立支援制度利用終了後に作成された場合は支給対象とならないので注意しましょう。

●図表６－１　介護離職防止支援コースの支給額

①介護休業	休業取得時	30万円	※１年度各５人まで
	職場復帰時	30万円	
ｉ）（①への加算） 業務代替支援加算		新規雇用20万円、手当支給等５万円	
②介護両立支援制度		30万円	※１年度５人まで
ⅱ）（①、②への加算） 個別周知・環境整備加算		15万円	
③新型コロナウイルス感染症対応特例		（労働者１人あたり）　※１年度５人まで ５人以上10日未満　20万円 10人以上　35万円	

厚生労働省「2023年の両立支援等助成金の概要」より抜粋

Ⅲ 各自治体の奨励金

1 介護休業取得応援奨励金（(公財）東京しごと財団）

概要	従業員が合計15日以上の介護休業を取得し、介護休業に引き続き原職復帰して3カ月を経過するとともに職場環境を整備した場合に支給
要件	◆　都内に本店および雇用保険適用事業所を置く中小企業であること ◆　育児・介護休業法に定める取組みを上回る、次のいずれかを含む制度を令和5年4月1日以降に就業規則に定めること ①　介護休業期間の延長 ②　介護休業の取得回数の上乗せ ③　介護休暇の取得日数の上乗せ ④　時間単位の介護休暇導入（中抜けを認めるもの）
申請期間	◆　介護休業から復帰後して3カ月経過した翌日から2カ月以内
支給額	介護休業取得日数合計15日以上の場合は25万円、合計31日以上の場合は50万円 一奨励事業者に対し一事業年度1回（1名分）まで
問合せ先	企業支援部 雇用環境整備課 育児支援担当係　03-5211-2399

2 中小企業仕事と家庭の両立支援事業（東京都港区）

a）介護支援奨励金

概要	従業員に1カ月以上の介護休業を取得させた中小企業事業主に交付
要件	◆　港区内に本店および雇用保険適用事業所を置く中小企業であること ◆　育児・介護休業法に定める介護休業制度を就業規則等に規定していること ◆　従業員（雇用保険被保険者）が、介護休業を1カ月以上取得し、かつ、雇用保険法に定める介護休業給付金の支給を受けていたこと
申請期間	介護休業取得期間の末日から1カ月経過後、1年以内
支給額	1事業主あたり、対象従業員1人を限度とし、15万円
問合せ先	総務部総務課人権・男女平等参画係　03-3578-2014

b）男性の介護支援奨励金

概要	男性従業員に介護休業、介護休暇または介護のための短時間勤務を交付要件に定める期間以上取得させた中小企業事業主に交付
要件	◆　港区内事業所に勤務する男性従業員（雇用保険被保険者）が、次のいずれかの取得をしていること ①　介護休業を継続7日以上 ②　介護休暇を1年間に3日以上（半日もしくは時間単位でも取得できる場合は、その合計が3日以上） ③　介護のための短時間勤務を継続1カ月以上 ◆　取得にあたり、月給制を時給制にするなど給与等雇用形態を変更したり、裁量労働制、事業場外みなし労働時間制および変形労働時間制のまま短時間勤務をしていないこと
申請期間	①介護休業または③介護短時間勤務の取得期間の末日から1カ月経過後、1年以内 ②介護休暇の3日目を取得し終えた日から1年以内
支給額	1事業主あたり、対象従業員1人を限度とし、10万円
問合せ先	総務部総務課人権・男女平等参画係　03-3578-2014

3　介護休業・介護休暇・介護短時間勤務奨励金（東京都千代田区）

概要	従業員に介護休業または介護休暇もしくは介護短時間勤務を取得させた中小企業事業主に交付
要件	◆　千代田区内に本店および雇用保険適用事業所を置く中小企業であること ◆　育児・介護休業法に定める介護休業・介護休暇・介護のための短時間勤務制度を就業規則等に規定して、労働基準監督署に届出を行っていること ◆　従業員が、介護休業（連続14日以上）または、介護休暇（年度内3日以上(半日または時間単位で取得できる場合はその合計が3日以上))、もしくは介護短時間勤務（継続1カ月以上）を取得していること
申請期間	介護休業または介護短時間勤務の終了日もしくは介護休暇3日取得し終えた日の翌日から起算し、6カ月以内
支給額	1件につき3万円 1事業年度5件まで、1従業員1回限り
問合せ先	地域振興部国際平和・男女平等人権課男女平等人権係　03-5211-4166

4　目指せ介護離職ゼロ推進奨励金（福井市）

概要	介護を理由とした離職を防ぎ、介護と仕事を両立できる職場環境を整備することを目的として、労働者に介護休業または介護短時間勤務制度等を利用させた事業主に支給
要件	◆　福井市内に事業所または営業所を有する中小企業であること ◆　従業員が連続して2週間以上、介護休業の取得または介護短時間制度等を利用したこと
申請期間	介護休業、介護短時間勤務制度等の利用期間が終了した日または開始から1カ月経過した日のいずれか早い日の翌日から起算して2カ月以内
支給額	2週間以上1カ月未満は5万円、1カ月以上は10万円
問合せ先	福井市しごと支援課　0776-20-5321

5　育児・介護　代替要員確保支援助成金（兵庫県）

概要	介護の休業または短時間勤務に対し、代替要員を新たに雇用した事業主に支給
要件	◆　兵庫県内の中小企業事業主（ひょうご仕事と生活の調和推進宣言企業）であること ◆　従業員の育児・介護の休業または短時間勤務に対し、代替要員を新たに雇用したこと
提出期限	介護休業の開始および代替要員の雇用後、3カ月以内
支給額	代替要員の賃金の1／2（月額上限10万円、総額上限100万円）
問合せ先	ひょうご仕事と生活センター　078-381-5277

Ⅳ シンボルマーク「トモニン」

●図表6－2　シンボルマーク「トモニン」

「トモニン」とは、企業が介護離職を未然に防止することを目的として、「仕事と介護を両立できる職場環境」の整備促進のために厚生労働省が定めたシンボルマークです。

自社の行動計画、仕事と介護の両立支援の取組みを「両立支援のひろば」に、登録すると、シンボルマークを利用できるようになります。

仕事と介護を両立できる職場環境の整備促進に取り組んでいる企業は、トモニンを活用して企業の取組みをアピールするとよいでしょう。

おすすめツール・サイト

「両立支援のひろば」（https://ryouritsu.mhlw.go.jp/）

【活用例】

- ◆ 募集・採用時

  募集要項、会社案内、HPなどにトモニンを掲載することで、就活生や転職活動中の人に向けて企業の取組みをアピールできます。

- ◆ 企業や商品の売込み時

  名刺や商品などにトモニンを掲載することで、顧客、消費者、取引先に向けて企業のイメージアップを図ることができます。

- ◆ 社内への周知を行う時

  広報誌、HP、社内報などにマークを掲載し、自社の労働者に向けて取組みを紹介しましょう。

規程集

- 職務等級制度規程
- 賃金規程
- 在宅勤務規程
- 正社員転換制度規程
- 短時間正社員規程
- ジョブ・リターン制度規程

職務等級制度規程

【目　　的】

第１条　この規程は、従業員自ら会社の経営方針に沿った職務責任を果たすことにより社業の発展を目指すことを目的とし、各従業員が担当する職務を会社が期待する行動や成果により等級区分する。会社は、本規程に基づき公平な処遇を行う。

【適用の範囲】

第２条　職務等級制度は就業規則第●条に定める従業員に適用し、パート従業員・嘱託社員等は適用外とする。

【職務等級制度】

第３条　職務等級制度では、会社が各従業員に期待する仕事を職群コース別に職務等級（以下「等級」という）区分し、その基準に基づき「賃金管理」「目標管理」「人事考課」「要員管理」「任用管理」等を行う。

【職務等級の構成】

第４条　職務等級制度の職群コース別体系は、管理職・専門職・監督職・一般職で構成する次の８コースとし、管理職は４つの等級、専門職・監督職は２つの等級、一般職は３つの等級にそれぞれ区分する。

一　管理職

二　専門職

三　監督職

四　企画職

五　業務職

六　総務職

七　生産職

八　営業職

2　職務等級の体系

〈管　理　職〉

等　級	職　務　基　準
EM （エグゼクティブ・マネジャー ／本部長）	①　経営方針に従い、特定の事業部門の業務執行を行う。 ②　本部の責任者として、長期的・全社的立場から財務の安定化を図るため、本部の方針・計画を立案し、統括する。 ③　本部間の調整を行い、本部計画、設備投資計画、人員計画などを立案・策定する。
M1 （ゼネラル・マネジャー ／部長）	①　部門の責任者として経営方針に基づいて、担当分野の方針・計画を企画立案し、その方針ならびに計画の全社的な徹底を図り、またこの計画に基づく担当部の全業務活動を統括する。 ②　部門間の調整を行い、部門計画、設備投資計画、人員計画、教育訓練計画を立案・策定する。 ③　社内業務全般に精通し、社内管理制度の確立等の主要業務に関する企画立案、導入、指導の統括する。
M2 （チーフ・マネジャー ／次長）	経営方針又は上司の包括的指示に基づき次のことをする。 ①　部又はそれに準ずる組織運営を統括する。 ②　部又はそれに準ずる組織の業務運営方針・目標の設定と調整及び推進をする。 ③　経営に重要な影響のある大型プロジェクトへの参画・推進。 ④　部門所管の重要課題の立案、意見具申、連絡調整及び上司の補佐など。
M3 （マネジャー ／課長）	①　直属の上長の指導監督のもとに上長を補佐し、年度方針に基づいて業務目標の設定と業務計画を立案し、部下を統括する。 ②　業務統制、情報の選別評価、業務状況の分析とその対処をする。 ③　所属員を管理統率し、その能力開発計画を決定、この実行を管理する。 ④　各部関係者との業務折衝をする。

〈専　門　職〉

等　級	職　務　基　準
SS （営業専門職）	極めて高度の幅広い専門知識・能力を有し、新市場の開拓、新技術・新製品の開発など新たな付加価値の創造ができ、社内の最高権威として社員の技能・スキル向上に寄与する。
TS （技能専門職）	余人を持って代え難い特殊な技能の維持あるいは多能技量とそれを指導できる技量を持ち、品質の維持向上のための製法の改善合理化、ならびに設備改善、技術改善により原価の削減に貢献する。

〈監　督　職〉

等　級	職　務　基　準
L1 （リーダー）	直属の上長の指揮監督のもとに、年度目標・計画に基づき、サブリーダーを指揮監督して、担当する職場を統括する。
L2 （サブリーダー）	直属の上長の指揮監督のもとに上長を補佐し、職場の年度目標・計画に基づき部下を指揮監督、業務を遂行する。

〈一　般　職〉

等　級	職　務　基　準
J1	複雑かつ専門的な知識及び豊富な実務経験により、企画・判断業務を行う。また、必要に応じて下級者の業務指導を行う。
J2	包括的な指示や命令のもとに熟練定型的業務、非定型的業務を行う。また、必要に応じて下級者の業務指導を行う。
J3	上司あるいは上級者の具体的な指示や命令のもとに定型的業務を行う。

【職務基準書】

第５条　職務基準書は、職務ごとに果たすべき職務の内容と、要求される能力・レベルの内容を職務等級別に整理し、基準化したものをいう。

２　職務基準書は、職務分析を実施して作成するものとし、会社の経営ビジョン（中期事業計画）に沿って求められる職務内容等の変更を反映させるため必要に応じて改訂する。

【職務等級の格付け】

第６条　職務等級への格付けは次の通り行う。

一　一般職においては、配置（担当する仕事）により自動的に該当する職務等級に格付ける。

二　管理職及び専門職・監督職においては、役職任用により自動的に該当する役職の職務等級に格付ける。

【初任格付け】

第７条　新規学卒採用者は、次の通りの定期初任格付けとする。

〈定期初任格付け〉

最終学歴	等級・号俸
高校卒	J3 級 1 号
高専・専門学校・短大卒	J3 級 16 号
大学・大学院卒	J3 級 30 号

２　中途採用者は、本人の経験及び担当職務の他社内の実情を勘案し、その都度、会社が仮格付けし、試用期間終了後、職務基準書に基づき本格付けする。

【職務異動基準等】

第８条　職務異動は、職務等級の上位又は下位への変更を伴う異動又は、職群コースの変更を伴う異動とする。

２　職務異動及び役職任命は、会社が組織・要員管理上の都合により本人の能力・適性・勤務実績・人事考課結果等を慎重に審査し総合的な判断に基づき行う。

３　一般職層の J1、J2、J3 級間の職務異動は、原則として人事考課の年度総合評価が以下の場合に等級異動候補者として審査会における審査対象とする。

一　年度総合評価でＡ以上を２回連続取得した場合には上位等級への昇級候補者に、２回連続してＣ以下の場合は下位等級への降級候補者とする。

二　年度総合評価でＳを収めた場合には、２期を待たず上位等級へ、Ｄの時は下位等級への異動候補者として審査対象とする。

４　監督職務への職務異動の取扱いは次の通りとし、第９条に定める職務等級異動手続きに従って審査会において慎重に審査を行い決定する。

一　原則として、該当等級のランクⅡ－Ｂに格付ける。

二　人事考課の年度総合評価において２期連続でＡ・Ａ以上の成績を収めた場合は上位等級への昇級候補者に、２期連続でＣ・Ｃ以下の成績の場合は下位等級への降級候補者とする。ただしＳを収めた場合には、２期を待たず上位等級へ、Ｄの時は下位等級への異動候補者として審査対象とする。

三　同一等級内のランクの異動は、それぞれのランクの成績Ｂに格付けを行う。

５　専門職務への職務異動の取扱いは次の通りとし、第９条に定める職務等級異動手続きに従って慎重に審査を行い決定する。なお、専門職に格付けられた場合は２年を超えない範囲で都度再審査を行うこととする。

一　SS に推薦されるには審査基準９項目中５項目以上に該当すること。

二　TS に推薦されるには審査基準９項目中３項目以上に該当すること。

三　審査基準は次の９項目とする。

・開発した技術が事業化し著しく売上増に貢献したこと

・生産技術や品質管理で増益に著しく寄与したこと
・社内もしくは社外との連携プロジェクトを運営した件数が複数あること
・業務に関連した特許登録件数が複数あること
・社長賞を複数回受賞していること
・学会や業界団体で幹部となった経験があること
・顧客企業のトップへの強力な人脈をもっていること
・社内の技術勉強会への貢献が著しいこと
・業務に関連した論文掲載や学会発表などを行っていること

6　限定正社員の職務異動は、M3を上限とし、M2、M1、EMへの異動は行わない。

【職務等級異動手続き】

第9条　役職及び人事異動の発令における、推薦者、審査方法、審査者及び決定者は次の通りとする。

<table>
<tr><th>被発令者</th><th>推薦者</th><th>審　査</th><th>審査者</th><th>決定者</th></tr>
<tr><td>EM（エグゼクティブ・マネジャー）</td><td>役　員</td><td>面　接</td><td>役員会</td><td>社　長</td></tr>
<tr><td>M1（ゼネラル・マネジャー）</td><td rowspan="3">役　員</td><td rowspan="3">小論文
面　接</td><td rowspan="3">役員会</td><td rowspan="3">社　長</td></tr>
<tr><td>M2（チーフ・マネジャー）</td></tr>
<tr><td>M3（マネジャー）</td></tr>
<tr><td>SS・TS（専門職）</td><td>役　員</td><td>面　接</td><td>役員会</td><td>社　長</td></tr>
<tr><td>L1（リーダー）</td><td rowspan="2">マネジャー</td><td rowspan="2">面　接</td><td rowspan="2">審査会</td><td rowspan="2">社　長</td></tr>
<tr><td>L2（サブリーダー）</td></tr>
</table>

2　管理者の定員は組織上の都合によって設定されるため、昇進は次の場合に、適性を審査し、任命（任用・役職離脱）する。

一　そのポストが空位の場合

二　ポジションの交代の場合

三　ポストが新設された場合

【休職に伴う職務等級の取扱い】

第10条　休職又は長期の欠勤の場合、期間中の職務等級は原則として据え置き、復職後改めて職務及び職務等級を見直す。

【職務等級運用（人事異動）の時期】
第 11 条　職務等級運用（人事異動）は事業年度の初めに行うほか、必要に応じて随時行う。

附　　則

【実施時期】
第 1 条　本規程は、　　年　　月　　日から実施する。

賃金規程

第1章　総　　則

【目　　的】

第1条　この規程は、就業規則第●条に基づき別途定める職務等級制度規程とともに従業員の賃金に関する事項を定めるものとする。

【適用の範囲】

第2条　この規程は、就業規則第●条に定める従業員に適用し、次の者には適用しない。

一　契約社員（期間の定めのある雇用契約による従業員）

二　パートタイマー・アルバイト（期間の定めのある雇用契約による従業員で、所定労働時間がフルタイムでない者）

三　その他一般従業員と異なる労働契約により就業する者

【賃金体系等】

第3条　この規程に定める賃金の体系は、次の通りとする。

- 賃金
  - 月例賃金
    - 所定内賃金
      - 基本給
        - 職務給
        - 基礎給
      - 手　当
        - 営業手当
        - 営業業績手当
        - 家族手当
        - 別居手当
    - 所定外賃金
      - 通勤手当
      - 時間外勤務手当
  - 賞　与

【賃金の支払方法】

第4条　賃金は、全額通貨で直接従業員に支払う。ただし、本人の同意を得て本人名義の預貯金口座へ振り込むことができる。

2　前項に関わらず、賃金はその支払いに際し以下のものを控除する。

一　法令で定めるもの

・源泉所得税

・住民税

・健康保険料の被保険者負担分

・厚生年金保険料の被保険者負担分

・雇用保険料の被保険者負担分

・介護保険料の被保険者負担分

二　従業員の過半数を代表する者と協定により定めたもの

【賃金の計算期間及び支払日】

第5条　賃金の計算期間は、当月1日から当月末日までとする。

2　賃金は毎月末日を締切日として、これを翌月20日に支払う。ただし、支払日が金融機関の休日に該当する時は、その前日に支払う。

【賃金の不就労控除】

第6条　欠勤、遅刻、早退した場合は、当該賃金計算期間の所定労働日数・所定労働時間を基準に日割・時間割計算し、不就労時間分を控除して支払う。

2　育児、介護で短時間勤務を申し出た場合、不就労時間分を控除して支払う。

【休暇・休職中の賃金】

第7条　従業員が就業規則第●条に定める年次有給休暇ならびに就業規則第●条に定める休暇を取得した場合、所定労働時間を勤務したものとして賃金の減額は行わない。ただし、無給の定めのある休暇については、当該計算期間の所定労働日数を基準に日割した額を控除する。

2　従業員が就業規則第●条に定める休職を命ぜられた場合、休職中の賃金は支払わない。

【休業手当】

第８条　会社の都合による休業の場合は、平均賃金の60％以上の額を休業手当として支給する。

【退職時の支払】

第９条　従業員が死亡又は退職の場合は、権利者からの請求があった場合においては７日以内に既往の労働に対する賃金を支払い、その他従業員の権利に属する金品を返還する。

第２章　所定内賃金

【基 本 給】

第10条　基本給は、職務給と基礎給の合計金額とする。

2　職務給は、担当職務の価値、性質、困難度、重要度に応じて、毎年１回４月に人事考課の成績により決定し、職務等級別に職務給表（別表Ⅰ）の通りとする。

3　基礎給は生活保障給とし、毎年４月１日時点の満年齢により決定し、基礎給表（別表Ⅱ）の通りとする。

4　職務給における人事考課の対象期間は、前年４月１日から当年３月末日までとする。

5　新規学卒採用者の初任給は、採用時の年齢による基礎給と初任格付けによる職務給の合計額とする。

6　中途採用者の職務給は、担当職務、世間水準及び社内の実情を勘案し、その都度、会社が仮格付けする。試用期間終了後、職務基準書に基づき本格付けし職務給を決定する。

7　第１項の定めに関わらず、管理職における基本給は職務給のみとする。

8　就業規則第●条に定める、限定正社員（短時間勤務、在宅勤務、勤務地限定）の基本給は、原則として、第1～7項により決定された金額の90％を基準とする。

9　正社員及び限定正社員が雇用形態の変更により、パートタイマーになる場合は、原則として第1～7項により決定された金額の80%を基準とする。

【営業手当】

第11条　営業職の従業員に対し、職務等級ごとに営業手当表（別表Ⅲ）に定める額の営業手当を支給する。

2　前項の営業手当はその全額を第15条に定める時間外手当・休日勤務手当・深夜手当相当分として支給する。ただし、各月の時間外勤務等が第15条の計算により営業手当の額を超えた場合は、超過分を時間外勤務手当として支払い、営業手当の額を下回る場合はそのまま支払うこととする。

3　前項の定めに関わらず、賃金計算期間の途中で入社・退社・休職・復職する場合、もしくは1賃金計算期間のうち5日以上欠勤した場合には、営業手当の支払いに代えて第15条の定めにより計算した時間外勤務手当を支払うことがある。

【営業業績手当】

第12条　営業業績手当は各人の職務等級ならびに各四半期の売上目標達成の度合に応じ、営業職に対する奨励給として支給する。営業業績手当の金額は職務等級ごとに営業業績手当表（別表Ⅳ）に定める通りとする。

2　算定対象期間の途中で入社・退社・休職・復職・異動などにより算定対象期間が3カ月（暦月）に満たない場合は業績評価をせず暫定的にB評価として支給する。

【家族手当】

第13条　家族手当は次の要件に該当する親族を有する従業員に対し、届出を行った翌賃金計算期間より条件に該当しなくなった賃金計算期間分まで1月単位で支給する。

一　健康保険の被扶養者たる、配偶者を有する従業員に対し＿＿＿＿＿円を支給する。

二　健康保険の被扶養者たる、4月1日時点の年齢が18歳未満の子、もしくは22歳未満の学生たる子（人数制限なし）を有する従業員に、子1人につき＿＿＿＿円を支給する。ただし、18歳以上は毎年4月15日までに在学証明書を提出することを条件とする。

2　被扶養者異動届の申請が遅れた場合であっても、届出を行った翌賃金計算期間からの支給とする。ただし、やむを得ないと会社が認めた場合はこの限りではない。なお、支給条件を欠くことの届出が遅れたことによる過誤払い分は速やかにその全額を返還しなければならない。

3　賃金計算期間の途中で入社・退社・休職・復職する場合には、当該賃金計算期間の所定労働日数により不就労相当分を日割計算にて控除する。また、1賃金計算期間において5日以上欠勤した場合も同様に日割計算にて控除する。

【別居手当】

第14条　転居を伴いやむなく同居家族と別居することとなる異動においては、生活費の補助として別居手当を支給する。別居手当の金額ならびに支給期間は個別に転勤辞令の際に提示することとする。

2　転居期間中の各賃金計算期間において、各期間中1回の一時帰省往復交通費を別途支給することとする。

第3章　所定外賃金

【時間外勤務手当】

第15条　従業員が所定労働時間を超え、又は法定休日に労働した場合は、次の計算式により時間外勤務手当を支給する。

一　時間外手当

$$\frac{\text{基本給}}{\text{1カ月当たり年平均所定労働時間}} \times 1.25 \times \text{時間外労働時間数}$$

時間外労働が1カ月60時間を超える場合には、超えた時間について、1.25を1.5と変えて計算する。

二　休日出勤手当

$$\frac{\text{基本給}}{\text{1カ月当たり年平均所定労働時間}} \times 1.35 \times \text{休日労働時間数}$$

2　時間外労働又は休日労働が深夜に及んだ場合は、次の計算式による深夜手当を加算する。

$$\frac{\text{基本給}}{\text{1カ月当たり年平均所定労働時間}} \times 0.25 \times \text{深夜労働時間数}$$

【通勤手当】

第16条　通勤手当は、会社に通勤するための最も経済的かつ合理的な経路及び方法を届け出た従業員に対し、会社が承認した場合に次の通り支給する。

一　公共交通機関の場合

会社が認める公共交通機関で通勤し、実際に定期券等を購入する者に当該交通機関の1カ月の定期代等を通勤手当として支給する。ただし、移動距離が2㎞未満の交通機関については対象としない。

二　マイカー通勤（自動車、二輪車を含む）の場合

会社の許可を得てマイカー通勤をする場合は、距離に応じて支給する。

2　賃金計算期間の途中で入社・退社・休職・復職する場合には、当該賃金計算期間の所定労働日数により不就労相当分を日割り計算にて控除する。また、1賃金計算期間において5日以上欠勤する場合も同様とする。

3　転居等により賃金計算期間の途中で通勤方法の変更があった場合の通勤手当は、翌賃金計算期間から変更するものとする。ただし、会社の命令による転居・異動等により、新しい通勤手当が従来の額より高額となるときは、転居・異動等をした日の属する賃金計算期間から当該金額を支給する。

4　通勤手当の支給を受けている従業員は、転居その他の理由により通勤の経路の変更があったとき、又は運賃改定等があった場合には、速やかに所定の届出を行わなければならない。

5　前項の届出の遅滞等により通勤手当の過払いが発生したときは、直ちにその全額を返還しなければならない。

第4章　賃金の改定

【賃金の改定】

第17条　基本給における昇給及び降給は、基礎給は毎年4月1日の年齢により決定し、職務給は毎年4月支給分より次の通り改定する。

一　一般職層のJ2、J3級の職務給の改定は次の通りとする。

評価	異動号数
S	4号上げる
A	3号上げる
B	2号上げる
C	そのまま
D	2号下げる

二　年度総合評価でA以上を2回連続取得した場合には上位等級の直近上位の金額を、2回連続してC以下の場合は下位等級の直近下位の金額を支給する。ただし、人事考課の年度総合評価でSを収めた場合には、2期を待たず上位等級の直近上位の金額に、Dの時は下位等級の直近下位の金額を支給する。

三　J1級、専門職（S級）、監督職（L級）、管理職（M級）の職務給は、年2回の人事考課における年度総合評価による洗い替え支給とし、年度総合評価でA以上を2回連続取得した場合には上位ランクの直近上位の金額を、2回連続してC以下の場合は下位ランクの直近下位の金額を支給する。ただし、人事考課の年度総合評価でSを収めた場合には、2期を待たず上位ランクの直近上位の金額に、Dの時は下位ランクの直近下位の金額を支給する。

2　職務異動及び役職任命に伴う職務給の改定は別途定める職務等級制度規程によることとし、会社の組織・要員管理の観点から人事考課結果のみならず、慎重に審査し総合的な判断に基づき行うこととする。

3　賃金改定時期において休職中の者に対しては、復職後に賃金の改定を行う。

第5章 賞　　与

【賞　　与】

第18条　賞与は、会社の業績に応じ年2回支給する。ただし、業績不振等により賞与原資が確保できない場合は支給しないことがある。

2　支給対象者は、対象期間すべてに在籍し、かつ支給日に在籍している従業員とする。ただし、支給対象期間に出勤停止以上の懲戒処分を受けた者については、原則として支給しない。

3　支給時期、支給対象期間は次の通りとする。ただし、支給日はその都度会社が決定する。

支給月	対象期間
夏季　7月	10月1日　～　3月31日
冬季　12月	4月1日　～　9月30日

4　本条の定めに関わらず、会社業績により別途決算賞与を支給することがある。

【賞与の算定方法】

第19条　賞与額については賞与算定基礎額の●カ月分の固定部分と業績変動部分の職務等級別業績ポイントから成るポイント方式で算定する。ただし、職務等級別業績ポイントの配分ならびに各工場別営業利益予算額及び達成度係数等は事前に定める。

2　固定部分における算定基礎額は算定対象期間末日における職務給の額とする。

3　業績変動部分は従業員の当該期間における人事考課結果に基づいた職務等級別業績ポイント数に、各工場営業利益予算の達成度係数を乗じ決定する。

4　ポイント単価は［業績変動部分賞与原資÷該当全社員の総合計ポイント］とする。

5　業績変動部分賞与原資は各人の固定部分を確保した残額とする。

6　支給対象期間に欠勤、休職等があった場合は、その日数分を比例減額する。

第6章　その他

【不正受給の返還】

第20条　従業員が、不正な申請や記録などにより賃金などの支払いを受けた場合は、その額を直ちに返還させる。また、程度に応じ就業規則の制裁処分を行うことがある。

【賃金規程の改定】

第21条　経済情勢の変動に伴う賃金水準の変動、又は会社の業績などの理由により必要がある場合は、本規程及び別表の各賃金表の改定を行う。

附　則

【実施時期】

第1条　本規程は、　　年　　月　　日から施行する。

別表Ⅰ　職務給表

〈管理職〉

	ランク	S	A	B	C	D
EM（エグゼクティブ・マネジャー）	Ⅰ	980,000	910,000	840,000	770,000	700,000
	Ⅱ	910,000	840,000	770,000	700,000	630,000
	Ⅲ	840,000	770,000	700,000	630,000	567,000
M1（ゼネラル・マネジャー）	Ⅰ	740,000	700,000	660,000	620,000	580,000
	Ⅱ	700,000	660,000	620,000	580,000	540,000
	Ⅲ	660,000	620,000	580,000	540,000	500,000
M2（チーフ・マネジャー）	Ⅰ	610,000	580,000	550,000	520,000	490,000
	Ⅱ	580,000	550,000	520,000	490,000	460,000
	Ⅲ	550,000	520,000	490,000	460,000	430,000
M3（マネジャー）	Ⅰ	500,000	480,000	460,000	440,000	420,000
	Ⅱ	480,000	460,000	440,000	420,000	400,000
	Ⅲ	460,000	440,000	420,000	400,000	380,000

〈専門職〉

	ランク	S	A	B	C	D
SS（営業専門職）	Ⅰ	120,000	110,000	100,000	90,000	80,000
	Ⅱ	105,000	100,000	95,000	85,000	75,000
	Ⅲ	110,000	100,000	90,000	80,000	70,000
TS（技能専門職）	Ⅰ	210,000	200,000	190,000	180,000	170,000
	Ⅱ	195,000	185,000	175,000	165,000	155,000
	Ⅲ	180,000	170,000	160,000	150,000	140,000

〈監督職〉

	ランク	S	A	B	C	D
L1（リーダー）	Ⅰ	200,000	195,000	190,000	185,000	180,000
	Ⅱ	190,000	185,000	180,000	175,000	170,000
	Ⅲ	180,000	175,000	170,000	165,000	160,000
L2（サブリーダー）	Ⅰ	185,000	180,000	175,000	170,000	165,000
	Ⅱ	175,000	170,000	165,000	160,000	155,000
	Ⅲ	165,000	160,000	155,000	150,000	145,000

〈J1 級〉

	ランク	S	A	B	C	D
J1	Ⅰ	175,000	170,000	165,000	160,000	155,000
	Ⅱ	165,000	160,000	155,000	150,000	145,000
	Ⅲ	155,000	150,000	145,000	140,000	135,000

別表Ⅱ　基礎給表

年齢	年齢給	ピッチ	年齢	年齢給	ピッチ
18	115,600		33	136,200	2,000
19	116,300	700	34	138,200	2,000
20	117,000	700	35	140,200	2,000
21	117,700	700	36	141,600	1,400
22	118,900	1,200	37	143,000	1,400
23	120,100	1,200	38	144,400	1,400
24	121,300	1,200	39	145,800	1,400
25	122,500	1,200	40	146,700	900
26	123,700	1,200	41	147,600	900
27	125,200	1,500	42	148,500	900
28	126,700	1,500	43	149,000	500
29	128,200	1,500	44	149,500	500
30	130,200	2,000	45	150,000	500
31	132,200	2,000	46	150,000	0
32	134,200	2,000			

※ 46 歳以降 65 歳まで定期昇給はしない

〈J2 級〉

号俸	職務給	号俸	職務給
1 号	81,000	31 号	102,000
2 号	81,700	32 号	102,700
3 号	82,400	33 号	103,400
4 号	83,100	34 号	104,100
5 号	83,800	35 号	104,800
6 号	84,500	36 号	105,500
7 号	85,200	37 号	106,200
8 号	85,900	38 号	106,900
9 号	86,600	39 号	107,600
10 号	87,300	40 号	108,300
11 号	88,000	41 号	109,000
12 号	88,700	42 号	109,700
13 号	89,400	43 号	110,400
14 号	90,100	44 号	111,100
15 号	90,800	45 号	111,800
16 号	91,500	46 号	112,500
17 号	92,200	47 号	113,200
18 号	92,900	48 号	113,900
19 号	93,600	49 号	114,600
20 号	94,300	50 号	115,300
21 号	95,000	51 号	116,000
22 号	95,700	52 号	116,700
23 号	96,400	53 号	117,400
24 号	97,100	54 号	118,100
25 号	97,800	55 号	118,800
26 号	98,500	56 号	119,500
27 号	99,200	57 号	120,200
28 号	99,900	58 号	120,900
29 号	100,600	59 号	121,600
30 号	101,300	60 号	122,300
		61 号	123,000

〈J3 級〉

号俸	職務給	号俸	職務給
1 号	46,000	31 号	67,000
2 号	46,700	32 号	67,700
3 号	47,400	33 号	68,400
4 号	48,100	34 号	69,100
5 号	48,800	35 号	69,800
6 号	49,500	36 号	70,500
7 号	50,200	37 号	71,200
8 号	50,900	38 号	71,900
9 号	51,600	39 号	72,600
10 号	52,300	40 号	73,300
11 号	53,000	41 号	74,000
12 号	53,700	42 号	74,700
13 号	54,400	43 号	75,400
14 号	55,100	44 号	76,100
15 号	55,800	45 号	76,800
16 号	56,500	46 号	77,500
17 号	57,200	47 号	78,200
18 号	57,900	48 号	78,900
19 号	58,600	49 号	79,600
20 号	59,300	50 号	80,300
21 号	60,000	51 号	81,000
22 号	60,700	52 号	81,700
23 号	61,400	53 号	82,400
24 号	62,100	54 号	83,100
25 号	62,800	55 号	83,800
26 号	63,500	56 号	84,500
27 号	64,200	57 号	85,200
28 号	64,900	58 号	85,900
29 号	65,600	59 号	86,600
30 号	66,300	60 号	87,300
		61 号	88,000

別表Ⅲ　営業手当表

等級	営業手当
SS 級	65,000
J1 級	55,000
J2 級	50,000
J3 級	45,000

別表Ⅳ　営業業績手当表

等級	S	A	B	C	D
SS 級	100,000	80,000	60,000	40,000	20,000
J1 級	90,000	75,000	55,000	35,000	20,000
J2 級	80,000	65,000	50,000	35,000	20,000
J3 級	75,000	60,000	45,000	30,000	20,000

在宅勤務規程

第１章　総　　則

【目　　的】

第１条　この規程は、従業員の「在宅勤務」に関する労働条件その他就業に関する事項について定めるものである。

【在宅勤務及び在宅勤務者の定義】

第２条　この規程において、在宅勤務とは、所定労働日及び所定労働時間の全部又は一部について、従業員の自宅内の指定場所（以下「勤務場所」という）において、会社が認めた情報通信機器を用いて行う勤務形態をいう。ただし、自宅以外の場所で就業する必要がある場合は、事前に会社の承認を得るものとする。

２　前項の規程による在宅勤務を行う者を、在宅勤務者という。

【就業規則の適用】

第３条　この規程に定めのない事項については、この在宅勤務制度に反しない限り、就業規則の定めるところによるものとする。

第２章　対象者・対象業務

【在宅勤務の対象者】

第４条　在宅勤務の対象者は、次条に定める業務に従事する従業員のうち、出社することが困難になった者で、会社が宅勤務可能と認める次の基準に達していて、会社が在宅勤務を承認した者とする。

一　勤続５年以上の正社員

二　上長の推薦があった者

三　在宅勤務に適した環境と承認された者

【在宅勤務の対象部署】

第5条　在宅勤務可能な部署は、次の通りとする。

一　デザイン部

二　製造部画像処理課

三　前各号のほか、会社が可能と認めた部署

第3章　勤務の申請手続等

【在宅勤務の申請と承認】

第6条　在宅勤務を希望する者は、所定の申請書に次の事項について記載し、同申請書を所属長に提出しなければならない。

一　在宅勤務制度の適用を希望する理由

二　適用を希望する在宅勤務の形態

三　在宅で勤務しようとする日

四　在宅で勤務することを希望する期間

五　在宅で従事しようとする業務の具体的な内容

六　在宅で勤務しようとする自宅の作業環境

七　その他在宅勤務に関する特別な事情

2　会社は、在宅勤務を希望する従業員の適性、業務内容、自宅の作業環境等を勘案し、在宅勤務を認めることが適切と判断した場合には、在宅勤務を承認し、「在宅勤務承認通知書」によって労働条件を通知する。

3　在宅勤務の実施にあたっては、利用の都度、従業員が申請を行い、事前に会社の承認を得ることとし、事後申請による実施は認めない。

4　この規程の適用を受けた限定正社員が、正社員にコース転換をした場合、原則として、その後3年間はコース転換をすることができない。ただし、以下の場合、コース転換を行うことがある。

一　介護事由などが解消し、本人から申出があり会社が認めたとき

二　会社から通常勤務へ復帰するように指示があったとき

【在宅勤務の解除】

第7条　会社は、業務上の都合により、在宅勤務の適用を解除することがで

きる。

第4章　労働時間

【労働時間】

第8条　在宅勤務時の所定労働時間、始業時刻、終業時刻は、原則、就業規則第●条に定める通りとする。

2　前項に関わらず、会社の承認を受けて始業時刻、終業時刻及び休憩時間の変更をすることができる。

3　所定労働時間が短くなる場合については、育児介護休業等規程の所定労働時間の短縮措置等の取扱いに準じる。

4　在宅勤務中の時間外労働は原則として禁止する。ただし、業務上必要が生じた場合には、従業員は事前に所属長に申し出て、許可を得なければならない。

5　前各項の規定に関わらず、在宅勤務者が次の各号のいずれにも該当する場合であって、在宅勤務にかかる事業場外労働に関する労使協定に基づき、労働時間の全部又は一部について在宅勤務に従事した場合には、労使協定に定める時間労働したものとみなす。

一　会社と在宅勤務者間の情報通信機器の接続は在宅勤務者に任せていること

二　在宅勤務者の業務が常に所属長から随時指示命令を受けなければ遂行できない業務でないこと

【業務の開始及び終了時の報告】

第9条　在宅勤務者は、勤務の開始及び終了時には、電子メールにより所属長にその旨報告しなければならない。

【休憩時間】

第10条　在宅勤務者の休憩については、就業規則第●条の定めるところによる。

【休　　日】

第 11 条　在宅勤務者の休日については、就業規則第●条の定めるところによる。

【休日労働、深夜労働】

第 12 条　在宅勤務中の休日労働及び深夜労働（午後 10 時から午前 5 時まで）は禁止する。

【年次有給休暇】

第 13 条　在宅勤務者の年次有給休暇については、就業規則第●条の定めるところによる。

【出社日の指定】

第 14 条　会社は、在宅勤務者に対し、業務の必要があると認められるときは、出社すべき日を指定することができる。

2　前項により出社する場合は、原則、出張旅費規程に基づき、交通費などを支給する。

第 5 章　賃　　金

【在宅勤務時の賃金】

第 15 条　在宅勤務者の給与については、賃金規程の定めるところによる。

第 6 章　服務規律

【在宅勤務服務規律】

第 16 条　在宅勤務者は情報管理規程（略）に定めるもののほか、次に定める事項を遵守しなければならない。

一　業務に関連する重要な書類及びデータ等、会社の保有又は顧客に関する情報を持ち出す場合には、会社の定める手続きに従い、会社の許可を得なければならない。

二　前号により持ち出した会社の情報について、会社の定めた方法に従い、取り扱わなければならない。

三　第１号により持ち出した会社の情報及び在宅勤務において作成した成果物を、従業員の家族を含む第三者が閲覧、コピー等しないように注意を払わなければならない。

四　第１号に定める情報及び前号に定める成果物は紛失、毀損しないように丁寧に取り扱い、情報管理規程に準じた確実な方法で保管・管理しなければならない。

五　在宅勤務時間中は業務に専念しなければならない。

六　在宅勤務時間中は勤務場所以外の場所で業務を行ってはならない。

七　在宅勤務時間中、勤務場所に業務に関連のない備品や機器を新たに持ち込んではならない。

第７章　安全衛生

【在宅勤務時の安全衛生】

第17条　会社は、在宅勤務者の安全衛生の確保及び改善を図るために、必要な措置を講ずる。

２　会社は、在宅勤務者の安全衛生の確保及び改善を図るために必要と判断した場合には、勤務場所に出向き、在宅勤務者立ち会いのもと、勤務場所における執務環境等の確認を行うことがある。

３　在宅勤務者は、安全衛生に関する法令や安全衛生規程を守り、会社と協力して労働災害の防止に努めなければならない。

４　在宅勤務の災害補償については、就業規則第●章の定めるところによる。

第８章　費用負担

【在宅勤務時の費用負担】

第18条　在宅勤務者は、在宅勤務実施に伴い通信回線等の初期工事料や回線使用料等を支出した場合は、会社に請求することができる。会社は、業務に用いる通信回線使用料等の料金、光熱費、事務用品等の消耗品に係る費用として、1月当たり＿＿＿＿＿円を負担する。

2　会社は、在宅勤務者に対しては、業務に必要に応じて、パソコン、プリンタ等の情報通信機器、ソフトウェア、携帯電話等を貸与する。

第9章　連絡体制

【在宅勤務時の連絡体制】

第19条　在宅勤務時の連絡体制は次の通りとする。

一　在宅勤務時は、定期又は随時に、所属長に対し業務の報告を行うこと。

二　事故・トラブル発生時には所属長に連絡をすること。

三　前号の所属長に連絡がとれない場合には、所属長の指定する代理の者に連絡をすること。

四　社内における従業員への緊急連絡事項が生じた場合、在宅勤務者には所属長が連絡をすること。なお、在宅勤務者は不測の事態が生じた場合に確実に連絡がとれる方法を予め、所属長に連絡をしておくこと。

五　情報通信機器に不具合が生じ、緊急を要する場合は、情報管理部門へ連絡をとり、指示を受けること。その場合には、事後速やかに所属長に報告すること。また、不具合が解消せず、在宅勤務を続行できない場合には出社すること。

六　前各号以外の緊急連絡の必要が生じた場合には、前各号に準じて判断し、対応すること。

第10章　教育訓練

【在宅勤務時の教育訓練】

第20条　在宅勤務者は、会社から教育訓練を受講するように指示された場合には、特段の事由がない限り、指示された教育訓練を受けなければならない。

附　　則

【実施時期】

第１条　本規程は、　　年　　月　　日から施行する。

正社員転換制度規程

【目　　的】

第１条　この規程は、パートタイム従業員（以下「パートタイマー」という）の正社員転換制度に関する事項について定めるものである。

【正社員転換の条件】

第２条　正社員に転換することができるパートタイマーは、第３条に定める受験資格を満たした者が転換を希望し、第４条に定める転換試験に合格した者とする。

【受験資格】

第３条　正社員転換試験を受験することができるのは、原則として次の各号のいずれも満たしている者とする。

一　勤続年数が１年以上であること

二　正社員と同じ所定労働時間の勤務ができること

三　心身ともに健康であり、職務に対する意欲が旺盛であること

四　転居を伴う異動が可能であること

五　所属長の推薦があること

２　前項の規定に関わらず、限定正社員への転換を希望する場合は、前項第２号及び第４号についてはこの限りではない。

【正社員転換試験】

第４条　正社員転換試験の内容は原則として次の通りとする。ただし、職務内容に応じて、一部を省略又は追加試験を設けることがある。

一　一般常識に関する筆記試験

二　業務知識に関する筆記試験

三　社長による面接試験

【申請の受付】

第５条　会社が正社員を募集する場合又は正社員転換申請を受け付ける場合

は、事前に申請期間等を定めてパートタイマーに周知する。

2　正社員への転換を希望するパートタイマーは、所属長の推薦状を添えて、総務人事部へ申請するものとする。

【審査、試験の実施】

第6条　正社員転換の申請があったときは、会社は第3条に定める要件を満たしているかどうかを審査し、適格な者に対して、転換試験を実施する。

2　試験の結果は、試験日から1カ月以内に書面により本人に通知する。

3　合格者の正社員転換日は、本人と協議の上決定する。

【労働条件】

第7条　転換後の労働条件は正社員就業規則による。ただし、短時間正社員の労働時間は次の各号のいずれかとし、本人と協議の上決定する。

一　1日の所定労働時間を6時間以上8時間までの間とする。

二　月の所定労働日数を17日まで短縮できる。

2　年次有給休暇の勤続年数の算定においては、パートタイマーの期間を勤続年数に通算する。

附　　則

【実施時期】

第1条　本規程は、　　年　　月　　日から施行する。

短時間正社員規程

第１章　総　　則

【目　　的】
第１条　この規程は、短時間正社員の就業条件について定めたものである。

【適用の範囲】
第２条　この規程は、短時間正社員（育児・介護休業法で定める短時間勤務制度の適用を受ける者を除き、所定の手続きで制度の適用を受けた者をいう）に適用される。

第２章　人　　事

【許可基準】
第３条　短時間正社員を希望する従業員の職務基準、役職、責任度、勤務態度、家庭の事情を総合的に判断する。

【雇用契約期間】
第４条　雇用契約期間は定めない。ただし、正社員が短時間正社員制度の適用を受けた際に、適用期間が決定された場合にはその期間とする。

【転　　換】
第５条　第４条に定める事由によって、この制度の適用を受け、正社員から短時間正社員へのコース転換を希望する者は、「短時間正社員制度適用申請書」を会社に提出し、会社が承認した場合は「短時間正社員制度適用承認通知書」にて労働条件を通知する。

２　この制度の適用を受け、正社員から短時間正社員にコース転換した限定正社員が、適用期間を満了して正社員に転換した場合、原則として、その後１年間はコース転換をすることができない。ただし、会社が特に認めたときは、この期間を短縮する場合がある。

【人事異動】
第6条　短時間正社員は、人事異動による転勤の対象とはしない。ただし、職種変更の対象とする。

【勤務時間】
第7条　1日及び1週間の所定労働時間は、採用又は転換時に個別に決定する。

第3章　賃　　金

【賃　　金】
第8条　短時間正社員の賃金及び賞与は、賃金規程に定める通りとする。

附　　則

【実施時期】
第1条　本規程は、　　年　　月　　日から施行する。

ジョブ・リターン制度規程

【目　　的】

第１条　この規程は、就業規則第●条に基づき、結婚、妊娠、育児、介護、私傷病、配偶者の転勤により退職した従業員に対し、一般より優先して求人情報を提供するジョブ・リターン制度の運用について定めるものである。

【再雇用時の資格要件】

第２条　再雇用を希望する者は、再雇用の申出の時点において次に定める要件をすべて満たしていることを要する。

一　退職理由が結婚、妊娠、育児、介護、私傷病、配偶者の転勤のいずれかであること

二　退職時に３年以上在籍していた者で、退職後の離職期間が７年以内であること

三　退職理由となった事情が解消し、職場復帰する環境が整っていること

四　心身ともに健康であり、職務遂行において支障がないこと

【再雇用時の手続き】

第３条　第２条の要件を見たし、再雇用を希望する者は、退職時に総務人事部へ「ジョブ・リターン・エントリーシート」を提出し、再雇用の申込みを行うものとする。なお、連絡先等が変更となる場合は、総務人事部へ連絡しなければならない。

【求人案内】

第４条　会社は再雇用希望者に対して、対象となる求人募集が発生した場合にその案内をメールで行うものとする。

【求人への応募及び再雇用の決定】

第５条　再雇用希望者から応募があった場合、通常の採用プロセスを経て、再雇用を決定するものとする。

【再雇用者の処遇】

第６条　ブランク解消と本人・会社の相互見極めのため、原則として契約社員として雇用する。なお、本人の勤務成績、能力を考慮し正社員に登用することがある。

附　　則

【実施時期】

第１条　本規程は、　　年　　月　　日から施行する。

書式・ツール集

◆　実態把握調査票
◆　介護社内書式

実態把握調査票

厚生労働省「仕事と介護の両立支援実践マニュアル」より作成

【回答に関しての説明】

1. 本アンケート調査の所要時間は約10分です。
2. 本アンケート調査は、社員の皆様の仕事と介護の両立に関する意識を調査するために行うものです。該当する項目の数字を○で囲んでください。回答内容について個人が特定されることはありません。
3. 本アンケート調査には、すべて回答してください。
4. 社内アンケートは、今後、介護に関する当社の取組みの効果を検証するためにもう1回実施いたします。

※ 本アンケート調査での「介護」とは、「配偶者（婚姻の届出をしていないが、事実上婚姻関係と同様の事情にある者を含みます。）、父母および子（これらの者に準ずる者として、祖父母、兄弟姉妹および孫を含みます。）、配偶者の父母を介護すること」を指します。また、在宅介護、施設介護、遠距離介護など、ご自身で介護にかかわると判断されるものはすべて含まれます。

※ 本アンケート調査での「勤務先」とは、当社（出向者は出向先）を「職場」とは当社全体ではなく、あなたが所属する事業部または部・課相当の組織を指します。

※ 指示がある場合を除き、順番に回答してください。

あなたの介護に関する状況について伺います

Q1　あなたは介護をした経験がありますか。【○は一つ】

1．介護をした経験がある

2．介護をした経験がない　→ Q4 へ進んでください

【Q1 で「1．介護をした経験がある」と回答した方にお伺いします】

Q2　あなたは現在も介護をしていますか。【○は一つ】

1．現在も介護をしている

2．現在は介護をしていない　→ Q4 へ進んでください

【Q2 で「1．現在も介護をしている」と回答した方にお伺いします】

Q3　あなたは、ご自分が介護にかかわっていることを勤務先の方に話したり相談していますか。主に相談等している方をお答えください。【○は一つ】

1．同じ職場の上司

2．同じ職場の同僚

3．同じ職場の部下

4．同じ勤務先だが別の職場の先輩や友人など

5．勤務先の人事総務の担当者

6．勤務先の労働組合

7．勤務先が提供する外部の相談窓口

8．勤務先で話したり相談したりしている人はいない

→ Q5 へ進んでください

【Q1 で「2．介護を経験したことがない」もしくは Q2 で「2．現在は介護をしていない」と回答した方（現在介護をしていない方）にお伺いします】

Q4　あなたは今後 5 年間のうちに、ご家族・親族を介護する可能性はありますか。【○は一つ】

1. 介護する可能性がかなり高い

2. 介護する可能性が少しある

3. 介護することはない　→ Q10 へ進んでください

【Q2で「1. 現在も介護をしている」と回答した方、Q4で「1. 介護する可能性がかなり高い」もしくは「2. 介護する可能性が少しある」と回答した方にお伺いします】

Q5　現在主に介護をしているのはどなたですか。将来介護する可能性がある方はどなたが主に介護することになりそうですか。介護を要する方が複数いる場合は、あなたと最も関わりが深い介護についてお答えください。【○は一つ】

1．あなた
2．あなたの配偶者
3．その他の親族
4．わからない

Q6　介護することについて、どの程度の不安を感じますか。【○は一つ】

1．非常に不安を感じる
2．不安を感じる
3．少し不安を感じる
4．不安を感じない　→Q8へ進んでください
5．わからない　→Q8へ進んでください

【Q6で1～3のいずれかに回答した方にお伺いします】

Q7　介護に関する不安は、具体的にどのような不安ですか。該当するもの全てをお選びください。【○はいくつでも】

1．公的介護保険制度の仕組みがわからないこと
2．勤務先の介護にかかわる支援制度がない、もしくはわからないこと
3．介護と仕事を両立する際に上司の理解が得られないこと
4．勤務先に介護にかかわる制度はあるが利用しにくい雰囲気があること
5．介護休業などを職場で取得して仕事をしている人がいないこと
6．代替要員がおらず、介護のために仕事を休めないこと
7．仕事を辞めずに介護と仕事を両立するための仕組みがわからないこと
8．介護と仕事を両立すると昇進・昇格に影響が出る可能性があること
9．そもそも労働時間が長いこと
10. 自分が介護休業を取得すると収入が減ること
11. 勤務先や職場に介護に関して相談する部署や担当者がないこと、もしくはわからないこと
12. 地域での介護に関する相談先がわからないこと

13. 適切な介護サービスが受けられるかどうかわからないこと
14. ほかに介護を分担してくれる家族がいないこと
15. 介護がいつまで続くかわからず、将来の見通しを立てにくいこと
16. 公的介護保険制度の要介護者となった場合、どのような状態になるのか予想がつかないので、漠然とした不安がある
17. その他

Q8　介護をしながら、現在の勤務先で仕事を続けることができると思いますか。【○は一つ】

１．続けられると思う
２．続けられないと思う
３．わからない

Q9　介護のことについて、職場の上司や同僚に話したり、相談したりすることができる雰囲気が、職場にありますか。【○は一つ】

１．ある
２．ない
３．どちらともいえない

Q10　あなたが介護することになった場合、どのような働き方が望ましいと思いますか。将来介護することがないと思う方もお答えください。【○は一つ】

１．今の仕事を辞めて介護に専念する
２．介護が必要な時期は休業制度を利用して自分が介護をして、その後仕事に復帰する
３．介護休業や介護休暇、介護のための短時間勤務や所定外労働の制限などの支援制度を利用しつつ、できるだけ普通に働き続けながら、仕事と介護を両立する
４．介護のための支援制度を利用せずに年次有給休暇などで対処する
５．仕事の仕方を特に変えない
６．その他

Q11　あなたは、公的介護保険制度の被保険者ですか（介護保険料を支払っていますか）。【○は一つ】

１．はい
２．いいえ
３．わからない

Q12　あなたは、公的介護保険制度のことについてご存知ですか。知っている内容全てをお選びください。【○はいくつでも】

1．介護保険のサービスを受けられるのは原則65歳以上であること
2．介護保険のサービスを利用した場合の自己負担割合は原則として1割であること
3．要介護の認定基準には「要支援」と「要介護」があること
4．施設サービスを利用した場合の居住費・食費は原則として全額自己負担であること
5．支給限度額を超えて在宅介護サービスを利用した場合には、その超過分が全額自己負担になること
6．介護保険サービスは生活をする上で最低限の介護サービスを提供しているので、できないサービスもあること
7．上記のなかで知っているものはない

Q13　あなたは、地域包括支援センターのことについてご存じですか。【○は一つ】

1．利用したことがあり、名称も利用方法も知っている
2．利用したことはないが、名称について聞いたことがあり、利用方法も知っている
3．名称について聞いたことがあるが、利用方法は知らない
4．名称も利用方法も知らない

Q14　あなたの勤務先の介護に関する支援制度について、どの程度知っていますか。【○は一つ】

1．どのような制度があるかは知っており、内容もおおよそわかる
2．制度があることは知っているが、内容はわからない
3．制度があるかどうか知らない
4．制度はない

Q15　介護休業に対するあなたの考え方をお聞きします。あなたの考えにもっとも近いものをお選びください。

A：介護休業期間は主に仕事を続けながら介護をするための体制を構築する期間である

B：介護休業期間は介護に専念するための期間である

1．A
2．どちらかというとA
3．どちらともいえない
4．どちらかというとB
5．B

あなたの仕事や職場の状況について伺います

Q16　あなたの職場の残業の程度は平均的にみて次のどれにあたりますか。【○は一つ】

1．恒常的に残業がある
2．週に半分は残業がある
3．おおむね定時退社している
4．その他

Q17　あなたの1年間の年次有給休暇は希望通りとれましたか。【○は一つ】（※○年○月○日時点での実績で回答してください）

1．希望通りとれた
2．大体希望通りとれた
3．どちらともいえない
4．あまり希望通りとれなかった
5．希望通りとれなかった

Q18　あなたの勤務先や職場では、長時間労働の削減や業務効率化のためにどのような取組をしていますか。【○はいくつでも】

1．業務簡素化や要員配置の見直しなどの業務処理体制の改善
2．仕事のスケジュール管理や労働時間の使い方に関する管理職研修
3．残業時間を削減したことが評価へ反映される
4．ノー残業デーなど、職場全体の長時間労働を見直す取組み
5．仕事のスケジュール管理や労働時間の使い方に関する一般社員教育
6．長時間勤務社員への相談・指導
7．特に何も実施していない
8．その他

Q19　あなたの職場のコミュニケーションについて、最も当てはまるものをそれぞれお答えください。【それぞれ○は一つ】

	そう思う	ややそう思う	あまりそうは思わない	そう思わない
上司とのコミュニケーションは円滑である				
同僚や部下とのコミュニケーションは円滑である				

あなたご自身について伺います

Q20　性別【○は一つ】

1. 男性
2. 女性

Q21　ご自身の年齢をご記入ください

歳

Q22　役職（出向中は出向先の役職）【○は一つ】

1. 一般社員
2. 主任・係長相当職
3. 課長相当職
4. 部長相当職以上

－ご協力ありがとうございました－

介護社内書式

- 介護休業申出書
- 介護休業取扱通知書
- 介護休業期間変更申出書
- 介護休暇申出書
- 介護短時間勤務申出書
- 介護短時間勤務取扱通知書
- 介護のための所定外労働制限請求書
- 介護のための時間外労働制限請求書
- 介護のための深夜業制限請求書
- 介護休業申出撤回届

※　これらの書式は、厚生労働省で提供された書式を介護用に一部変更しています。

介護休業申出書

殿

［申出日］　　　年　　月　　日
［申出者］　所属
　　　　　　氏名

私は、育児介護休業等規程に基づき、下記のとおり介護休業の申出をします。

記

1　休業に係る家族の状況	(1) 氏名（ふりがな）	
	(2) 本人との続柄	
	(3) 介護を必要とする理由	
2　休業の期間	年　月　日から　年　月　日まで （職場復帰予定日　年　月　日）	
3　申出に係る状況	(1) 休業開始予定日の２週間前に申し出て	いる・いない→申出が遅れた理由 〔　　〕
	(2) １の家族について、これまでの介護休業をした回数及び日数	回　日
	(3) １の家族について介護休業の申出を撤回したことが	ない・ある（　回） →既に２回連続して撤回した場合、再度申出の理由 〔　　〕

＜提出先＞　直接提出や郵送のほか、電子メールでの提出も可能です。
○○課　メールアドレス：□□□□@□□

※　申出書に提出先を記載することは義務ではありませんが、提出先及び事業主が電子メール、FAX、SNS 等の提出を認める場合はその旨を記載するとわかりやすいでしょう。

※　事業主は介護保険の要介護認定の結果通知書や医師の診断書の提出を求めることはできますが、制度利用の条件とすることはできません。

介護休業取扱通知書

殿

年　　月　　日

会社名

あなたから　　年　月　日に介護休業の〔申出・期間変更の申出・申出の撤回〕がありました。育児介護休業等規程に基づき、その取扱いを下記のとおり通知します。

記

1　休業の期間等	(1) 適正な申出がされていましたので申出どおり 　　年　　月　　日から　　年　　月　　日まで介護休業してください。 職場復帰予定日は、　　年　　月　　日です。 (2) 申し出た期日が遅かったので休業を開始する日を　年　月　日にしてください。 (3) あなたは以下の理由により休業の対象者でないので休業することはできません。 （　　　　　　　　　　　　　　　　　　　　　） (4) あなたが　　年　　月　　日にした休業申出は撤回されました。 (5) 申出に係る対象家族について介護休業ができる日数は通算93日です。 今回の措置により、介護休業ができる残りの回数及び日数は（　）回（　）日になります。
2　休業期間中の取扱い等	(1) 休業期間中については給与を支払いません。 (2) 所属は　　　課のままとします。 (3) 社会保険料本人負担分は、　月現在で1カ月約　　　円です。 休業を開始することにより、　月からは給与から天引きができなくなりますので、月ごとに会社から支払い請求書を送付します。 指定された日までに下記へ振り込んでください。 振込先： (4) 住民税について □支払い請求書に従って支払ってください。 □市区町村より直接納税通知書が届きますので、それに従って支払ってください。 (5) 職場復帰プログラムを受講できますので、希望の場合は　　課に申し出てください
3　休業後の労働条件	(1) 休業後のあなたの基本給は、　　級　　号　　　　円です。 (2)　　年　　月の賞与については算定対象期間に　　日の出勤日がありますので、出勤日数により日割りで計算した額を支給します。 (3) 退職金の算定に当たっては、休業期間を勤続年数から除外します。 (4) 復職後は原則として　　　課で休業をする前と同じ職務についていただく予定ですが、休業終了1カ月前までに正式に決定し通知します。 (5)　年度の有給休暇はあと　　日あります。 これから休業期間を除き　　　年　　月　　日までの間に消化してください。 次年度の有給休暇は、今後　　日以上欠勤がなければ、繰り越し分を除いて　　日の有給休暇を請求できます。
4　その他	(1) 家族を介護しなくなる等あなたの休業に重大な変更をもたらす事由が発生したときは、なるべくその日に　　　　　課あて電話連絡をしてください。この場合の休業終了後の出勤日については、事由発生後2週間以内の日を会社と話し合って決定していただきます。 (2) 休業期間中についても会社の福利厚生施設を利用することができます。

（注）上記のうち、1（1）から（4）までの事項は事業主の義務となっている部分、それ以外の事項は努力義務となっている部分です。

介護休業期間変更申出書

殿

［申出日］　　　年　　月　　日
［申出者］ 所属
氏名

私は、育児介護休業等規程に基づき、 年　月　日に行った介護休業の申出における休業期間を下記のとおり変更します。

記

1　当初の申出における休業期間	年　　月　　日から 年　　月　　日まで
2　当初の申出に対する会社の対応	休業開始予定日の指定 ・有　→　指定後の休業開始予定日 年　　月　　日 ・無
3　変更の内容	(1) 休業〔開始・終了〕予定日の変更 (2) 変更後の休業〔開始・終了〕予定日 年　　月　　日
4　変更の理由 (休業開始予定日の変更の場合のみ)	

(注) 介護休業に関しては休業開始予定日の変更はできません。

介護休暇申出書

殿

［申出日］　　　年　　月　　日
［申出者］ 所属
氏名

私は、育児介護休業等規程に基づき、下記のとおり介護休暇の申出をします。

記

1　申出に係る家族の状況	(1) 氏名（ふりがな）	
	(2) 本人との続柄	
	(3) 介護を必要とする理由	
2　申出理由		
3　取得する日	年　月　日　時　分から 年　月　日　時　分まで	
4　備考	年　月　日～　年　月　日（1年度）の期間において 介護　対象　人　日 取得済日数・時間数　日　時間 今回申出日数・時間数　日　時間 残日数・残時間数　日　時間	

（注1）当日、電話などで申し出た場合は、出勤後すみやかに提出してください。
3については、複数の日を一括して申し出る場合には、申し出る日をすべて記入してください。

（注2）介護休暇の場合、取得できる日数は、対象となる家族が1人の場合は年5日、2人以上の場合は年10日となります。時間単位で取得できます。

介護短時間勤務申出書

殿

［申出日］　年　月　日
［申出者］所属
氏名

私は、育児介護休業等規程に基づき、下記のとおり介護短時間勤務の申出をします。

記

1　短時間勤務に係る家族の状況	(1) 氏名（ふりがな）	
	(2) 本人との続柄	
	(3) 介護を必要とする理由	
2　短時間勤務の期間	年　月　日から　年　月　日まで	
	※　時　分から　時　分まで □毎日　□その他［　］	
3　申出に係る状況	(1) 短時間勤務開始予定日の2週間前に申し出て	いる・いない→申出が遅れた理由 〔　〕
	(2) 1の家族について最初の介護短時間勤務を開始した年月日、及びこれまでの利用回数	〔最初の開始年月日〕 年　月　日 〔回数〕 回
	(3) 1の家族について介護短時間勤務の申出を撤回したことが	ない・ある（　回） →既に2回連続して撤回した場合、再度申出の理由 〔　〕

（注）※欄
労働者が個々に勤務しない日又は時間を申し出ることを認める制度である場合には必要となります。

介護短時間勤務取扱通知書

殿

年　　月　　日

会社名

あなたから　　　　年　　月　　日に介護短時間勤務の申出がありました。
育児介護休業等規程に基づき、その取扱いを下記のとおり通知します（ただし、期間の変更の申出があった場合には下記の事項の若干の変更があり得ます）。

記

1　短時間勤務の期間等	・適正な申出がされていましたので申出どおり 年　月　日から　年　月　日まで短時間勤務をしてください。 ・申し出た期日が遅かったので短時間勤務を開始する日を　年　月　日にしてください。 ・あなたは以下の理由により対象者でないので短時間勤務をすることはできません。 （　　　　　　　　　　　　　　　　） ・今回の措置により、介護短時間勤務ができる期限は、　年　月　日までで、残り（　　）回になります。
2　短時間勤務期間の取扱い等	(1) 短時間勤務中の勤務時間は次のとおりとなります。 始業（　　時　　分）　　終業（　　時　　分） 休憩時間（　　時　　分～　　時　　分（　　分）） (2)（産後1年以内の女性従業員の場合）上記の他、育児時間1日2回30分の請求ができます。 (3) 短時間勤務中は原則として所定時間外労働は行わせません。 (4) 短時間勤務中の賃金は次のとおりとなります。 1　基本賃金 2　諸手当の額又は計算方法 (5) 賞与及び退職金の算定に当たっては、短時間勤務期間中も通常勤務をしたものとみなして計算します。
3　その他	家族を介護しなくなる等あなたの勤務に重大な変更をもたらす事由が発生したときは、なるべくその日に　　　　　　課あて電話連絡をしてください。この場合の通常勤務の開始日については、事由発生後2週間以内の日を会社と話し合って決定していただきます。

介護のための所定外労働制限請求書

殿

［請求日］　　　年　　月　　日
［請求者］　所属
　　　　　　氏名

私は、育児介護休業等規程に基づき、下記のとおり介護のための所定外労働の制限を請求します。

記

1　請求に係る家族の状況	(1)　氏名（ふりがな）		
	(2)　本人との続柄		
	(3)　介護を必要とする理由		
2　制限の期間	年　　月　　日から　　年　　月　　日まで		
3　請求に係る状況	制限開始予定日の１か月前に請求をして いる・いない→請求が遅れた理由 〔　　　　　　　　　　　　〕		

介護のための時間外労働制限請求書

殿

［請求日］　　　年　　月　　日
［請求者］　所属
　　　　　　氏名

私は、育児介護休業等規程に基づき、下記のとおり介護のための時間外労働の制限を請求します。

記

1　請求に係る家族の状況	(1) 氏名		
	(2) 本人との続柄		
	(3) 介護を必要とする理由		
2　制限の期間	年　月　日から　年　月　日まで		
3　請求に係る状況	制限開始予定日の1か月前に請求をして いる・いない→請求が遅れた理由 〔　　　　　　　　　　〕		

介護のための深夜業制限請求書

殿

［請求日］　　　年　　月　　日
［請求者］　所属
　　　　　　氏名

私は、育児介護休業等規程に基づき、下記のとおり介護のための深夜業の制限を請求します。

記

<table>
<tr><td rowspan="3">1　請求に係る家族の状況</td><td>(1)　氏名</td><td></td></tr>
<tr><td>(2)　本人との続柄</td><td></td></tr>
<tr><td>(3)　介護を必要とする理由</td><td></td></tr>
<tr><td>2　制限の期間</td><td colspan="2">年　　月　　日から　　年　　月　　日まで</td></tr>
<tr><td>3　請求に係る状況</td><td colspan="2">(1)　制限開始予定日の1か月前に請求をして
いる・いない→請求が遅れた理由
〔　　　　　　　　　　　　　　　　〕
(2)　常態として1の家族を介護できる16歳以上の同居の親族が
いる・いない</td></tr>
</table>

介護休業申出撤回届

殿

［申出日］　　　　年　　月　　日
［申出者］ 所属
氏名

私は、育児介護休業等規程に基づき、　　年　　月　　日に行った介護休業の申出を撤回します。

※同日に複数期間申出している場合は、撤回する休業期間を記載すること。

参考図書

・西村聡、三浦眞澄『[3訂版] 役割等級人事制度導入・構築マニュアル』（日本法令、令和5年）
・西村聡『経営戦略実現のための目標管理・人事考課』（日本法令、令和2年）
・西村聡『役割等級人事制度のための賃金設計実務講義』（日本法令、平成27年）
・西村聡、山岡美由紀、三ツ星通代『[改訂版] 多様な働き方を実現する役割等級人事制度』（日本法令、令和4年）
・西村聡『同一労働同一賃金を実現するための職務分析・職務評価と賃金の決め方』（日本法令、令和元年）
・久保原和也、西村聡『職務給の法的論点』（日本法令、令和3年）

監修者

西村　聡（にしむら　さとし）

大学卒業後、大日本スクリーン製造株式会社で管理・企画業務を担当。その後、公益財団法人関西生産性本部に入局し、主任経営コンサルタントとして活動。平成22年6月に独立し、株式会社メディィンを設立、代表経営コンサルタント。経済学修士。近畿大学非常勤講師、株式会社日本マンパワーマネジメントコンサルタント、一般社団法人日本職務分析・評価研究センター代表理事。NPO法人企業年金・賃金研究センター上席講師。

日本経営診断学会、日本労務学会、経営行動科学学会、日本経営工学会、日本経営システム学会正会員、日本労働ペンクラブ会員。

主として、ビジネスプロセスの構築及び変革から経営革新につながる人事制度改革、生産現場革新、業務改革の指導をする。現場を重視した実践的な指導で製造業、小売業から学校、病院まで数多くの業種の現場に立つ。

平成21年日本経営診断学会第42回全国大会にて診断事例研究報告「成果主義人事制度が従業員意識に与える影響に関する一考察」で優秀賞を受賞。

著書・論文：『［3訂版］役割等級人事制度導入・構築マニュアル』『賃金コンサルタント養成講座』『人事コンサルタント養成講座』『役割等級人事制度のための賃金設計実務講義』『経営戦略を実現するための目標管理と人事考課制度』『［改訂版］「多様な働き方」を実現する役割等級人事制度』『職種ごとの事例でわかる役割等級人事制度による病院の経営改革』『職務給の法的論点』（以上、日本法令）、『職務分析・職務評価の基礎講座』（労働新聞社）、『賃金の本質と人事革新』（三修社）、「生産革新が組織活性化につながる条件を考える」（日本IE協会）、「経営戦略を実現するための人事制度とは」（日本医療企画『医療経営フェイズ3』）、雑誌「労働と経済」（労働開発研究会）、「ビジネスガイド」（日本法令）にて連載執筆など多数。

著　者

吉岡　規子（よしおか　のりこ）

アイ・スマイル社会保険労務士法人　代表社員／特定社会保険労務士。

愛知県ワーク・ライフ・バランス普及コンサルタント。

平成21年より13年間、自身の仕事と介護の両立を通し、介護離職せず乗り越えていける職場づくりの必要性を感じ、平成24年より自治体や企業、労働組合で「介護離職防止」「仕事と介護の両立支援」の講師を務める。ビジネスケアラーを支援するために、多様な働き方ができる職場の環境整備を進めるとともに、両立できる基盤づくりを目指す。

ヘルパー2級（介護職員初任者研修）の資格を持ち、自社の社員も介護や認知症について理解を深め、「あいち認知症パートナー企業・大学」として登録、その取組みを宣言する。

介護離職をさせない組織づくりと
職務・役割等級人事制度

令和5年 6月 1日　初版発行

検印省略

監修者　西　村　　聡
著　者　吉　岡　規　子
発行者　青　木　健　次
編集者　岩　倉　春　光
印刷所　日本ハイコム
製本所　国　宝　社

日本法令®

〒101－0032
東京都千代田区岩本町1丁目2番19号
https://www.horei.co.jp/

（営　業）　TEL　03-6858-6967　　Eメール　syuppan@horei.co.jp
（通　販）　TEL　03-6858-6966　　Eメール　book.order@horei.co.jp
（編　集）　FAX　03-6858-6957　　Eメール　tankoubon@horei.co.jp

（オンラインショップ）　https://www.horei.co.jp/iec/
（お詫びと訂正）　https://www.horei.co.jp/book/owabi.shtml
（書籍の追加情報）　https://www.horei.co.jp/book/osirasebook.shtml

※万一、本書の内容に誤記等が判明した場合には、上記「お詫びと訂正」に最新情報を掲載しております。ホームページに掲載されていない内容につきましては、FAXまたはEメールで編集までお問合せください。

ISBN 978－4－539－72974－8